ANAGÓ
VOCABULARIO LUCUMÍ
(EL YORUBA QUE SE HABLA EN CUBA)

COLECCIÓN DEL CHICHEREKÚ

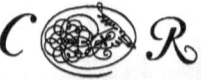

EDICIONES UNIVERSAL, Miami, Florida, 2007

Lydia Cabrera

ANAGÓ
VOCABULARIO LUCUMÍ
(EL YORUBA QUE SE HABLA EN CUBA)

Copyright © 2007 by Isabel Castellanos

Primera edición, Ediciones del Chicherekú, 1970
Segunda edición en Ediciones Universal, 1986
Tercera edición en Ediciones Universal, 2007

EDICIONES UNIVERSAL
P.O. Box 450353 (Shenandoah Station)
Miami, FL 33245-0353. USA
Tel: (305) 642-3234   Fax: (305) 642-7978
e-mail: ediciones@ediciones.com
http://www.ediciones.com

Library of Congress Catalog Card No.: 76-112426
ISBN-10: 0-89729-395-9
ISBN-13: 978-0-89729-395-

Todos los derechos
son reservados. Ninguna parte de
este libro puede ser reproducida o transmitida
en ninguna forma o por ningún medio electrónico o mecánico,
incluyendo fotocopiadoras, grabadoras o sistemas computarizados,
sin el permiso por escrito del autor, excepto en el caso de
breves citas incorporadas en artículos críticos o en
revistas. Para obtener información diríjase a
Ediciones Universal.

Moforibale Fú Roger Bastide.
¡*Dupe!*

PREFACIO

Al terminar la lectura de este *Vocabulario Lucumí*, me he preguntado si no ha sido escrito por un hada, pues Lydia Cabrera ha logrado esta extraña metamorfosis; la de transmutar un simple léxico en una fuente de poesía.

Lo mismo que alcanzó a hacer en "El Monte" de un herbario de plantas medicinales o mágicas, un libro extraordinario en el que las flores secas se convierten en danzas de jóvenes arrebatadas por los Dioses, y en el que de las hojas recogidas se desprende todo el perfume embrujador de los trópicos.

Aquí, como alas de mariposas aún trémulas, están clavadas, palabra tras palabra, frase lucumí tras frase lucumí, y con ellas todo un mundo maravilloso, azur, púrpura y ébano para despertar y vibrar ante el lector, cuando lo abra.

Pero este libro que llamo, a pesar de su título: un libro de poesía, es también, bien entendido, y ante todo, un libro de ciencia. La poesía está en él como flor de la ciencia.

No soy un especialista de lenguas africanas y no hablo como lingüista, de esta obra. No dudo que un hombre como Joseph H. Greenberg, que ha escrito un artículo tan pertinente como "An Application of New World *evidence to an African linguistic problem"*, u otros lingüistas preocupados por el método comparativo, encuentren en la obra de Lydia Cabrera una abundancia de datos de la mayor importancia para la fonética, tanto como para el estudio del posible cambio de los sentidos de las palabras cuando pasan de un grupo social a otro. Aunque los vocabularios de que disponemos en el Brasil son menos ricos, la comparación, la pronunciación de palabras africanas en dos medios diferentes, no dejará de sugerirles observaciones interesantes, ya que pueden servir para conocer mejor las comunidades originarias de los negros transportados como esclavos.

Sin embargo, no es sólo el lingüista quien hallará aquí un material que se presta a reflexiones: este Vocabulario Lucumí, es una fuente de información capital para el etnógrafo y el sociólogo.

Para el etnógrafo, primero, pues encontramos, asidos de cierto modo a las palabras, fragmentos de cánticos que tienen su lugar y llenan una función en las ceremonias religiosas, proverbios que nos abren perspectivas para una comprensión mejor de la sabiduría negra —una lista de los "Odu" de la adivinación—los nombres múltiples de una misma divinidad y sus equivalentes católicos respectivos, (lo que aporta una prueba suplementaria a la tesis que he defendido hace unos años, que la multiplicidad de los correspondientes católicos para un mismo dios, se explica en gran medida, por las múltiples formas de los Orishas) los términos que designan los diversos tipos de collares o los ornamentos sacerdotales, los nombres de las diversas partes del cuerpo del animal que se ofrece en sacrificio—las yerbas sagradas—, las diversas especies de magias. Lo que hace que el autor nos presente uno de los inventarios más completos de todo un sector, a menudo descuidado, de las religiones afro-americanas. Al mismo tiempo, que cierto número de frases, dados como ejem-

plos de la significación de una u otra palabra por el informante de Lydia Cabrera, nos introduce en la psicología del negro de Cuba, en el conocimiento precioso de sus actitudes mentales, de su sexualidad, de su comportamiento ante la vida. La antropología cultural se preocupa cada vez más de no separar el estudio de la cultura del de la personalidad, personalidad y cultura que son el derecho y el revés de una misma realidad, captada ya en lo exterior o en lo interior; en su exteriorización, o en la vida en el interior de las almas. El Vocabulario Lucumí nos pasea, al azar del orden alfabético, en estos dos dominios en reciprocidad, en el de la cultura exteriorizada en los signos de la adivinación, en sacrificios sangrientos, en vestidos religiosos, y en el de la cultura vivida, en proverbios, en sabrosas reflexiones, en actitudes eróticas.

Se me permitirá de insistir un poco más sobre el interés sociológico de este Léxico que la amistad de Lydia Cabrera me vale el honor de prologar.

Resulta extremadamente sugestivo para los fenómenos de aculturación, un simple estudio estadístico de las palabras africanas que se han conservado y de las que parecen olvidadas, tomando la precaución de no considerar como un olvido definitivo lo que acaso puede ser olvido de un individuo; se apercibe, en efecto, que si los términos del parentesco restringido se han mantenido, aquellos que designaban el ancho parentesco, la familia extendida, los enlaces clánicos no han sobrevivido o han sobrevivido mal del naufragio de la estructura social africana, que la esclavitud rompió definitivamente. El lenguaje nos muestra, de cierto modo, por la ley de mayor o menor resistencia al olvido, el paso de la familia extendida tal como existe aún en país yoruba, a la familia restringida sobre el modelo de la familia española de Cuba. Por lo contrario, la importancia del Vocabulario religioso, cuantitativamente, por el número de palabras conservadas, y cualitativamente, por la existencia de palabras múltiples para designar cosas que en español no necesitan más que de una sola palabra, es una nueva prueba a añadir a tantas otras más, que la religión constituía el centro dominante de la protesta cultural del africano reducido a la esclavitud, bautizado y occidentalizado a la fuerza, o por su propia voluntad. El segundo centro de resistencia lingüística parece ser el de la anatomía del cuerpo humano o animal, del animal a causa de los sacrificios, lo que no nos aleja de la religión, pero, lo que nos interesa más, del cuerpo humano también, como si la personalidad del negro se confundiera con su cuerpo, y que el medio mejor de salvar esta personalidad, amenazada en sus fundamentos por el cambio de civilización, era el de agarrarse a las palabras descriptivas africanas de la anatomía.

De seguro que otros factores actuaron aquí, en particular, la exclusión del negro de la medicina de los blancos, y la necesidad de poder describir los síntomas de las enfermedades sufridas por los desventurados esclavos a sus sacerdotes de Osain. Hemos hablado de la multiplicidad de términos utilizados para designar lo que en español no necesita más que de una palabra. Podemos sugerir de este hecho, varias explicaciones posibles: o bien se trata de variantes regionales, lo cual pueden los africanistas invalidar o confirmar, y esto nos permitiría conocer mejor las tribus o las aldeas de origen de los negros de Cuba, o bien, se trata de este carácter de las lenguas llamadas primitivas, sobre las cuales ya Levy-Bruhl ha insistido tanto, que hace que se amolden sobre la rica diversidad de lo concreto. Si el informante de Lydia Cabrera, en este caso, no ha podido dar los matices de sentidos que diferencia un término de otro, es porque hay probabilidades de que la aculturación haya penetrado ya en el dominio de la inteligencia y que la acción de la lengua del blanco haya tenido un primer efecto en la evolución de esta mentalidad hacia la abstracción. No se trata todavía, naturalmente de una hipótesis, que tendría necesidad para ser confirmada, de una encuesta suplementaria para saber qué diferencia los negros de Cuba pueden hacer todavía entre las palabras que, aparentemente, presentan el mismo sentido. En todo caso, nuestras propias investigaciones nos han llevado a distinguir dos tipos de aculturación, la aculturación material, que es la interpenetración de contenidos de las civilizaciones que están presentes y la aculturación formal, que es el cambio de mentalidad. Como la lengua es el vehículo del pensamiento o la expresión de formas particulares de sensibilidad, la mejor manera de discernir el proceso de lo que llamo la aculturación formal seguirá siendo aún el estudio de las modificaciones del idioma.

Y ahora lector, vuelve pronto la hoja, para emprender a través de las palabras recogidas de la boca del pueblo por Lydia Cabrera el hermoso viaje que te he prometido al comenzar, por el país de la fidelidad negra.

ROGER BASTIDE

Con toda modestia, forzosamente, el autor de un vocabulario recogido por quien no es lingüista, y es el caso del que aquí presentamos, debe apresurarse a declarar su ignorancia de las lenguas africanas, y a pedir la indulgencia de los especialistas.

No abarca esta lista de palabras yorubas el número increíble de las que aun viven en Cuba, salvadas por la fe infatigable, la devoción extraordinaria que les inspiran sus antepasados y el apego que tienen a sus tradiciones los descendientes de aquellos "lucumís" que el tráfico negrero expatrió a Cuba.

Incompleta, bastará sin embargo, para dar una idea de la riqueza apenas tocada del material, no sólo semántico, que un africanista hallaría a su disposición en nuestro suelo.

Atraída por el estudio de los cultos, cuya asombrosa vitalidad y extensión estaba muy lejos de imaginarme en un principio, —no era fácil que en un medio como el mío pudiera concebir toda su importancia,— no me guiaba deliberadamente en mis correrías por los campos de la mística y del folklore de nuestros negros, el propósito de cazar palabras yorubas, ni soñaba que existieran aún en tal profusión.

En los límites de la misma Habana, y en el círculo restringido de algunos viejos, entre los que conocí a varios lucumís que vivían aún en el 1928-30, al margen de los datos que éstos consentían en darme, comencé a anotar aquellas palabras que aparecían inseparables de un rito, acompañaban una historia o se decían en un canto, sin contar las que continuamente brotaban de sus labios entremezcladas al castellano. No tardé en darme cuenta de que aprendiéndolas de memoria y colocándolas oportunamente en una conversación, ganaba mucho en el aprecio de aquellos viejos que me descubrían un mundo de relaciones cada vez más cautivante.

Para conquistar el favor de otros, menos abordables o más suspicaces, mi clavero de palabras me servía eficazmente. La puerta de un desconocido interesante se me abría con menos recelos si al tiempo de tocar no me olvidaba de decir: ¿Agó?

Okuo, (saludo) era una llave de paso, y aunque el negro es cordial por naturaleza, las frases que me habían enseñado Odedei, Latuá y Bamboché, provocaban una sorpresa que se resolvía en carcajadas y en un alborozo que por lo general resultaba muy beneficioso a mi empeño.

Todavía los aborishas, —los devotos— ocultaban vergonzantes sus collares llamativos y sus relaciones con los ilé-Orishas (casas de santería). Ni en las solapas de negociantes, de burócratas, de políticos enriquecidos por... el favor del dios del fuego y de los tambores, —y bajando la escala del dinero, de maestros y empleados;— ni en el pecho de sus mujeres y amantes vestidas como en Miami, brillaban en oro macizo, las nuevas sincréticas espadas de Changó —Santa Bárbara— el Orisha irresistible. En todos los tiempos no pocos blancos, los que pasaban por blancos y los que, sin convencimiento interno, presumían de blancos, fueron clientes solapados de santeros y mayonberos, y, como es sabido, muchos, a veces de buenas familias, se iniciaban en la sociedad Abakuá, de famosa memoria. Estas creencias, estos pactos con Ekue, se mantenían secretos, porque no era recomendable exhibirlos. Se negaban a la luz del día. Se toleraban ampliamente, sin duda constituian la entrañada religión del pueblo, pero se juzgaban con repugnancia. A veces las autoridades fingían mostrarse severas con las prácticas "oscurantistas" de los negros, o se mostraban realmente severas, como en los días del gobierno (1916) del Presidente Menocal. Se confundía al babalao con el hechicero y se creía que habitualmente los sacerdotes de los cultos africanos sacrificaban niños a sus voraces divinidades.

No era prudente pasar por "negro brujero", inmoladores de niños, por chusma. Temían, era lógico, la intrusión de ciertos blancos, ajenos a su fe; de una intrusa como yo, que acaso podía denunciarlos a la policía. Ya no se esconden los santeros ni los fieles, que, en número cada día más elevado, ahora van en sus flamantes Cadillacs a consultarlos o a saludar un Tambor.

De aquellos primeros contactos más difíciles, de aquellas cosechas afortunadas e inolvidables, perdí con libros y papeles dejados en Francia durante la guerra, gran número de apuntes tomados a olorishas "de nación" narraciones enteras en lucumí, cuya pérdida hoy representa para mi, tanto como la de una joya inestimable.

Sin embargo no pocas de las voces que aparecen en este vocabulario me fueron dictadas de viva voz por ellos, con una entonación que mi desconocimiento de la puntuación no supo registrar debidamente.

Al reanudar las buscas continué insensiblemente coleccionando palabras sin pensar en publicarlas. Aumentaban a medida que penetraba más en la vida religiosa del negro y se ampliaba geograficamente el área que cedía a mi curiosidad. En la ciudad de la Habana, a veces donde menos podíamos esperarlo, en los pueblos de esta provincia, y en los interesantísimos de Matanzas, donde la población de color es mucho más genuina, más conservadora, impresionamente africana, y donde los hijos de los lucumís, réplicas de los que alcancé a conocer, los nietos y biznietos, (jóvenes que contemplan la televisión y saben tanto como Emiliano de Armas), siguen aferrados a su cultura ancestral, no dejan de hablar la lengua que aprendieron en la infancia y que deben emplear a diario para comunicarse con sus divinidades, la que llega a los Orishas y escuchan los muertos complacidos. Los ancianos, criollos reyoyos, cuyo orgullo se cifra en que se les considere lucumís, aún la hablan corrientemente entre sí, obstinadamente vueltos al pasado.

Los yorubas, exactamente los de hace cien años, Pierre Verger y Alfred Metraux han podido comprobarlo recientemente, no han muerto en esta isla del Caribe. Su idioma no se ha extinguido, ya lo había visto Bascom, y nos parece muy lejos de extinguirse. De esto, más que la prueba que individualmente nos ofrecen un Rafael Morgan, que Bascom creo que conoció,-el joven estibador, hijo de una respetada sacerdotisa de Cárdenas, que recibe a marineros yorubas en su casa del puerto y se entiende perfectamente con ellos en su lucumí de Cuba,-y tantos santeros y santeras, babalorishas, babalaos e iyalochas reputados entre los fieles por sus conocimientos y el manejo de la lengua, es mucho más significativa la que nos han dado y siguen dándonos tantos oscuros, inesperados informantes, a quienes la experiencia nos obliga a considerar como los más valiosos de todos.

El interés que demuestran devotos y neófitos por aprender el lenguaje sagrado de los Orishas, se advierte en el número de libretas manuscritas o copiadas a máquina que corren de mano en mano, y con las que especulan en gran escala algunos santeros y vendedores de objetos religiosos. Mas estas libretas, mal escritas por lo general, no siempre son de confiar y es preferible no hacer caso de ellas, a menos que se tenga la suerte de topar con la de un Andrés Monzón, que aprendió a leer y a escribir en una misión inglesa de Nigeria, y legó a sus descendientes muestras de su sabiduría compendiada en una impecablemente escrita. En ella aprendemos el Padre Nuestro, —Babá gbá tin nbé lorún ogbó loruko iyo Oba re de ifé tiré ni kaeké layé bí tín nché lorún fún gbá lonyé ayo gbá loni dari eche gba yingba biatín ndari eche yin eiguí aferawó la oche aferawó elukulú — la Salve y el Credo en yoruba.

Es interesante, en cambio, leerlas con sus propios autores, que pronuncian las palabras como las escucharon a sus mayores y las escribieron como Dios les dio a entender. Lo que explica la diferencia, el abismo que suele mediar entre la palabra dicha y la palabra escrita. (Orgún, por Ogún; erbó, por gbó, bóbo, por gbógbo o bógbo, etc.)

Así, un escrupuloso "hijo de Santo" cuando ponía a la disposición de algún neófito el viejo y manoseado cuaderno que guardaba preciosamente en el baúl que le servía de armario, me decía que antes de permitírselo copiar, si eran jóvenes, sobretodo si no eran negros, — seguramente se refería a mi, y "tenían la lengua blanda", — se las leía en alta voz para que no les entrasen las palabras por los ojos, sino por los oídos, porque escritas... ya no sonaban lo mismo. Muchos nos han dicho que escriben con tal descuido, porque solo les sirven sus libretas para refrescar la memoria.

Por esto, excepcionalmente he hecho uso de algunas, mas compulsando las voces que traían con el mayor número posible de individuos. Deliberadamente, no he querido utilizar ningún diccionario yoruba. Mis únicos diccionarios han sido los mismos negros. Lo que me interesaba era recoger las palabras que aquí se dicen, cómo se dicen y qué significado tienen en Cuba. Nunca he logrado, — inútil interrogar a nuestros informantes más capaces y enterados, ni aquellos que eran de nación, ni a un Miguel Allaí, que había vivido en Sierra Leona y hablaba con tal fluidez, — la menor explicación sobre las partes de una oración lucumí o los tiempos de un verbo. Cuando más, la explicación lacónica de los pronombres personales y posesivos: Emí, mo, singular. Awá, eñí, etié; awón, wón, plural; etemio tení; tiwá, tiwón... Y punto.

"Nuestros mayores no hablaban con ortografía", se nos responde, por que no sabían gramática. Y por lo tanto, ellos tampoco.

Las traducciones de palabras y de frases, forzosamente son las que nos facilitan los interrogados. Se comprende fácilmente que casi todos conozcan el sentido general de ciertas frases sin que puedan darnos el equivalente español de cada vocablo. A veces estas traducciones necesitan otras al mismo castellano, que las haga más inteligibles al lector que no puede entender, no ya muchos cubanismos o viejas expresiones locales retiradas del lenguaje vernacular, sino ese modo especial, por extensión o por comparaciones que no nos aclaran nada, rodeos alambicados o peregrinas alusiones, amenudo voluntariamente confusas, que emplean muchos negros para dejarnos en ayunas, si en realidad, no saben expresarse de otro modo.

Recuerdo que una vez pregunté a una vieja que peleaba y tiraba brutalmente de una chiva, qué quería decir gritándole ¡panchaga, panchaga!

Por suerte yo sabía lo que significaba panchaga.

—Po que ese é de la comparsa de la frandulera, que va a buscá comía que no son suya pó la ocuridá, y ése se ñama panchaga, sí señó, panchaga.

¿Panchaga, sinónimo de chiva? O chivas llamadas faranduleras... ¿Cómo hubiera podido entenderse esto? ¿Chivas que tienen aptitudes para el arte de Monipodio, que se enseñan a robar y al amparo de la noche, roban por el vecindario? ¿Pertenecía aquella a algún circo ambulante?

En la duda, panchaga también podía anotarse como "algo relacionado particularmente con las chivas", como un calificativo de cierta especie de chivas.

Pero no. La enrevesada respuesta de la vieja, sólo a condición de haber sabido que panchaga es el nombre que se da a las mujeres de mal vivir, se me hizo comprensible después, y gracias también a una casualidad. La chiva se le había escapado porque estaba en celo, y era, a su juicio, como esas "faranduleras", — hubiera podido decir "pelandruca", palabra que usan mucho — de las que se sabía en la localidad que iban a cierto callejón oscuro y mal afamado, a encontrarse con hombres que tenían sus mujeres propias: en sentido figurado, iban a buscar "la comida que no era de ellas".

En aquellos casos en que las traducciones dadas por ciertos negros muy cerrados o montunos, nos han parecido del todo ininteligibles para quienes no están habituados a escucharlos, hemos tratado de aclararlas lo más posible, sin dejar de respetarlas. Otras son demasiado pintorescas, o características de su manera de pensar, para desecharlas, y en ocasiones, poéticas: "la estrella que va de mano de la luna".

A veces una misma palabra posee un significado distinto según se pronuncie, subiendo o bajando el tono: oko, okó. "La pronunciación verdadera la han perdido los criollos", advierten muchos, y de ahí no pocos errores o confusiones.

A la voz Oro, —ceremonia, palabra, serie de cantos rituales— muchos le atribuyen el significado de cielo que no tiene y le dan "porque no se paran a distinguir la diferencia que hay entre Oro y Orún, o porque el sol, que es lo que se llama Orún, está en el cielo, y así va lo uno por lo otro".

Agánika, guardia rural, en rigor no significa guardia rural. "Agánica es un tonudo, un pretencioso: todos los soldados se dan mucha importancia".

Unos informantes, según nos aseguran, aprendieron de los lucumís a decir esín, caballo; otros, echín. Sisé, chiché; siré, chiré; orissá, orishaá, awó, agüo o agwó; iworo, igüoro, etc., etc. Y así cada vez, hemos escrito lo que oíamos y todas las variantes que nos han ofrecido.

Quizás como se pregunta Roger Bartide, un conocedor del yoruba aún podría en Cuba identificar a través de algunas voces, a qué dialectos de los que según nos dicen se hablaron aquí, pertenecen muchas de estas palabras que hemos anotado.

No saben ellos mismos por lo general la procedencia local de su lenguaje. Y el cargo más grave que ahora me hago a mí misma, es el de no haber cuidado de anotarlo, cuando un informante lo sabía. Muchas de ellas me fueron dadas como yesas, "los yesas que no decían orisha sino orissá", y de los que tanta descendencia quedó en la provincia de Matanzas; de egwádos, —de la costa —de minas, y de yebús, que aquí tenían fama de brutos. La mayoría, me aseguran son de Oyó.

En fin, por lo que nos cuentan amigos que conocen a fondo a los negros de Haití y de Brasil, me parece que en ningún otro país que recibiera como el nuestro, copiosas cargas de ébano, hombres de las tierras de Ifá, de Changó, Oyá, Yemayá y Oshún, han conservado lo que Cuba, de su larga impregnación africana.

Muchos en su afán de disimular los pronunciados rasgos africanos que en tantos aspectos muestra la isla, en lo físico y en lo espiritual, niegan esta realidad que les avergüenza; otros, libres de complejos, pero que jamás se han asomado a la vida de nuestro pueblo, piensan que exageramos.

El vocabulario que facilmente hemos reunido, entrevistándonos con unos y otros, entablando un diálogo en plena calle, no deja lugar a dudas: a la par que sembraban los campos de cañas, los esclavos yorubas, iban dejando en esta tierra la simiente perdurable de su vieja cultura.

Confieso que confrontando muchas de estas voces con Pierre Verger que conoce perfectamente el yoruba, cada vez que me confirmaba que una misma palabra se decía y significaba lo mismo aquí que en Nigeria, había en mi sorpresa mucho de emoción.

Abaá: jobo.
Abábilo: cabrón.
Abadu: maíz.
Abailá: álamo, árbol consagrado a Changó Orisha.
Abako: cuchara.
Abaku: chino.
Abalá, (balá): pepino.
Abalaché: nombre del orisha Obatalá.
Abalónke: nombre del orisha Eleguá.
Aban: canasta.
Abangue: "ñame peludo".
Abani: venado.
Abaña: gorra con flecos de cuentas para cubrir a Changó.
Abaña: amuleto que se fabrica con algodón de los Santos óleos, piel de tigre y otras materias.
Abaña: hermano menor de Changó.
Abañeñe, (Obáñeñe): orisha hermana mayor y madre de crianza de Changó.
Abara: melón.
Abatá: zapato.
Abatá dudu: zapato negro.
Abatá fufu: zapato blanco.
Abatá yeyé: zapato amarillo.
Abayifó: brujo.

A

Abebé, (abeberé): abanico.
Abegudá: palma.
Abegudé: harina cruda y quimbobó, ofrenda para Changó.
Abegudí: harina cruda.
Abeguedé: harina cruda mezclada con quimbobó, alimento favorito del orisha Changó.
Abeokuta: "la tierra de Yemayá".
Abeokuta: "nombre de un pueblo de nuestros mayores".
Abeokuta: nombre de un rey lucumí.
Abeokuta: "Loma que hay en Africa que tiene la forma de un cuchillo. De Abeokuta mandaban a los africanos para Cuba".
Abeokuta si landé okutá magá fra: "Puya de altanería y de amenaza, ¡cuidado conmigo"!
Abere: agujas.
Aberé: navaja.
Aberebé: abanico.
Aberikolá, (aberikulá): el que no tiene Santo asentado, (que no está iniciado).
Aberí yeye: "consultar, conversando con Yeyé", (la diosa Oshún).
Abeyamí: pavo real. Abanico de Oshún.
Abeye: melón.
Abeyoó: gente de afuera.
Abguá: güiro.
Abguá: vieja.
Abguá abguá ta lese Oba ba yeyé: "Donde está el rey y los viejos se está bien".
Abiamá, (abíyamo): "Madre e hijo", (cuando la madre tiene al niño en los brazos se les dice Abiamá). "La Virgen y el niño Jesús".
Abí awó: el encargado de ir al monte a recoger la yerba para los ritos.

A

Abikú: "espíritu viajero" que encarna en los niños, por lo que estos mueren prematuramente. "Abikú, el niño que tiene un espíritu que se lo lleva pronto y vuelve para llevarse a otro de la familia". "Nace y renace", se les reconoce a los Abikú, porque lloran a todas horas, y son raquíticos y enfermizos.

Abila: tela de listado que se usaba antiguamente.

Abila: libertad.

Abilá: pies.

Abilola: caballero, Señorona, "Gente de alto copete".

Abinidima: nombre de "hijo" de Yemayá.

Abiodún: el niño que nace en una fecha conmemorativa o el primero de año.

Abiodún oguero koko lowó: palabras de un canto de alabanza para los Grandes, que tienen mucho poder y dinero. (Koko lowó).

Abisasá: escobilla de Babálú Ayé.

Abiso: bautizo.

Abkuón: cantador; cantador de los orishas, solista, "Gallo".

Abó: carnero, (animal consagrado a Changó).

Abo, (obo): lo que es femenino.

Abo, (obo): guanábana.

Abóbo batire: vello largo.

Abokí: nombre propio.

Abola: mayor en edad.

Abolá: "Santo hembra". "La que manda".

Abola funi: que adora Santo.

Abonia: curujey.

Aborá: amigo.

Aboreo: cuero.

Aboreo: dar cuero.

Aboreo igüé: cuero, libro.

A

Aboreone: carnero.
Aborí Eledá: ofrendar carnero; sacrificarlo a Eledá.
Aborisá: devoto, creyente.
Aboru: hermano menor.
Aború: nombre de una de las mujeres con quienes se encontró Orula, encaminándose a casa de Olofí, que tenía citados a todos los Babalawos para perderle.
Abotán: carnero.
Abótani: chivo capón.
Aboyú: nombre de una de las mujeres que ayudaron a Orula a salir triunfante de las pruebas a que lo sometió Olofí.
Abua: plato.
Abua: güiro.
Abuá: mayor en edad.
Abuké: jorobado.
Abukenke: quebrado del espinazo.
Aboku, (obuko): escándalo; indecente, inmoralidad.
Abuku: defectuoso.
Abulé ilé: techo.
Abumí, (bumi): dame.
Abun: carnero.
Abuní Orisha: darle un carnero al Orisha, o el que se lo da.
Abuo: carnero.
Abure: hermano, hermana.
Abureke: persona intrigante, mal hablada.
Abure mi: mi hermano.
Abure mo sinto ile na: hermana voy lejos.
Abure mbóreo: ¿Qué buscas, hermano?
Aburo: hermano.
Aburo kanani: amigo.
Aburo mi keké: hermano pequeño.
Aburo te mi wo sálo iluo ketemí: Hermano mío, me voy a mi pueblo.

A

Aburu: hermano.
Abloro: merengue.
Abwámi: alta mar.
Acha: boca.
Achá: tabaco.
Achabá: cadena.
Achabá, (Yemayá Achabá): Yemayá "la que lleva cadena de plata en los tobillos, y collar azul claro. Mira torcido, de arriba abajo, con arrogancia".
Achabá iyá iki: la ceiba es la madre de todos los árboles del monte.
Achabí: cigarrillo encendido.
Achabkuá: jicotea.
Achadúdu: cigarrillo.
Achá eru: ceniza de tabaco.
Acháiki: ceniza de leña
Achá iki: palito de tabaco.
Achailú: nombre propio
Achá iyiotáh: anduyo.
Achalasán: picadura de cigarrillo.
Achale: al oscurecer.
Achatí: "lo que se tira".
Achaúnyewé: cigarrillo .
Achá yiná: tabaco, (encendido).
Aché: bendición, gracia, virtud, palabra.
Aché: alma.
Aché: amén.
Aché: atributos y objetos que pertenecen a los Orishas.
Aché awó, aché babá ikú, aché. Aché tó bógbo madé lo ilé Yansa. Móyuba, moyuba, babalawo, olúo, moyubá Iyalocha... Salutación que repite en toda ocasión el olórisa antes de realizar un rito; "Bendíceme Mayor, padre difunto, bendíganme todos los muertos que están en la casa de Yansa, en el cementerio. Con el permiso de mi padrino, de mi madrina", etc..

A

Aché borisá: la bendición del orisha.

Achedín, (o Ichéyín): dícese al acto de invitar a las Iyálochas a las ceremonias de un asiento o iniciación. El neofito, —Iyawó— deberá regalar a cada una de las que concurren dos cocos y $1.05.

Acheé: "la mitad del mundo donde alumbra el sol en la mañana".

Aché efá: polvo consagrado por el Babalao.

Achegún otá: suerte para vencer al enemigo.

Acheí guoguó Changó moké guoguó Orufiná bé guoguó: "cuando Changó era pequeño, Obatalá le contaba toda su vida".

Achelú, (acholú): policía, justicia.

Achemí: nombre de "hijo" de Yemayá.

Aché moyuba Orisha: para pedir la bendición de los orishas. "Que los orishas nos den su gracia y su permiso". Se dice al comienzo de una ceremonia.

Aché Olofi: mandato (o gracia) de Dios.

Acheré: güiro pintado de rojo, consagrado a Changó y a Oyá, para tocar en los ritos y fiestas de Santo.

Acheré, (cheré): maracas.

Achesá: desgracia.

Aché si mi lemi: "me puso el aché en la lengua", acto de poner el aché en la lengua del neófito en la ceremonia del Asiento.

Aché tó: así sea.

Achiá: bandera.

Achibatá: nombre de una yerba vulgarmente conocida por paragüita. Pertenece a los orishas Yemayá y Oshún.

Achica: redondel, círculo.

Achikuá belona lóde: "mujer con su costumbre", (menstruando).

Achi kuelú: "Eleguá muy antiguo de los viejos Babalaos". Poco conocido.

A

Achiri, (chiri): secreto, lo que está secreto.
Achíwere: loco.
Achó: Obatalá. Baila en un pie. "Baja", —se manifiesta— "temblando de frío, y le hace bale, rindivú, a la tierra. Cuando se alza del suelo, baila como un joven. Achó es joven".
Achó: tela, género, vestido.
Achó: (acho okó): ropa de hombre.
Achó afó: traje de luto.
Achó ara: ropa de vestir.
Achó arán: traje hecho con género caro de terciopelo. "Del tiempo de España".
Acho aro: traje azul.
Achó ayiri: ropa azul.
Achó bai bai: traje pasado de moda, ridículo.
Achó biní: enagüa, saya.
Achoborá: manta, abrigo, vestido.
Achó chededé: "traje de coronel español". (Tiempo de España).
Achochó: traje elegante.
Achó chula: tela o traje verde.
Achó dodo: traje de todos colores, "de una tela irisada". (Para promesa o en honor de Oyá).
Acho dudú: ropa negra.
Acho eni: ropa de cama.
Achó eñí: ropa amarilla.
Achó erú: ropa negra. Esquifazión.
Achó felelé: "ropa de seda de la que suena" (tafetán).
Achofó: guardia rural.
Achó fún fún: ropa blanca.
Achogún: actitud de matar, ("estar en achogún") de sacrificar la bestia que se ofrece al orisha.
Achogún: los "hijos", sacerdotes de Ogún que matan los animales en los sacrificios que se hacen a los orishas.

A

Achó gunsa, (achó gusa): calzoncillos.
Achó güole: ropa de medio uso, usada.
Achó kanekú: ropa o tela de colores.
Achó kelé: cortina, telón.
Achó kiñipá: abrigo.
Achó kuemi: ropa azul.
Achó kuta: tela o traje rojo.
Acholá: sábana.
Achó lese: pantalón, (pantalón largo).
Achó lote: camisón.
Acholú: la "Autoridad", policía.
Achó mi ore: "la que me plancha la ropa".
Achón chón (achonchosé): caminar.
Achó ní: camisa.
Achó oferere: traje de color azul pálido.
Achó ófo: traje de luto.
Achó olokún: tela o traje azul.
Achó omorisa: traje de Asentado, o de Iyawó.
Achó oní: frazada para cubrirse.
Achó orieni: calzoncillo.
Achó pekua: tela amarilla.
Achó pupa: ropa roja, y la que viste ritualmente el Iyawó de Changó, de Oyá, de Agayú y de Orichaoko.
Achó pupúa: tela roja.
Achoremí: mi mejor amigo.
Achótele: camisón.
Achótele: "otro nombre antiguo del babalao".
Achotele: revolución, lío.
Achó téwa: ropa nuestra.
Achó tita: tela con calados. Trajes hecho con tira bordada (de Canarias).
Achó titu (otutu): traje que se estrena.
Achó we: ropa lavada, limpia.
Achupá, (achukuá) menstruar.
Achué ití: abanico.

A

Adá: espada.
Adá: machete.
Adadeke: malechor, malvado.
Adadó: isla.
Adagbó: "Hasta luego".
Adague: majá.
Adagunla: mar profundo, "donde vive Inle" (Erinle).
Adaka dáke: callar.
Adalú: pasta de frijol rojo, ofrenda grata a Oyá, que se le lleva al cementerio.
Adalúm, (egun): espíritu, aparecido.
Adamá-almácigo. (Elephrium simaruba, Lin).
Adamá leché: "persona que ve el bien que se le hace y no lo agradece".
Adámo: lagartija.
Adamó: "ni con Dios ni con el diablo", el que no cree ni practica la religión.
Adá modá: muy bien.
Adamú, (alámu): tinaja.
Adan: murciélago.
Adani: plato.
Adano: vergüenza.
Adano: desgraciado, necesitado.
Adano, iya moforibale aremu, awa yé: Madre nosotros los desgraciados te saludamos, te afamamos, para que nos protegas. (dirigiéndose a una divinidad).
Adá o iyé mó foribale aremu awayá: "Changó pide protección a Oba, que pelee por él, que le va mal".
Adá olomi, adá Orisha: machete mi dueño, machete Padre Orisha: esto se dice cuando se está haciendo rogación con un machete a Yemayá.
Adasí ikú: nombre de hijo de Oyá.
Adá olomi, adá dadá Orisha: machete mi dueño, machete Padre Orisha: esto se dice

A

cuando se está haciendo rogación con un machete a Yemayá.
Adé: rebozado.
Adé: tiara, corona, adorno de cabeza del Iyawó o neófito.
Adegesu: capitán.
Adeín: aceite de comer.
Adeina: nombre propio.
Adelé: jefe.
Adele: los dos caracoles que se apartan, mientras se manipulan los diez y seis que sirven para adivinar.
Adele: misterioso, misterio.
Adele: "el guardián, el que se queda cuidando", uno de los ikis de Ifá, que se aparta y no emplea el babalawo para adivinar.
Ademiyé: avispa.
Adena: guardiero.
Adeté: lepra, sífilis, "la enfermedad de San Lázaro".
Adi: aceite.
Adié: gallina.
Adieió: pollito.
Adidón, (odidon, didón): dulce, postre.
Adigbaé: grito, pedir socorro.
Adí kosí: hoy no puedo.
Adimú: ofrenda de comida, yé re yétún yeré su yeré: un rezo y un canto acompaña al acto de presentarle la ofrenda al Orisha.
Adipulia: caimito.
Adiyá, (atiyú): vergüenza, abochornado.
Adiyé: gallina.
Adiyó: vergüenza.
Adiyomí: "hasta otro día", se le dice al orisha cuando éste, que ha tomado posesión de su "caballo", se marcha.
Adiyá: que no tiene vergüenza.

A

Adó, (adodi): invertido. "De tierra adó", donde según unos, Obatalá-Oduaremu y según otros Yemayá, tuvo amores con un invertido o con un andrógino.

Adó: gofio.

Adó: palanqueta, dulce (de gofio).

Adó: guía.

Adofá: ciento diez.

Adofá: hígado.

Adofí adofó oká: la gandinga((del carnero sacrificado al Orisha).

Adofli, (adofo okan): los bofes de un animal.

Adogo: barriga.

Adokoyé: hacer cornudo la mujer a su amante.

Adola: mañana.

Adolá mó wí: mañana te contestaré.

Adolá mó wí: mañana yo te hablaré.

Adomayé: llaga, "nacido reventado".

Adorín: setenta.

Adoro adofi: gandinga del animal sacricado al Orisha.

Adorúm: noventa.

Adota: cinquenta.

Adoyé: ciento treinta.

Adoyo: ciento cincuenta.

Adú: calabacita criolla con la que se hace Amedol, (jarabe). Así la llamaban los viejos.

Aduamí: espérame.

Adubule: dormir.

Adun: palanqueta. (Se le ofrenda a Oshun y a Yemayá).

Adura: una piedra —otán— de terreno alto, para poner junto a la piedra de Olokún.

Adura: oración.

Aduya: nombre de hija de Changó.

31

A

Adyá: campana litúrgica de Obatalá (con mango curvo y campanilla larga y cónica de metal blanco).
Adyaí okué rere: Adyaí lee bien.
Adyatí: sinvergüenza, bribón, desfachatado.
Adyípondé chibí: cuchara.
Aecho: bicho, chulo.
Aeko: pantera.
Aeru: sequedad.
Afache semilenú: "poner la palabra, el aché en la lengua del Omó".
Afará: puente.
Afará: "disculpándose con el Santo"; en los rezos, esta palabra quiere decir perdóname.
Afaragá: grande, vasto.
Afarawé: el escribano, "el que copia en los papeles".
Afarawé: el hombre que al realizarse una venta en las fincas de campo, escribía los documentos necesarios y acreditaba que el ganado, o la res, que tenía las iniciales, (calimba) del que vendía, se anulaba, y se estampaban las del nuevo dueño.
Afarí: barbero.
Afaridí iyaré: la p... de tu madre.
Afaridí iyare: "las nalgas de tu madre son para que las miren y las gocen todos".
Afé: luna de miel, enamoramiento, noviazgo, cariño, querer.
Afefá: oro, dinero.
Afefé: viento.
Afeféyika: el remolino de viento que produce con sus enaguas Oyá.
Afénfén: viento fuerte.
Afenfén sama: el santo cielo.
Afí: albino, "hijo legítimo de Obatalá, padre de todos los albinos".
Afifá (afisá): rabo.

A

Afó achó oforí: lavandera.
Afoché: polvo, magia, "trabajar a uno con polvo", hechizar, maleficiar.
Afocheché: hacer o echar polvos de brujería.
Afofó eleyo: conversador, chismoso, que no es de la casa.
Afogudí: irrespetuoso, atrevido, persona despreciable.
Afomá: jagüey. (Ficus membranacea, C. Wright).
Afón: garganta.
Afonfón: conversador, persona de poco fiar.
Afó oké: cañada.
Afotán: ciego.
Afotán: tuerto. La nube que sale en los ojos (catarata).
Afoyá: firme, de carácter entero.
Afoyabaia: plantillero, presuntuoso.
Afoyudé, (afoyudí): sucio, bribón, se dice de lo que no sirve ni vale.
Afoyúti: sucio.
Afuyalasa: plantillero, fanfarrón, figurón.
Afuruyé: nombre propio.
Afutá: nombre propio.
Agá: coche.
Agá: pescuezo.
Agadá: espada corta.
Agadá bayakán ¡kán! ¡kán!: "aprisa tiene que hacer una espada para pelear y romper". (Del canto que ilustra un relato).
Agadá kobú kobú: espada.
Agadi gadi: grandísimo, muy grande.
Agagá omá kulenko lukumi takua de saoyé: Soy lucumí tákua.
Agaín: "pueblo que nombraban los viejos".
Aganigá (agánika): guardia rural.
Aganika kosi mó: se murió el guardia rural.
Agani ota: "un lucumí de tierra ota".

A

Agarí: nombre y avatar del Orisha Agayú. "Santo de la gente de antes, muy fuerte".

Agasameló: partir el coco.

Agatigaga: nombre de Eleguá.

Agayú: orisha catolizado San Cristóbal, padre de Changó, según unos, y hermano según otros.

Agayú achí bonlé: un nombre del orisha Agayú. ("Agayú es grandísimo").

Agayú Babadina: nombre de "hijo" de Agayú.

Agayú cholá kinigua Ogué ibá eloni: "saludo a Agayú, el dios del río y de la sabana".

Agayú igbó: Monte firme.

Agayú Lari: nombre del orisha Agayú.

Agayú Solá: nombre del orisha Agayú.

Agayú solá dalé kóyú: "A Agayú se le cumple lo que se le ofrece". (Palabras de un canto para ofrecerle un carnero).

Agayú teré mó ba: "adoramos al gran Agayú".

Agbá: ellos.

Agbanikué: nombre de Eleguá.

Agbá nló: nosotros nos vamos.

Agbayé: la gente del cabildo.

Agbé: güiro.

Agbelebú: crucifijo.

Agbeleni: criado, esclavo, vasallo.

Agbení: protector.

Agbeye, (igbéye): güiro, calabacín.

Agbeye: "apodo que le daban a Casimiro, el Matancero, porque comía mucha calabaza salcochada, y calabaza también se llama agbeye".

Agbó: adivino.

Agbón nló: ellos se van.

Agbóniché: decrépito.

A

¿**Agbó omodé nko?**: ¿y los muchachos están bien?

Agborán: retrato.

Agika, (ayika): hombros.

Ago: regalo.

Agó: permiso, se dice pidiendo permiso para entrar en una casa o habitación. ¿Se puede?.

Agó: se le dice a Eleguá, "porque vive en la puerta".

Agó Babá: se le dice a los orishas en un sentido de alabanza y respeto.

¿**Agogó?**: ¿qué hora es?.

Agogó: campana.

Agogó: guataca.

Agogó: reloj.

Agogogón, (ogogogó): hombre robusto.

Agogo kan agbó: la una y media.

Agogo merín teniyé gbó: las cuatro y cuarto.

Agogonó: cascabeles.

Agogorí: la coronilla,, ("cocorotina").

Agogoro: guataca.

Agó ile egbé onareo, agó ile egbé onareo agó ile: pedir permiso para traer yerba a la casa.

Agó koeío: ¿qué facultades tiene para venir aquí?.

¿**Agó leo?**: ¿Se puede pasar?. Permiso.

Agó mi fún Babá: Gloria al Padre.

Agó moyuba: pedir permiso para entrar en el cuarto de los orishas.

Agómoni: taza.

Agoró: ratón.

Agó tani agó komo Lukumí agó ereketé?: ¿A qué nación lucumí pertenece usted?. (Se pregunta en un canto a los hijos de la casa de Santo; y responden los aludidos: Omó, Tákua, Baribá, Oti, Oyó, mencionando la nación de origen).

A

Agoyá: cruzar.
Agoyá: pase Vd. adelante.
Agrafún: barriga.
Agróniga Omóbitasa: Orisha, "el más viejo de los San Lázaros".
Agrónika: se le dice a las llagas de San Lázaro (Babalú Ayé).
Agua, (awa): lengua.
Aguá: pavo real.
Agua, (awo): piel, cutis.
Aguada: esclavo.
Aguadá: saco.
Aguadó: maíz.
Aguadó fulo fulo: paja de maíz para el Ituto.
Aguado güigüi: maíz seco.
Aguaguá: grande, bravo.
Aguagui lo yumí: me pegan, me castigan.
Aguala, (akuala): el lucero.
Aguán: plato.
Aguana: nosotros mismos.
Aguana, (awana): nombre de "hijo" de Changó.
Aguanachó: espejo.
Aguanilebe: nombre de Elegguá.
Aguaniyé: sí, afirmación.
Aguaniyé: vamos a comer, (la comida en una ceremonia de santo).
Aguañari: avatar de Yemayá.
Aguareyí: jorobado, lunanco.
Aguayú, (awayú): frente.
Aguayeun: comedor.
Agudó: maloja.
Agüe: güira, calabacín.
Agüe, (awe): abstención de ciertos alimentos. Prohibiciones que se observan en determinados momentos. "Lo que no debe hacerse por orden de los santos".

A

Agué: pavo real.
Agué: con consideración, con respeto.
Aguedé, (agudé): plátano manzano.
Aguelení: devoto, miembro de una casa de santo.
Aguema: lagartija.
Aguema: Orisha, Obatalá femenino.
Agüema akua: camaleón.
Aguemí: me ayudó.
Aguere, (awere): nombre de Elegguá.
Aguerefé: nación lucumí.
Agueregué: "embarcadero donde iba Pedro Lamberto Fernández, (hacendado de Matanzas) a buscar lucumís baribá, chaggá y yóggó de otá".
Agufá: ganso.
Agufán: pajarraco. Se le dice al que tiene el andar pesado, y es jiboso, "Agufán waloko koloyú", es un canto de puya que va dirigido a alguna persona desproporcionada o sin gracia.
Agugú: brujo.
Aguí: pavo real.
Agüí, (awí): loro.
Aguí á: yerbero, palero.
Aguiálodé: mandadero de un ilé orisha, "el que va a la manigua a buscar la yerba que necesita el babalorisa" para sus ritos o purificaciones.
Aguiá mugará efeo mó bó ni sokú efeó mó boni sokú: "por mucho que me quieran hacer daño no me harán sufrir, mi poder lo desbarata".
Aguidí :harina de maíz.
Aguidí, (o achedí): invitación que se le hace a las iyalochas para asistir a un Asiento, ofreciéndoles maíz, un coco, una vela y $1.05.
Aguiná Ocha: candela para tabaco.
Aguisá: escoba.

A

Agumú: medicina, purgante.
Agún: lengua.
Aguná: cortadera, (un bejuco).
Agún mú: purgante.
Agunsa: escoba.
Aguó: lucero.
Aguó: plato.
Aguobí, (awobí): palma de jardín.
Aguoko: miembro viril.
Aguoko: sinsonte.
Aguona, (awona): espejo.
Aguona: muñeco de madera, pepona, muñeca.
Aguona ki ibo oguana: dice el babalocha al entregarle al consultante la cabecita de muñeca que acompaña al caracol que recibe el nombre de Ibo, advirtiéndole que debe retenerlos, uno en cada mano, bien cerradas, mientras él saluda y pregunta. (Ki significa agarrar y saludar).
Aguoní: visita, visitante. "El que llega a la casa y está tocando a la puerta".
Aguó okusé: bebida hecha con maíz.
Aguore, (awore): familia.
Agüore: pellejo del animal sacrificado.
Aguóyiyí: espejo.
Aguro: mañana, de mañana.
Aguro tente omí: "revolución en el otro mundo".
Agusí, (egusí): almendra.
Agutá: carnero.
Agutaná: oveja.
Agutá Changó bán lé Orissa te mi bán lé o: vamos a honrar a nuestro Santo, Changó, y a ofrecerle este carnero, para adorarlo. (Se repite mientras se pasea en procesión el carnero que se le va a sacrificar. "Vamos a honrar y a ofrecerle este carnero a Changó, para adorarlo).

A

Aguté: pavo real.

Aguti weyé: palangana.

¡Agüe! ¡Agüe!: se dice cuando en una comversación sobre un tema religioso se pronuncia alguna palabra que pueda atraer desgracia, o se hace el gesto, por ejemplo, de dar vueltas a la matraca que se toca para Egun, u Oro en ceremonia fúnebre.

Agweni: bondadoso, protege a los suyos.

Agwó samá: nube.

Agwón: canasto.

Ai: que no hay.

Ai binu: "no estes bravo", (molesto).

Aiburo: bruto, incapaz de entender.

Aidara: enfermo.

Aiduro: inseguro, flojo.

Aifé: contrariedad, desagrado.

Aifé: antipatía.

Aifé mi: no me gusta.

Aigüe (aiwé): sucio.

Ai iná: no hay candela.

Aiké: a mí sí me lo cobran.

Aiké: sin afecto.

Ai kosí: no puedo.

Ai kú: salud, buena salud, no hay muerte, no hay desgracia. "Debe decirse en vez de Arikú, que es lo que se dice siempre".

Ai laba: pena muy grande, persona desolada.

Ai lara: no se puede. Sin salud.

Ailó: estoy bien, —respondiendo al saludo, ¿Eiyio?— Ailó.

Ai lo fé: mírame pero con agrado.

Ailoyiti: indecente.

Aimó: sucio.

Aimó: ignorancia, ignorante, estúpido.

Aimobino: no estoy molesto.

Ainá: candela.

A

Ainá: se le llama al niño que nace envuelto en el cordón umbilical.
Ainá: nombre de "hijo" de Oshún.
Ainá: nación lucumí.
Ainá: el que nace después de los Ibeyi.
Ainabínu: "no estés "bravo", (colérico).
Ainá yogo: "era la lengua que hablaban los yesás; se habló mucho en Matanzas".
Ainé: nombre de "hijo" de Obatalá.
Ai ní: no hay nada.
Ainí, (laini): pobre, no tiene nada.
Ainí, ochí, ebúregua aimó, alakisa, alégbo...: "la gente fea, miserable, sucia, llagada. Los pordioseros que Eleguá invitó a su fiesta y Obi se sintió ofendido y Olofi castigó su orgullo".
Aiñá: cucaracha.
Aiñó: cundiamor.
Aipirí: ajonjolí.
Aipón: crudo.
Airá: rayo.
Airá: relámpago.
Airá: "Arco iris hembra. De los dos que aparecen a veces en el cielo, el menor, es hembra y el mayor macho".
Airá: Obatalá.
Airá: Changó, "que viste de blanco".
Airá daké daké: Arco iris macho. El mayor de los dos, cuando aparecen dos arco iris en el cielo.
Airé: descontento, insatisfecho.
Airé mi: mi enemigo.
Aisán: enfermedad.
Aisanú: malo, (de malos sentimientos).
Aisí: "calma chicha", tranquilo.
Aisí: lo que no se mueve.
Aisó tito: hipócrita.
Ai sún: no tener sueño.
Aitá: grano negro, frijol.

A

Aitito: mentiroso, traidor.
Ai we: descontento.
Aiyá: corazón.
Aiyá: pecho.
Aiyapa: miedo.
Aiyé: sin hambre.
Aiyé: la tierra, el mundo.
Aiyé, (aiyéun): sin comida. No tiene que comer.
Aiyé güe eí: el mundo de hoy.
Ajá: general.
Ajá: escoba de San Lázaro.
Ajá: agua.
Ajá: güiro.
Ajano: rústico, rudo.
Ajarí: ala derecha del ave que se sacrifica al orisha.
Ajariko: pechuga del ave que se sacrifica al orisha.
Ajedre: campo duro.
Ajeré: campo, (ilé ajeré, la casa de campo vieja o que está en ruinas).
Ajeré: monte.
Ajereré: zanco.
Ajeré: "donde se pone o está el orisha para adorarlo".
Ajere oguó osa ologuó oyú muni guiri abú feni ya wao: "con respeto, reverencia, mire le doy con voluntad lo que le gusta para que esté contento y nos conceda lo bueno que le pedimos". (Rezo en eguerefé de Ta Iño Blas Cárdenas).
Ajío, (jío): pollo.
Ajobo: rana.
Ajo iná: la llama.
Ajoro: ruinoso, ruinas.
Ajú: lengua.
Ajuán, (ajuaní): pájaro.
Ajún: tortuga.

A

Ajuso: mentira, cuento.
Aka, (apa): brazo.
Akachá: ñame cimarrón.
Akachó Obatalá: escalera de Obatalá. Es un atributo de este orisha, ("para subir al cielo". Se coloca una escalera en miniatura entre los objetos de su culto).
Akachú akachú: pedazo a pedazo.
Akadó: un Obatalá.
Aká furú kadé: "queda Ud. bien así" (?)
Akaín: hambre.
Akako, (okako): hipopótamo.
Akalá, (ipaka): tabla.
Akala sún: caraira.
Akalé: puesta de sol.
Akán: cangrejo.
Akará: pan, pan de maíz.
Akará: bollo.
Akará: mecha de candela.
Akará: caraira.
Akará niló: pan.
Akaraká tumbí: sirvengüenza.
Akaraká tumbí: pasta de yuca que se deslíe en caldo o agua.
Akarakrú: pan.
Akaraleyí: bollitos.
Akarañú: aura tiñosa.
Akarasú: aura tiñosa, (le dicen los que tienen mezcla de Arará).
Akasa: cascabel.
Akasá: acto sexual contra natura.
Akasá: ekó, pasta de maíz.
Akaseleguo: Ekó.
Akatará: aguacate.
Akatioké: cielo.
Akana: uñas.
Akawé awé awé, akawé ni awé wé: "Esta-

A

mos limpios y muy agradecidos de los Santos". Rezo para después del sacrificio.

Akbele: sillón, asiento.

Ake: eje.

Aké: hacha.

Akebó aké to ake omó ariku Babaguá orí awo ke oké to mi re: palabras que pronuncia la Iyalocha al comenzar el rito de purificar la cabeza: "significa que de verdad nada malo caiga sobre el omó, (devoto) que su Angel lo quiera y mantenga su cabeza clara, su cabeza y a él sin enfermedad". (También se dice: ori etié asaka lá wé ojúaní moyuba rí orí amé Alafia ebá tié olorun oka lerún orún mó lé ori etié).

Akeboyé: persona de mucho apetito, toda comida le parece poca.

Akedé: jefe o "funcionario" de un pueblo, según aparece en una vieja libreta. (Y en otra parte, "noticiero").

Akeké: hacha.

Akeké, (okeké): alacrán.

Akeké: mosca.

Akenken: invertido.

Akeré: flamenco.

Akeré: guanajo.

Akerí: yerba de la sangre.

Akeri: maguey.

Akero o onileré o eyé abé run mefuó eyé kuán kuao kuan kuao; Lumidé lumidió lú alamó yé aberu fuó ema wodeu wé né kén makuó eye aberú méfu: palabras del canto de un cuento de "un flamenco que reunió a todos los pájaros y los hizo desfilar en una procesión. Marchaban tan abstraidos y con tan gran devoción que el flamenco se los iba comiendo uno a uno".

Akeru: el que lleva la canasta —awán— llena de ofrendas al monte para Babaluayé.

Aketé: cama.

A

Aketé: sombrero.
Aketé kekeré: cama chica.
Aketenlá: cama camera.
Aketé Yalode: adorno de cabeza, sombrero de Oshún.
Aketé yoúro: paragua.
Akikió: dulce.
Akikó: gallo.
Akikuó: gallo.
Akileyo: Eshu.
Akinomí: nombre de una Yemayá.
Akinomí Oní Yemayá: nombre de hijo de Yemayá.
Akisa: escoba.
Akísawe: tamboreros.
Ako: duro.
Ako: andrajoso.
Akó: lo que es varón.
Akó: bote, barco.
Akobá: aspecto desfavorable del Diloggún, significa revolución, confusión.
Akobí: primogénito.
Akodá: amigo.
Akodé: gorro de Changó, (tela roja, color emblemático de este Orisha).
Akodé: corona, tiara.
Akó eiyé fún: cisne. (?) "Pájaro blanco de agua".
Akogo ilé: llave de la casa.
Akogún: militar en campaña.
Akoguó, (akowó): abogado.
Akoikí: laurel, árbol grande.
Akokán kueleguó: "tratemos de corazón".
Akokelebiyú: nombre de un Elegua que lleva al policía a las casas que protege cuando se enoja con sus dueños.
Akokó: tiempo, hora.
Akokó, (amokokó): mamoncillo.

A

Akoko: riñones.
Akokó ankobó kwá oná guira bobo: "¿Gallo muerto habla en el camino? Lo que quieren es saber lo que otro habla".
Akokó ilé: llave de la casa.
Akokó eiyé, (koko): el pájaro carpintero.
Akokó kokó: enfermedad de los riñones.
Akoku anokuayé: pescuezo chico, (del carnero).
Akoní: director, maestro.
Akorín: cantador.
Akotán: tener completo lo que hacía falta. No falta nada.
Akotí: gancho de cabeza.
Akotó: hombre o mujer de nación lucumí.
Akoto: roto.
Akotobai: suficiente, bastante.
Akoyá: "¡Se acabó!".
Akuyá: sabio.
Akpá: brazos.
Akromó: martillo.
Aku: hombre o mujer de nación lucumí.
Akú, (okú): saludo.
Akuá: mano.
Akuaba: saludo.
Akuá: brazos.
Akuala: el lucero.
Akuamadí: mulato.
Akuandukú: boniato.
Akuaña: amén, así sea.
Akuaro, (akukuaró): codorniz.
Akuatiguaya: palangana.
Akué akue indé dumosa: arco iris.
Akekue inle oyú mole: arco iris hembra.
Akué kueye: pato macho.
Akuenti: tambor.
Akuetí: abanico.

A

Akuetí: nombre africano de Ta Pablo Alfonso, famoso babalao de la época colonial.
Akufú: ratón.
Akukó: gallo.
Akukó yo tikó: no ha cantado todavía el gallo. Todavía es temprano.
Akukó kankotikó: No cantó el gallo.
Akukokué: pollo quiquiriquí.
Akukitití: pollito, gallito.
Akuléku: natural de Sierra Leona.
Aku mi: soy de la tierra Aku (lucumi).
Akunán: palo cachimba.
Akuñí: nombre de Abikú.
Akuñú: nombre propio de mujer.
Akuón: cantador, solista.
Akuoré: cuero del animal que se ha sacrificado.
Akuoti: asiento, silla.
Akuotí: caja, cajón para sentarse.
Akurí: nombre de Abikú.
Akusán: buenas noches.
Akutá: ramera.
Akutá: rata grande.
Akuyumao: saludo que dirige el orisha a los presentes en una fiesta, cuando toma posesión de su "caballo" o medium.
Akwá, (kwá): matar.
Alá: "santo Mandinga", Dios.
Ala: manta, mantón.
Alá: pañuelo o manta blanca.
Ala: cordón con nudos que se usaba para medir el terreno. Así le llaman todavía los viejos a la lienza.
Alá: blanco.
Ala: cuero.
Alá: rebaño.
Alá: tierra de pasto.

A

Alá agbona: dueño del campo.
Alabá: persona mayor, respetable, importante.
Alabá: mellizo del sexo femenino.
Alabá: ceiba.
Alabaché: nombre de Obatalá.
Alabá kuario: nombre de mellizo.
Alabá: el que nace después de mellizos.
Alabalá: mariposa.
Alabalaché: nombre de Obatalá.
Alá ba yo alá ba otá: "Una mano lava la otra, y las dos se juntan para lavar la cara".
Alabé: barbero.
Alabéguana: el Eleguá "que anda con los muertos".
Alabí: palma real.
Alabí, (alabá): nombre propio.
Alabúsa: cebolla.
Alabuá: ramera.
Alá buyí: zambuir.
Alablé: barbero.
Aladamu: descreído, judío.
Aladi, (ena, era): hormiga.
Alademu: conversador, al que no se le puede confiar un secreto.
Aladó: rey, príncipe.
Aladó: Changó de tierra de Yesá.
Alafi: (Changó de tierra Egwado).
Alafia: salud.
Alafia: felicidad.
Alafia: bendición, paz.
Alafia: signo de buen augurio en la adivinación por medio del coco. Respuesta favorable.
Alafia tatuán: un nombre de Changó.
Alafia ilé lodí: Castillo de Changó, (Alafi).

A

Alafi oloro alafi omó alafi odá alafi ke ebó odá: Rezo para el signo Alafí de buen augurio, en la adivinación por medio del coco: cuatro pedazos mostrando la pulpa. "Alafia protector de su hijo le hará bien, lo cuida y quiere".

Aláfoché: brujo, adivino, (babalao), que hace polvos mágicos.

Alafufú: sabana.

Alafún: sabana.

Alafundé: nombre de hijo de Obatalá.

Alágbara, (alagwára): hombre grande, valeroso.

Alagogó ilé fún olorin: campanero de la iglesia.

Alagogó kí íyo alameta kuelé: la campana da la hora.

Alagreni: nombre de "hijo" de Obatalá.

Alagudé onú: cuchillo de dos filos.

Alaguedé: herrero. (Ogún aleguedé, Ogún herrero).

Aláguema: lagartija.

Alaikena: nombre de "hijo" de Obatalá.

Alakamadé káwo: "Estas palabras le gritó Ogún a Changó cuando Changó vio la aparición y reconoció a la muerte".

Alákasa, (akasa): langosta, langostino.

Alakeíma: Obatalá.

Alakesi, (owoni): visitantes.

Alaketu: un Elegua. Lleva un collar de cuentas blancas y negras.

Alakín: almácigo.

Alákin: "un chusmón", "un arrastráo".

Alakisa, (arakisa): "Un perico ripiáo", mal vestido, andrajoso.

Alakoti: rebelde, que no hace caso de nadie.

Alakú: paño de rusia ordinaria, llamado de saco de azúcar.

Alakú aukó: chivito.

A

Alákumí: nombre de hijo de Obatalá.
Alakualá: rana.
Alakuatá: lesbia.
Alakuatá: carnicería.
Alakuatá ni fo bá Orisa be wawó: "Cuando el orisa (Changó) brinca del cielo, corta con su espada, acaba con todo, tiembla la gente"... (De un canto).
Alalá: sueño, aparición.
Ala leí Ilú: nombre de Eleguá.
Alaloyago: verde.
Alalú: nombre de Eleguá.
Alama emí: hermano mío, (en eguado).
Alamá emí ewa wó kan saré wá:... "Hermano, ven, vamos a jugar, (Santo)".
Alamá siré akakarabá kuneye: "Era un hijo de Yemayá que iba al garrote diciendo estas palabras... Decía que ya iba a reunirse con su Madre, que iba a saber lo que no saben los vivos".
Alamasó kumá erú gué gué...: si te tuviese miedo no me pondría frente a tí. (Respuesta a la puya, Ayámbé kumbele kó ima beko pá niyé). Vid. en su lugar.
Alamí: Changó de tierra de Yebú.
Alami: que nace con mancha, lunar, o marca.
Alamio: higuereta.
Alamitó: nombre propio de mujer.
Alamó: lagarto.
Alamo: figuración, idea.
Alamó nidí okuta ná: la lagartija está detrás de la piedra.
Alámorere: nombre de Obatalá.
Alamoriukú: un muerto, espíritu de ultratumba.
Ala mo ri ukú oteri bachó, ocha la esileni, odegú odochá odá kubelo: saludo para los muertos. "Me arrodillo ante vosotros que sois muertos, espíritus santos".

49

A

Alano: persona de buenos sentimientos.
Alá olenko: "Vaya usted con Dios".
Alapatá: carnicero.
Aláponíke: nombre de Changó.
Alaró: azul.
Alaró: toque y baile en honor de Yemayá.
Alaroyé: revolución.
Alaroyé: nombre de Eleguá.
Alaroyé akiló yú Bara, baraba Eshu borá Eshu boí Eshu bó chiche Eshu Eshu Bara Bara kikeño: rezo para Eleguá; "Todo el mundo le tiene miedo a Eleguá cuando lo ve, yo lo adoro, para que me proteja y sea mi apoyo".
Alaru: cargador de muelle.
Alaru ilé: casa del gremio de estibadores.
Alasé: cocinero.
Alase: brujo.
Alatikú: nombre de "hijo" de Changó.
Alaú: brujo.
Alaúsa: libro santo, libro de estudio.
Alawá: ramera.
Alawé: estrellas.
Alaya: panadero, el que hace el pan ó el que lo vende.
Alaya: casado.
Alaya meyi: hombre que tiene dos mujeres a la vez.
Alayé: "Dueño del Mundo", título de Obatalá.
Alayé: vivo; los vivos.
Alayé: barbero, (él que afeita la cabeza en el Asiento).
Alayifó, (oloyifó): brujo.
Alayikí: nombre de un Eleguá que prepara el babalao.
Alayikikí: El Anima Sola.
Alayikikí foribá feni kan: "Alayikikí, para que sea bueno y no haga maldades, le

A

ofrecemos"..., se le dice en un rezo a Eleguá.
Ale: escoba.
Ale: concubino.
Ale: chulo.
Alelé: anochecido, ya es de noche.
Alelé: a la caída del sol. (Hora en que debe refrescarse la cabeza con obi, coco).
Alelú: una nación lucumí.
Alemi: "le decían en la tierra de mis mayores a dos montones de tierra que había a la puerta de la casa del rey".
Alengo: canario.
Alenlé: ¿Adónde vas?
Aleyo, (aleyo úmbo): transeunte.
Aleyo, aleyo kilowasé oma oma leke aleyo...: "Lo que canta ese aleyo", (se refiere a un visitante que canta en la fiesta) "que se da tanto pisto, no sirve para nada". Canto de puya.
Alilá: quimbombó.
Alo: irse.
Aloko: pavo real.
Aloní: rabo.
Alosí: Eshú, el diablo, (equivalente en lo católico al diablo).
Alú: lengua.
Alú: excrecencia que sale en las raíces de los árboles.
Alúbosa: cebolla, (apodo que se da a las rameras).
Alubosaguere: ojos.
Alufá: (alufa a): cura.
Alufá: Dios, Santo.
Alufán: elefante.
Alugbá: tocador de güiro.
Alugbá: amo.
Alumán: batea.
Alúmofo: yerba rompe zaragüey.

A

Alumoyí: tijeras.
Aluwala: baño, bañarse.
Alúwala: "limpieza", purificación, baños.
Aluyá: nombre de hijo de Changó.
Aluyá: toque de tambor en honor de Changó y Yemayá.
Allaluo: Obatalá.
Amadó: Orisha que se adoraba en el antiguo ingenio San Joaquín de Pedroso.
Amadúchi: negro.
Amá ileré: costumbre de su casa.
Amalá: harina de maíz batida.
Amala a malá mala reó amala amala malaré! Obini koni Changó...: Así le cantó Oba a Changó al ofrecerle su oreja en el amalá, (quimbombó).
Amalá ilá: harina de maíz y quimbombó.
Amaná: dedos.
Amana mána: relámpago. Changó.
Amaroniki: aparece en una vieja libreta como un pueblo de los lucumí.
Amasón: paciencia.
Amasoún: paciencia.
Amatí: ajanjolí.
Amaya: familia, primo, hermano.
Amaya emí: hermano mío, (en otá).
Amego: jefe o funcionario de una población, (según aparece en la libreta de un santero).
Ametana: nombre propio.
Amí: Obatalá.
Amí, (emí): respirar, soplar.
Amí: mamey.
Amiwó, (omiwó): harina de maíz cocinada con substancia y menudos de guinea, (ofrenda para Babá Ayé, San Lázaro).
Amochó: joven.
Amó omí: tinajón, pailón, tanque.
Amó omí: pozo.

A

Amó omí: helecho.
Amorá: "paciencia para sufrir calamidad".
Amuko: bejuco.
Amukó: seno.
Amurá: cantar en acción de gracias a los orisas.
Amuré: el talle.
Aná: ayer.
Aná: compadre.
Aná: ven; (Ko aná, no vengas).
Anagó: lengua, idioma de los lucumí; se les llamó así a los que hablaban la misma lengua.
Anagué: nalga.
Anagunú: nación lucumí.
Ana mí: mi compadre.
Ananagú: las criaturas de Dios, la humanidad.
Ananagú: signo del dilogún cuando cae en la posisión Ofún (9), significa; "donde nació la maldición".
Anañú: estómago chico, (del carnero que se sacrifica).
Anaré: "Vaya con Dios".
Anáreo. (onáreo): saludo de despedida.
Anchake: "Santo que no es Santo" (?) "falsedad religiosa".
Anguá: lengua.
Anídé: libre.
Ankán: zarza.
Ankorí: canto.
Ano: enfermedad, enfermo.
Anó na: enfermedad, desgracia por enfermedad.
Anón, (áro): enfermo.
Anu: lástima, compasión.
Anú: piedad, misericordia.
Anuá: lengua.

A

Anu eguá: canas.
Anué ofún: palabra santa, hablar bien, claro.
Anwó, (on): él.
Aña: semilla de mate que se introduce en el tambor consagrado.
Añá: tambor.
Aña dudu: barco, vapor.
Aña dúdu: barco que traía a los negros.
Añaga: fiesta de tambor, broma, diversión, baile.
Añaga: prostituta.
Añaguí: la madre de todos los Eleguá.
Añaguí: Eleguá, nombre de "el mayor de los Eleguá".
Añaí: cucaracha.
Añaki Ladé: nombre de Eleguá. "Vive lejos en la sabana".
Añale: collar.
Añanga: atrevido, zoquete, irrespetuoso.
Añará ñará dá: el rayo te parta.
Añimu, (alumoyi): tijeras.
Añinú: tijeras.
Añoloún: fuerte, poderoso, (en eguado).
Aobi: desgracia.
Aojó: pozo.
Aokó: girasol.
Aokó: amarillo.
Aomaniokun: parte o porción del animal que le corresponde al matador, en un sacrificio a los orishas.
Apa: alas.
Apá, (páko): caña brava.
Apá: brazo.
Apá achó: las mangas del traje.
Apádagba: échese a un lado, apártese.
Apaguó: codorníz.
Apaiki: madera de caoba.

A

Apaluko: mostrador, mesa.
Apánla: pepino.
Apara: "va y viene", el abikú, espíritu que reencarna en un recién nacido y se marcha a los pocos años.
Apari: ala izquierda del ave que se ha sacrificado a los orishas.
Aparo: codorniz.
Apatá: seboruco, pedruzo, roca.
Apatikán: ahora vengo.
Apatotín: ala derecha del ave que se sacrifica al orisha.
Apé: dar palmadas.
Ape: limpio, limpieza.
Apé: caldero.
Apeapé: marcar el compás con las palmas de las manos.
Apepé: aplaudir.
Apereke: caldero de guarapo.
Apestevi: la mujer que cuida a Orula.
Apestevi mó bánlé: saludando a la Apestevi, mujer de Orula.
Apeyá: pescador.
Apkua: barril.
Apó: bolsillo.
Apó: pipa.
Apokoíbe: llave.
Apolo: remo.
Apomú: "donde vendían negros para ser esclavos", mercado de esclavos para la trata en África.
Apón: "gallo", solista.
Aponlá: saco.
Apopá: tres pesetas.
Aposí: travesera, una enredadera o bejuco.
Apoté, (apotén): ala derecha del ave que se ha sacrificado.
Apotí: silla, sillón.

A

Apotí: escaparate, baúl, mueble.
Apotí egun: féretro.
Apotikán: baúl.
Apotí okú: féretro.
Apoti oniyí: cajón, arca.
Apotitonisha: armario donde se guardan las piedras del culto.
Apoti yara: muebles, los del estrado.
Apoti yoko: banco del parque.
Apoti yoko: siéntese, sentado en el sillón.
Apotosí: travesera, enredadera.
Apuaku, (iyé): mesa.
Apuakuyén, (iyéyeun, iyéun, yéun): mesa para comer.
Apuá meyi, (apwá meyi): las patas del animal sacrificado.
Ará: cuerpo.
Ará: tierra.
Ará: lo de la tierra, tierra adentro.
Ará: vecino, pariente, afines, "del mismo pueblo".
Ará águ: persona que vive en el campo.
Arabá, (ayabá): ceiba. Después de consagrada. Llámasele también Iroko, porque este orisha reside en ella.
Arabá yo Oba aya na ngué: "cuando Changó mi marido truena, yo, Oba, vengo enseguida de la ceiba para calmarlo".
Ará efá: tribu, "nación".
¿Ará e olé?: ¿Cómo está?
¿Ará eti weo?: ¿Cómo está, contento?
Araguosa: almidón.
Ará ilí: muy bien.
Arailú, (aralú): el que vive en la ciudad.
Arainó: agujero; "el fondo de la tierra".
Arainó: dentro, metido en la tierra.
Ará íyae: "nación lucumí, "estaba lejos de la costa, tierra adentro".

A

Arakó: embarcadero de tierra lucumí.
Ará kolé: aura tiñosa.
Aralolá: castillo, (de Changó, en eguado).
Aralorí: nombre de un pueblo lucumí.
Aramaluya: ternero.
Arámayi: vaca.
Ará mí: uno de mi pueblo, un familiar.
Aramú: enfermo.
Aran: costumbre, rutina.
Araní: saludable, rozagante.
Araniyo: visita que se recibe con gusto.
Araogú. (oko erán): yerba de gallina.
Araoko: campo, manigua, monte.
Araoko: rudo, analfabeto.
Araoko: "gente de campo", guajiro, montuno.
¿Ará oleo?: ¿Cómo está?
Aráonú: muerto.
Arará: "nación", pueblo de Dahomé.
Arará ajíkón: "nación" arará, (Dahomé).
Arará kuébano: "nación" arará, (Dahomé).
Arará magino: "nación" arará, (Dahomé).
Arará sabalú: "nación" arará, (Dahomé).
Arareyí: nombre de Eleguá.
Ararosá: palacio del Rey Changó.
Arátako: campesino.
Aratí: recordarse.
Aratubo: cárcel, encarcelado, preso. Se le llama al neófito cuando está recluído, "prisionero", en el templo.
Aratubú: prisionero.
Araubá: vaca.
Aráulo: conocido o vecino de un mismo barrio.
Aráutu: vecino.
Ará wadelé isé won oyú fé: "A la tierra donde vamos de visita, hacer lo que vemos".

A

Araiyé: limpio.
Arayá: diablo.
Arayé: sombra mala, aparecido.
Arayé: el mundo.
Are: cansado.
Are: cansancio, debilidad, sin fuerzas para el trabajo. (Erú aré: "esclavo que no sirve").
Aré: la Principal, la Reina, o persona de gran respeto.
Arekendá: picardía, tramposo.
Arekereké: "putería".
Are mí: "que se me haga justicia".
Aremo: príncipe heredero.
Aremo: el mayor, el principal.
Aremo: el hijo mayor, heredero.
Aremuodun: nombre de hijo de Obatalá.
Areniyo: pícaro, enredador, que le gusta hacer maldades.
Arení, (areyí): estrella.
Arére: quieto, tranquilo.
Arere gune: nombre de "hijo" de Changó.
Arewá: linda.
Arewá, rewá: persona de buen ver, "hermosa, su vista da alegría", "enití ofé rewá féyonú".
Ari: puente.
Arida: un "secreto", aché o ingrendiente del Asiento de un "hijo" de Yemayá.
Ariké: nombre de "hijo" de Oshún.
Arikú: salud.
Arikú, (o korodó): canutillo.
Arikú Babá awó: "Salud, Padre Santo", palabras que pronuncia el Olorisa cuando consulta a los orishas por medio del coco.
Arikue: nombre de hijo de Changó.
Ariri: chucho, látigo.
Ariro: cocina, fogón.

A

Ariwó: lío, desorden.
Ariwó: gritería, bullicio, vocerío.
Ariyá, (ariyó): contento, fiesta, alegría.
Ariyá kin yenye: satisfacción, contentura; demostración, saludo que se da con alegría, (yenyé, yeyé).
Ariyiki: nombre de Eleguá.
Ariyó: bailador, el que baila.
Ariyó oré mi: "Sea bienvenido, mi amigo".
Aró: azul, añil.
Aro: fogón.
Aro: enfermedad, enfermo.
Aro: "nación lucumí, (ibo aro).
Aró: güiro.
Arobí: viejo.
Aroboni: comerciante.
Arochukuá: "estar con la luna", menstruar.
Arofunfun: azul, tela azul.
Aroguá, (arowá): cogote.
Arón: enfermo.
Arona: enfermedad.
Aroni: espíritu; gente mala del otro mundo, diablo.
Aroni: nombre de Eshu; "está en el monte, es un diablo".
Aroni: dueño de los montes.
Aroni: nombre que algunos viejos le dán a Osain.
Aronibé: tuberculoso.
Arónika: brujo, hechicero.
Aró ni sá: ¡al diablo!
Arononi: comerciante.
Aronyú: ceguera, catarata.
Aroye: trastornador, revolucionario, alboroto. (Eleguá).
Aroyí omó gá lo mi omí wo abé ré meta isagá iká yoko otoguá ono: "Tres agujas

A

para hacer un trabajo nefasto a las doce del día".

Arrú arrú kuturú: nombre onomatopéyico; el pájaro tocororo.

Arú: "La Suerte que fué con la Muerte a ver a Olofi y éste les ordenó que hicieran ebó con toda clase de animales".

Arufá: tribu, pueblo. "nación" lucumí.

Arugbó: viejo.

Arugbó guaguá, (wawá): viejo temblón.

Arugbó ifá yuro: el viejo está triste.

Arugbó koreré, arugbó edetí, arugbówarirí: Los viejos cuando se vuelven ciegos, sordos, impedidos, que no sirven para nada.

Aruke: rabo.

Arukó: gallinuela.

Arún: cinco.

Arun: enfermedad.

Arúndilogoyí: treinta y cinco.

Arún ilese arayé: enfermedad causada por el mal de ojo.

Arún ilese ocha: enfermedad que se produce por la voluntad de los dioses.

Arún ilese ogún: enfermedad causada por hechicería.

Arún otonowá: enfermedad que se produce por la voluntad del cielo, (de Dios).

Arún yale: enfermedad que se produce por la voluntad de Dios.

Arupá: Rompe Zaragüey (Eupatorium oderatum, Lin.).

Asabá: Yemayá, "mandadera de Olokun".

Asachá bonbó ese tururú: "sangre fresca corriendo como agua de río".

Asajona: nombre del orisha Babalú Ayé.

Asa lo: se va.

Asá míni: costumbre, acostumbrado.

Asámi oribé: "si fumas compra", es una puya que se dice a los que piden cigarros.

A

Asán: costumbre.
Asán: caimito.
Asán: moda.
Asana bioko: "Favoreced a este hijo de la casa".
Asani: se va.
Asan mini anagó: costumbre de los anagó, (lucumí).
Asan ní: costumbre, rutinario.
Asaoko: alcalde.
Asará: refresco de maíz, (ekó), para ofrecerlo al orisha en una jícara. A todos hay que ofrendarles "asará". Sustituye al sacrificio cuando el sacerdote no puede ofrecerles aves o animales.
Asaré pawó: el mensajero que va a invitar a una ceremonia, de parte del babalao.
Asé: calor.
Asé agufó: no sabe.
Aséere: desgraciado.
Asé guni momo: "qué bien, qué bonito sabe bailar o lucirse", (en una fiesta, se dice cuando se luce una mujer que baila muy bien).
Asekún, (checún): lo que se está terminando de hacer. (De un canto criollo. "Yo tá planchando asekún, yo tá perando, asekún",... etc.
Aseré: loca, loco.
Asesú: nombre de Yemayá. Yemayá "que va a comer a los caños y letrinas".
Asesú, (asaso): coser, costura, costurera.
Asé yu: demasiado.
Ase yu móche se: hace demasiado.
Asia: bandera.
Asiere: caballo, (en eguado).
Asieré: mal agradecido.
Asieré, (sigüere): bruto, estúpido.

A

Asiere bo lómbo ti wao asíere: "está como loco, cayéndose de borracho, ¡que se vaya!

Asiere mo lo wo ti wao: "Un loco que viene regando dinero". El que se gasta lo que tiene.

Asieré omó lo tiwá: ¡Qué estúpido eres, hijo!. Frase que los orishas suelen dirigir a sus hijos desobedientes.

Asiere omó sati wa ochí oro wáti wao: Mira que eres bruto, échate a un lado, veo que te equivocas!

Asioba: un orisha; "decían que era guardiero".

Asisí: ortiguilla.

Asiyá: bandera.

Asó, (osó, so): hablar.

Asó: ropa.

Asogí: café.

Asonawe okú se fí: nombre de hijo de Yemayá.

Asonsola: mosquito.

Asoyé: explicación.

Asóyiorisha: "el más joven de los San Lázaros".

Asú: vacío, (ilé su, casa vacía. Ilumí su, estómago vacío).

Atá: ají picante.

Atá: pimienta.

Atá firín: menta, especie de olor.

Atakun: pimienta.

Ataná: vela de cera.

Ataná meyi: las dos velas de una rogación.

Atano (atanú): quita lo malo.

Atanó ché odá li fu aro mó bé aché aché mi mo, aró mo be omó tutu, ona tútú, tutú Laroye: antes de lanzar los cuatro pedazos de coco, (obí) para consultar a los

A

Oríshas, la Iyalocha derrama tres veces agua en el suelo "rogando para que Elegua y los Santos quiten lo malo; y que contesten, y lo que sea, sea para bien y nos bendigan: ruego para el omó, y para que esté fresco el camino y Laroyé, (Elegua)".

Atanu: quitar.
Ataodola: mañana.
Ataré: pimienta.
Atárere: la pimienta más fuerte.
Até: dinero, (el que se pone en el tablero del Babalao).
Até: sombrero de un Eleguá. "El de la discusión" (sic).
Até: estera.
Até: plato de madera del Babalao. Tapa.
Atéborá: nombre religioso dado recientemente a un Omó —Changó— (Até: tablero de Ifá. Borá: fuerte. Nombre que no deberá decírsele nunca a este Omó—Changó, por que, explica su padrino Babalao: "Até significa también mesa, borá candela; y lo perjudicará. Siendo hijo del fuego, —che borá—, y de por sí, de genio caliente, no se le puede calentar más.")
Atedá: nombre propio.
Ateke din: zarzaparrilla.
Atele: descendiente, (atele egwado, descendiente de egwado).
Atelé: después.
Atele bí: el hijo que nace después del primogénito. (segundón).
Atelendé: jovencito.
Atelese: planta del pie.
Atelese oguó: palma de las manos.
Atelewó: plato de comer.
Atéralago: una indecencia. (?)
Atereñone: hombre sabio, importante.

A

Aterí: el medio de la cabeza. "Donde se ponen los secretos del santo.
Atesebí: niño que nace de pie.
Atete: el primero, lo primero.
Atetebi: el primer hijo, primogénito.
Atewedún: zarzaparrilla.
Atewo: palma de la mano.
Atewó lowó: dinero en la mano.
Atéyeun: mesa de comer.
Atíkuanla: yerba de Changó.
Atilewa: nombre de "hijo" de Oshún.
Atiodo: mangle.
Atí ódo: orilla del río.
Atíolo: orilla del mar, costa.
Atípola: totón, (una de las yerbas importantes para el omiero).
Atipuí: nombre propio.
Atiti: orisha catolizada Nuestra Señora de Loreto.
Atíyo: lo que es muy viejo; tiempo antigüo.
Atiyú: vergüenza.
Ató: güiro de cuello largo.
Ató: fortaleza.
Ató chu tochú: mes sobre mes.
Ató dún to dún: año sobre año.
Atokó: conductor, camionero, maquinista.
Atoko ikú atoko arún atóko ebó atoko ofó: palabras que dice el Babá Orisha al arrancar la cabeza del ave que se sacrifica, "que todo salga derecho, que ese ebó va a alejar muerte, enfermedad, vergüenza".
Atondá: el que vuelve a nacer.
Atoné gwelé: nombre de hijo de Yansa.
Atopá kumí: ruda.
Atopá kuní: ruda cimarrona.
Atoré: mora.
Atorí: moruro.

A

Atorí: yerba mora, para la piedra imán.
Atoroguá, (atorówá): . lo que viene del cielo.
Atosí tosí: semana sobre semana.
Ato tó bí: cuando sale un augurio afortunado en el coco. Es decir, cuando caen dos veces presentando la pulpa.
Ató tó, tó tó tó: homenaje, frase de respeto. Pleitesía.
Atuán: adorno de Babaluayé.
Atuko: marinero.
Atuko omo olukon ariyi: "El marinero siempre es hijo del mar y expuesto a lo que el mar quiera".
Atuo fadori: membrana del vientre.
Atutú mu, (mi tutu, ete mi tutu): tengo frío.
Au: lengua.
Auá: todos.
Audún, (aurdun): palanqueta, un dulce.
Aukó: chivo.
Aunkó: chivo pequeño para sacrificarlo a Eleguá. (No pueden serle ofrendados los chivos grandes).
Auré: chiva.
Auró omó tiwé: su hijo ¿cómo está?
Ausá, (Hausá): tribu que los descendientes de lucumí consideraban también lucumí.
Awá: nosotros, lo que es nuestro.
Awá: mano.
Awagudá: regaño.
Awálona koré lalá mí: "No nos entendemos, no estamos de acuerdo, me voy. No queremos disgusto", (canto de puya).
Awan, (awón): canasta.
Awán: cesta vacía que se coloca frente a la sopera que contiene las piedras sagradas del culto a Babaluayé, y en torno a la cesta las diversas comidas que se le ofrendan. Terminado el rito se le llevan en la cesta al dios a la manigua, y el

A

encargado de llevar este tributo deberá traer consigo unas yerbas como constancia de haber cumplido su misión.

Awana: nuestro.
Awaré: visita.
Awari: mirar, fijarse en algo.
Awasía fún: nuestra bandera es la de Obatalá.
Awá won: nosotros.
Awayá: combate, guerrear.
Awé. prohibiciones religiosas, impuestas por por los orishas, definitivas o temporales.
Awé iyá de mio sawó batoro mo weré: "Changó, es mayor y comía más que sus hermanos que eran más chicos. Cojía a dos manos la comida de la jícara y estos no podían hacer lo que él".
Aweleni: "vasallo", adepto, miembro de un ilé orisha.
Awema: maravilla. (Mirabilis jalapa, Lin).
Awemá akua: camaleón.
Awó: lucero.
Awó: misterio.
Awó: secreto, "el secreto", lo sagrado.
Awó: sacerdote de Ifá.
Awó: plato, vasija cubierta que contiene el "secreto".
Awó: ceiba.
Awó: escondido.
Awó: el mayor de los Babalaos. El que "hizo Santo" y después recibió Ifá, es decir que se consagró "hijo" y servidor del dios Orula, el adivino.
Awó: el "asentado" o iniciado. (Olorisa).
Awo: piel, cutis.
Awó, (awón): jicotea, "que tiene misterios".
Awó fumí la orí oyó: Dinero, para que nosotros podamos sentirnos muy contentos.
Awobí: patio.

A

Awobí: palma de jardín.
Awó iború ibó oyá ibó chiché: Saludo al Awó, al Babalao.
Awó iroko: caoba.
Awó lo ilú: se va al pueblo.
Awó lo oko ilé: se va a la finca.
Awó melo: partir el coco para pedir permiso a los muertos.
Awo meyi: la pareja.
Awón: lengua.
Awoni: visitante.
Awore: su secreto, su misterio.
Aworemi: "espero en lo que adoro".
Aworeo kumunikú: cuero, pellejo del animal sacrificado.
Aworo: babalao, iniciado.
Aworo: asistente de un babalao.
Awó wa lo ilé olilí odá: "cuando Orula fué a la casa dijo que todo iría bien". El awó, mira, —consulta los oráculos— que predicen el bien para la casa.
Awoyé: escudilla, plato o recipiente de lata.
Awoyin, (eyin iggi): el que vende carbón, carbonero.
Awoyiyi: espejo grande, de pared.
Awoyó: "nombre de la Yemayá más vieja".
Awóyo toló bé ya mí kué kuéye adufá: "Señora, (Yemayá) para adorarte madre mía, te voy a dar un pato (su sangre)".
Awoyó Yemayá. Yemayá olodó are mi yé: Llamando a Yemayá dueña del río, para adorarla y ofrendarle.
Awó yumao: se dice cuando el iniciado abre los ojos, que ha tenido vendados y saluda.
Awuanákale: escaparate.
Awurú: mañana, de mañana
Ayá, (aiyá): pecho.
Ayá, (ayaí): la mujer, la esposa.

A

Ayá: perro.
Aya: mono, mona.
Ayá: cosa mala. "Enano del otro mundo"
Ayá: jicotea.
Ayá áta: Matanzas.
Ayabá: señora, reina.
Ayabá: ceiba, "la ceiba es reina".
Ayabá: nombre de melliza.
Ayabá: querida.
Ayabadó: guajiro.
Ayabalá: estómago grande, (del carnero que se sacrifica).
Ayá beroni: "perro descabezado".
Ayá beroni: "feo como perro", "gente que no tiene figura, mamarracho, aparición.
Ayabí: entenada.
Ayabí temí: pariente, primo, primo mío.
Ayabón: tamarindo.
Ayá bu mi ye: que me muerde, me come el perro.
Ayá da se meni ogún oná akasese nio bá: El perro tiene cuatro patas y sólo toma un camino.
Ayá da sí meni oyú ona olelé mi Oba: "el perro va por el camino real, no coge cuatro caminos. Coge un sólo camino".
Ayá dié: pueblo lucumí que mencionan informantes matanceros.
Ayaé: tarde.
Ayá ekún ayán béku koíma allá bekúa bele koima: El tigre y el perro van a entrar en porfía, el que tenga miedo que compre perro.
Ayá eboní: pechuga.
Ayá eloni: pechuga del ave que se sacrifica al orisha.
Ayá finuso: nombre que algunos viejos le dan a Jicotea y a los Egun, "porque hablan fañoso".

A

Ayaga: fiesta, tambor, broma, diversión.

Ayá gudi: un rey. Se dice de una persona muy sabia.

Ayaguá: jicotea.

Ayaguí: nombre de Eleguá. "La madre o el mayor de los Eleguá".

Ayáguna: nombre de un Obatalá, el guerrero, promotor de las guerras, (San José).

Ayáguna ni yi wá: Obatalá, San José.

Ayáguna miniwá: Orisha, un Obatalá.

Ayagwá: mujer de la vida.

Ayaí: nombre de mellizo.

Ayá iké ofún ayá: pecho del animal que ha sido sacrificado.

Ayá ikú: una viuda.

Ayá mbeko: tigre.

Ayai madu: año entrante.

Ayaí okué rere: Ayaí lée bien.

Ayaí o rí oyó mó usá lo fá a: Por los cuatro costados soy de la tierra de Oyó.

Ayai ta ruwó kole u kole aru ma koleyo: No se puede apagar la candela, todo se convirtió en cenizas.

Ayakua, (ayapá) tiroko: apodo de jicotea.

Ayakufale: caimito.

Ayá kueo olorí ewé ayaku emó ché bó mofó ráye: frase que dice el Babá para despachar, enviar el ebó, (la rogación y ofrenda); "dice que el ebó se ha hecho y se ha pagado y se despacha para que rompa lo malo; que ya nos hemos limpiado para que nos de vida y salud, que se repare el mal, y el santo tenga compasión de nosotros". (El coro responde también, ayá kú emó ché bo mó fó ráye).

Ayakula: cogote del animal sacrificado.

Ayakuoro: perro callejero.

Ayalá: perro grande.

Ayalaí: campana.

Ayalá Igbó: perro jíbaro.

A

Ayá oní elese kinché igbó: perro tiene cuatro patas y sólo sigue un camino.

Ayalá yeo: guapo, bravo. Se dice a Changó para contentarlo.

Ayalé kin fumí oni motiwao mola Baba ayalé kin fumi: "Es una puya que significa que cuando el amo no está presente, todos, como el perro regalado, se escapan, cuando no deben escaparse, por lo que hay que apretar, para que no se haga lo que no se debe".

Ayalú: nombre de "hijo" de Obatalá.

Ayalu bi aba: Jicotea, se descubrió donde estabas (escondida).

Ayambé: perro. (El de Babalú ayé).

Ayambé kumbele ko imá. Bekapa ni yé: "El que tiene miedo que compre perro". (puya de Changó).

Ayán: el orisha Babalú Ayé.

Ayaná: cucarachón, "divino rostro", pertenece a Obatalá.

Ayanakú, (ayanikú): elefante.

Ayanbeko: tigre.

Ayanisón: el orisha San Lázaro.

Ayaniyé: burla, choteo.

Ayankaré: mayordomo, asistente o segundo oficiante en las ceremonias, (de Ocha).

Ayanlá: perro grande.

Ayanla mola: se escapó el perro.

Ayanlá yerán: animal que come carne cruda, (el perro).

Ayano: peste, apestoso.

Ayano: prodigio, prodigioso. "El Santo de las enfermedades". Babalú Ayé, San Lázaro. (De origen magino).

Ayano ayakuó kuó ajoró ayigá Ogún onobí ta sa nigwa guado omoló gudá ayá kuó kuó tu yu kuara arábi babaló gudú fiédeno lébguo Mabino: "Padre sobrenatural, la epidemia que viene, sólo usted puede quitarla y salvarnos del mal, perdón y

A

apiádase de sus hijos". Rezo a Babalú Ayé, para que aleje las epidemias.

Ayaó: orisha, hermana de Oyá. No baja, pero se canta en su honor.

Ayapá: jicotea.

Ayapá ba lo beyé: "la jicotea camina así", (de un canto en que se imita la manera de andar de la jicotea).

Ayapá tiroko: "apodo de jicotea".

Ayáreke: patas del ave que se sacrifica.

Ayárisi: rabadilla del ave que se ha sacrificado.

Ayasé: "pueblo que nombraban los viejos lucumís".

Ayá temí: juro lo mío.

Ayá tobi mi: madre que me cría, o que me parió.

Ayá toná: rastro que sigue el perro.

Ayá ún baí baí: Feti letó ó ayá un baí bai: Lo malo se aleje siempre de tí y lo bueno te sea concedido. Palabras que se responden a las que pronuncia el Babá Ocha al hacerle ebó a un devoto.

Ayaumbo a (oyoúmbo): está lloviendo, (egwado).

Ayaumbo á Olorún: lloviendo, (del cielo cae la lluvia).

Ayausí: perro negro que se le sacrifica a Ogún.

Ayáwa: hijo que nace después del nacimiento de jimaguas.

Ayá yalé: escapó el perro.

Ayawó: la mujer de Orula.

Ayáyé: malo.

Ayá yo lá: "Perro lleno se lame contento".

Ayé: diablo, "persona del otro mundo", espíritu.

Ayé: brujo, engañador, hechicero.

Ayé: remos.

A

Ayé: caracol de forma alargada, diferente a los kauri del dilogún, que el consultante guarda en su mano mientras el olórissa derrama los caracoles sobre la estera.

Ayé: dinero.

Ayé: mundo.

Ayé elejeré: cuenta, caracol.

Ayé güei: este mundo.

Ayé ki ibó: dice el Babá Ocha cuando da el caracol al consultante que espera una respuesta de los orishas. "Se va a echar la suerte, que todo salga bien y V. comprenda lo que se va a hablar.

Ayékofolé: caimito.

Ayé kueyeré, (ayekujeré): conchas del mar, caracoles.

Ayeku Okana: odu, signo de Ifá que presagia el mal.

Ayé onú: el otro mundo.

Ayeretí: estrellas.

Ayé ún bora: "que te envuelva un brujo".

Ayé ewé: yerba hedionda.

Ayewó: iniciado, lo mismo que Iyawó o Yawó.

Ayé yé gumá: "hombre, hombre", Eleguá.

Ayibón: espumadera.

Ayiedun: el año entrante.

Ayika: hombro.

Ayíka: rueda, redondo, círculo.

Ayiki: gula, ("Como Eleguá come con tanta glotonería, se le dice; Ayiki Alayiki". El viejo A. M. decía, Ayeki).

Ayilodá: "Cuando levanta y se le saluda". Elevar, afamar.

Ayí lorú: regular.

Ayinaro: yerba fina.

Ayiseni: "hombre de obligación". disciplinado.

Ayíyé Balóguó: jefe.

A

Ayo: guacalote.
Ayobí temí: pariente difunto.
Ayóbí te mí: pariente, primo, primo mío.
Ayobo: princesa.
Ayófá: "fruta del pan de Mono; se recoge para hacer ekuelé".
Ayó fún oibó bíni aleyó ilé mi: "La mujer blanca que es extranjera, sea bienvenida en mi casa".
Ayoko: estar asentado, haberse iniciado, "tener el Santo asentado".
Ayóko ocha: asentado, "santo asentado" reconocido por los Babá Orishas e Iyalochas.
Ayomó: nuera.
Ayona omo besaremu édun komo osera wa eguado: "un cantador que todos querían oír y que era egwado, de la orilla del mar".
Ayon iriki: serrucho.
Ayore: baile.
Ayorisá: Santo adorado.
Ayúba: "con el permiso", pedir permiso, saludar, (a los orishas).
Ayú moché: ayudante.
Ayumo: juntos.
Ayura: jicotea.

B

Ba: "lo que se va a hacer", (ba yéun, se va a comer).
Baá: jefe de un pueblo, (según una vieja libreta).
Babá: padre. Se le dice a los orishas.
Babá anyeré: pierna de madera. "Las muletas de San Lázaro".
Babá Kañeñe: se le dice al orisha Obatalá.
Babafumiké: Obatalá.
Baba Funké: Obatalá.
Babá Fururú: se le dice al orisha Obatalá. Es, según los viejos, "el Cristo del Calvario".
Babagá, (babaguá): loro.
Babaguá: abuelo.
Babaguona: padrino.
Babá iwámimó: Padre santo.
Babákoso: trueno, (Changó).
Babalá, (babanlá): abuelo. Babalao.
Babalao: sacerdote de Ifá. Adivino.
Babalógun: sacerdote de Ogún, que mata, por derecho propio, a los animales que se sacrifican a los orishas.
Babalogún: alcalde.
Babalú Ayé: orisha de la lepra, de las viruelas y las epidemias, (San Lázaro).
Baba mí: mi padre.

B

Babá mi losilé isi ilé oyá: mi padre fue a a la plaza.

Babá onchó mi: "mi padre me hizo, —me engendró".

¡Babá ná kuoro!: ¡pégale papá!

Babanlá emio fí fú irilogún: mi Ogún me lo dió Orula, (el babalao o babanlá).

Babaniguó, (Babalao): sacredote de Ifá. Adivino.

Babaniguó, (Babalao): sacerdote de Ifá.

Babá odo wimí Iyá odó wimí. Oloyaré bóba ichororó abé to rí torúgúó: "Tiene que oir lo que le dice su padre y su madre, sino va a parar en la cárcel".

Baba odúmila baba pirini wala ni ko fí edeno babá baba emi kafun actie omi tuto anatuto kosiaro, kosi ikú, kosi eyó, kosi ofó, kosi iña, kosi achelú, iré owó ilé mi Baba: se dice para pedirle perdón, protección, suerte y dinero al orisha, y que aleje la muerte, la tragedia, el descrédito, la disputa y el castigo.

Babá oro yiyi soro soro: el cura predicando el sermón, o rezando a los santos.

Baba réré: Padre bondadoso.

Babarimi: niño que nace cuando nadie lo espera.

Babarosa: padre, padrino de santo.

Babá sí mimo: "la bendición padrino".

Babaodé, (babawodé): tío.

Babawá: abuelo, viejo.

Babé: olvido.

Bábika: Africa.

Bábika: "gente inteligente".

Babínué: conversar.

Babomí: calentura, fiebre.

Bachó: frazada.

Bada: "una especie de bata con muchas varas de género que se ponían nuestros mayores en tierra Oyó".

B

Bada: se le dice al orisha, en las oraciones, bada, bada badanesa, ensalzándolo. "Es como si le dijese Santísimo".

Badanesa: promesa, ofrecimiento al orisha.

Bade: balde, cubo.

Bafurí: "una preparación o medicina para uso de mujeres exclusivamente".

Bagadari: barriga, vientre.

Bagodí: cadera.

Bagudá: yuca.

Bagudá: almidón.

Bá guí (bawí): refunfuñar, regañar. Llamar a capítulo.

Báguri: vientre.

Báguiri: tambor.

Baguiri: yo sabía.

Báguiri: repleto.

Baí baí: mala sombra.

Bai bai: muchos.

Baí baí: por ahí, por ahí, lejos de aquí.

Baí baí: se acabó, no más.

Bailele: hermafrodita.

Baka: mula.

Baké Eleguá: el caracol que trabaja para abrir Itá (consulta a los orishas por medio de los caracoles). La primera y la última pregunta se formulan con este caracol de Eleguá, ya que Eleguá abre y cierra los caminos.

Bakinikini: saludando con respeto, (a los orishis).

Bákiña: nombre de Eleguá.

Bakoro: cucharón, recipiente.

Bakoro gú miná teregípi ma bo dura rere: Mi cucharón con que machacaba se me cayó y va por el agua adelante; por más que hago se me va de las manos, tengo miedo, me castigará la principal, y yo sigo aunque no puedo más, aprisa, sin poder más! — De un canto que ilustra la historia de una mujer que pierde el cucharón u otro recipiente de su madrastra en el río.

Bakoso: toque de güiro en honor de Changó.

Bakoso iloché ni o ye yé tuyé obaoso aladó oní Sangó, tu yé, yé Obaoso oní Sangó...: "Alabado sea Bakoso, el Rey, Oní Changó, porque todo se lo merece y que vea con gusto que se le honra como es debido".

Bakuere: "rey de tierra otá".

Balá: pepino.

Babalá: abuelo.

Balañú: bruto, estúpido.

Bale: escoba.

Bale: mayoral.

Bale: alcalde mayor. Gobernador.

Bale: madrugada.

Bale: saber, estar en conocimiento de algo.

Bale: tocar el suelo, saludando a los orisha o a persona mayor en el seno de la religión.

Bale: marido.

Balogué: heredero de la corona.

Balogué: un nombre del orisha Ogún.

Balogún: tamborero mayor.

Bá loké: subir, arriba.

Baloro: cepo.

Balowó: vender pregonando, (la mercancía).

Balubé: bañarse, fregadero.

Balué: bañarse, remojarse.

Baluko: cotorra.

Bamboché, o Bangoché: título de Changó, del "omó" o elegido de éste. "Tiene el aché —gracia— de todos los Santos", (orishas), y nace con una cruz en la lengua. No se les deberá cortar el pelo hasta la edad de 12 años, para que no pierdan la clarividencia que tienen de nacimiento

B

Bamboché owó é Bamboché owó alá esí eledé mi Babá a la fumí layé: "Dinero trae Bamboché que nace hijo, caballo, de Dios. (Se le canta a los que son Bamboché).

Banaibana: yerba maravedí. Para hechizar.

Bánbuya: orinal.

Bankolé: nombre propio.

Bankoyé: nombre de Abikú.

Banle: chulo.

Banló, (o bansó é): puya, ironía, que se canta o se dice.

Banwalá, (o Bangüala): nombre de hijo de Obatalá.

Banté: delantal rojo, (se le ponen a las esculturas que representan a Changó, y a los hijos del "santo" cuando caen en trance).

Bañaní: orisha, hermano de Changó.

Bá okó: "Va a hacer... cochinada", (fornicar).

Bara: nombre de Eleguá y de Eshú Bára.

Baraba naja mana kafún arifi masokún okó ayagadá itá meta bi dí jo katá agó ogulo de ekó ero Eshu chacho komakeño. Obara kikeño Kinkamacheni Kamarikú Kamariún Mamarí eyé Kamari ofó Kamariyén bi pona: rezo para Elegua, "pidiéndole permiso y que sea bueno, pues para eso se le cuida y atiende y se le da de comer: que aleje lo malo y nos asista".

Bara ni lowé oñí ñío Bara ni loké otutu ma ma ke oñí ñio: "Bara nos proteje la cabeza fresca y limpia, rogada con miel. Bara nos proteja". —Estas palabras las pronuncia el oficiante al poner en la cabeza del animal sacrificado los ingredientes de costumbre.

Baradí: cintura.

Baragí: barriga del animal sacrificado.

Baraíñe: nombre de un Eleguá de Changó.

Barakikeñerí: un nombre de Eleguá.

B

Barakisa, (alákisa): harapiento, andrajoso, (se dice de Obara, Changó, "cuando estaba menesteroso y andaba ripiado").

Barakó: mula.

Barakusa: verdolaga ordinaria, (tanilun paniculatun, Goertn).

Bara lagwón até kokoro bi yá sobe bebé niyo yé gué gúma oloyu morosó gaga yá gadá okoló ofofo okoló ñana kuá kuá rara: "Eleguá te suplico que vengas, que te estoy llamando, hablándote hace rato para darte la comida, vamos, que tengo prisa y no vienes porque estás en las cuatro esquinas picardeando".

Baralanúbe: nombre de un Eleguá, dios guardian de los caminos. (Se le identifica con el Anima Sola).

Barausa: calor.

Barayiniké: nombre de hijo de Obatalá.

Bá ra yó koto bae: está lloviendo mucho.

Bare: tiene razón.

Bare: bien, amigo.

Bare: amigo, compadre.

Bari: ver, mirar; vamos a ver.

Baribá: tribu, "nación" lucumí.

Baribá: prosternarse, echarse al suelo para reverenciar.

Baró: yagruma.

Basoro: hablar, rezar.

Barubá: nación lucumí.

Báta: jardín, parque.

Batá, (batun): zapato o chancleta.

Batá: tambores. Solo se tocan de día.

Batá: toque de tambor en honor de los orishas.

Bati ode yé Olówo ofé ná oyéun: cuando se viene al mundo no se trae nada.

Batiyé: nombre de Eshu, "el que acaba con todos los daños".

¿Bawo?: ¿cómo es eso?

B

Baya kan: que pelea duro; bravo.
Bayamá: pelear.
Bayé: fantasma.
Bayé: putrefacto, muerto.
Bayé: grande.
Bayí: robar.
Bayolorí: hacer fiesta, alegrarse.
Be: rogarle al orisha.
Bebé: ruego.
Bebé: rezar, rezo.
Bebé: interceder, (el orisha por un hijo o devoto culpable).
Bebé: represa. (Bebe ilé Naná, en la represa vive Naná).
Bebé: abanico.
Bebé iná: ceniza.
Bé eyó: "El santo que es majá".
Begbé: cejas.
Bei: arroz.
Beko: no.
Beko: aquí.
Belebú: La Cruz.
Be leke: elevar, afamar.
Beleke: nombre de Eshu.
Be loni: irse. Se va.
Belorí: cortar cabeza.
Bembé: fiesta, toque de tambor para alegrar a los orishas.
Bembé égun: "toque para muerto", (de los eguado).
Bembé bení chobé: "El que se siente algo es el que se mueve".
Benani: le ruego que...
Benaní: sí.
Benaní: está bien, de acuerdo.
Beni osi suan nigua guoké kalenu ayé ainí pekun: "Por todos los siglos de los siglos, el mundo no tiene fin".

B

Bere: desear, deseo.
Beré: "está bien, amigo, acordado.
Bere bere: despacio.
Bereké: nombre de Eleguá.
Beretén: présteme.
Berí kulá, (aberíkola): "Persona que no tiene Osún, santo asentado en la cabeza, —así decían los antiguos, en vez de aberi kulá". No iniciado.
Beri meneye: se dice de armarse un lío, un enredo, discusión con golpes.
Beróloigui: pluma de la garza.
Beru: temeroso.
Berukú: la muerte da miedo.
Besejó: callar; cállate.
Besieye: pajarito parecido a la golondrina, muy leve, que se alimenta en el aire de insectos. —Se dice ¿de qué vive el besieyé?,— el que sabe contesta a la puya: Se alimenta del aire! —"Vinieron hace dos años y pude agarrar uno en el suelo. Es viajero".
Bewá: acercarse, venir hacia acá.
Beyi: mellizos.
Beyi: nombre de "hijo" de Changó.
Beyi Ayaí, Ainá, Alabá, Igué, Ideú, Kaindé: nombres de los mellizos, y de los hijos que nacen después de estos.
Beyi oro alakuá oyé oye mo jojó: "Los Beyi, mellizos divinos, son niños pero grandes, sabios, sagrados": salutación a los Ibeyi-Oro.
Bía: abre, abran.
Biafó: porfiado.
Biayerí: no discurre juiciosamente.
Bibayé: podrido, cadáver descompuesto.
Bi: nacer, engendrar, vivo.
Bibi: vivo, "vivito y coleando".
Bibi: guacalote.

B

Bibidódo: árbol que crece junto al río, como el jagüey y otros.
Bibilá: lámpara de aceite.
Bibino: "atravesado, bravo".
Bibinoyo: lloroso, con pesar.
Bichayú fon: Obatalá.
Biche oyó: "cosas, modas de los lucumí", oyó.
Bieshu: palo diablo, (capparis cynophallophora Lin).
Bika: malo, daño.
Bikaguona: "saltando como muñeco", (chicherikú).
Bila: dar paso, abrir hueco.
Bila: agujero, hoyo.
Bilomi: me empujan.
Bilomí: ola.
Biluomi: ola. "Lo que le pertenece a Yemayá".
Binbinike: Obatalá. Dios.
Biní: lucumí biní. (de Benin).
Bini bini: hijo de nadie, "un curujey".
Binumi ainá yo: nombre de "hijo" de Yemayá.
Bio: tumbar, derribar.
Bióko: fornicar.
Biobaya: una injuria.
Biobayasé o biobayamá: respuesta a la injuria ¡biobaya!
Biolorun: Dios. El Creador.
Biri: chico, poco.
Birikoto: pasaje, callejón, estrecho, rincón, casucho.
Biti magüí tina fíguó oniaro ilé iyalocha: decía el enfermo que quería entrar en casa de la santera para curarse.
Bitomi: nombre de "hija" de Oshún y de Yemayá.

B

Biwi: fantasma o duende que aparece en los ríos.
Biwo osé buruku olurun oyú ri won: "El ojo de Dios te mira cuando haces mal".
Biyaya: vivo, activo, expedito.
Biyékun: dios. El orisha de la adivinación.
Bó, (ebó): sacrificio, ofrenda, purificación.
Bobo, (egbogbó): todo, todos.
Bobo imo: todos, todo el mundo.
Bóbo kaleno: todos reunidos.
Bochilé emi: entre usted en mi casa.
Bode: entre, pase adelante.
Bodé: andar.
Bode: aduana.
Bóba boga: grande.
Bogbo: todos.
Bogbó edún: buen año a todos.
Bogboin, (bógouin): todos, todo el mundo.
Bogüó: darse la mano.
Bógüo aguá, (bówó awá, boggó awá): vengan todos.
Bógüo enikeyí: todos los amigos se dan la mano, se saludan.
Boguó oguó omoko babá: se refiere a una reunión de jueces de Orula.
Bogwó ogwó omó kolaba mo fa Orula: reunión de los jueces de Orula, (Ifá).
Bokeimba: nombre de hijo de Yansa riri, (de Takua).
Boko nilei: aquí estoy.
Bóku: dios. "Orisha que vive en la ceiba".
Bokú: barco de vela.
Bó kutan ocha: adorar santo.
Bola bola: honra, honroso, respetar.
Bolakan: dinero.
Bolo: rana.

B

Bolo: pueblo tribu o nación lucumi. (Solo un viejo, hace muchos años, nos ha hablado de los "lucumí bólo").
Boló: tómalo.
Bologuó: irse algo de las manos.
Bolón bó tí wáo achíere: cabeza loca, se volvió loco.
Bolóya: bonita.
Bomá: orisha que vive en la ceiba.
Bomá: orisha hermano de Iroko.
Bomí achó, bata, aketé: "Pónme el traje, los zapatos y el sombrero".
Boná: caliente.
Bóna: pueblo, tribu o nación lucumí.
Bonaibana: yerba maravedí.
Bonboló tíwa?: ¿adónde vas?
Boñani: orisha, hermano de Changó.
Bo ocha: adorar santo. Hacer ebó, sacrificio.
Bope: papagayo.
Borá: fuerte.
Bora: bañarse con agua caliente y yerbas.
¡Bora bora!: ¡al baño pronto!
Boro: pronto, rápido.
Borobó tití borobó tití kokolódé, kokolodé. Kebó fí kebo kebó adá bebó adá Babá kebó! adá yeyé! kebó ada bogbó Orisha: "Te lo pongo con mucho respeto, le rezo, adoro y le ruego a Babá y a Yeyé y a todos los Santos que adoro".
Bosí: suplicar, ruego.
Bosi: donde.
Bosí: entre, pase.
Bosile: pase a saludar al santo.
Bosi óbo: indecencia.
Bosu: fango, ciénaga, temblandera.
Boyi, ("ereke boyi"): ingenio de azúcar.
Boyú: mantilla de encaje.
Boyudara: cara bonita.

B

Bradideko: rabadilla del ave sacrificada al orisha.

Búade: batea.

Buara, (wará): leche.

Bubo: pedazo.

Buchararä báwó abuchararä abufä aleyo kóluo, abuchararä ba wo...: "Dos que discutían, uno que vivía mejor que el otro, y un tercero intervino; si mucho dinero tienes y tú no tienes nada, para qué hablar tanto; al fin y al cabo todos tenemos que morir".

Budi: salga, váyase.

Bugbá: olvidar, olvido.

Buku: desgracia.

Bukú: viruela. Un compañero de Babaluayé.

Buku yuyu: "tiene cara de diablo".

Bu mí, (muchos dicen bu mí y otros fu mi); dame.

Búndia: señorita.

Buó buó: estúpido, bobo.

Buro, (buru): maldito.

Buru: indecente, sinvergüenza.

Burubá: horroroso.

Burukú: orisha, "Dueño de las enfermedades". "Marido de Naná".

Burukú: revólver, pistola. (En sentido figurado).

Burukú beyí burukú. Chango baí Changó...: "Con este canto la vieja Má Dina amarraba a los jimaguas. Y la tierra no los cogía", (no morían). Los jimaguas, (mellizos) tienen tendencia a marcharse de este mundo, y es conveniente "amarrarlos", atarlos mágicamente para impedir que sus espíritus escapen.

Burukuchuela: moverse, trabajar mucho para hacer daño.

Burukúselé: moverse.

B

Burukú yéun: "La tierra, —porque Burukú es la tierra, que se lo come todo".

Buruyule: siniestro, revolución, (por brujería).

Buruyulo: maldad, persona de la peor condición.

Busa: fango.

Busá: morder.

Busá sá: muerde y huye.

Bushashará bawó abushashará agufá aleyo kóluo: "¿Quién es Ud. desconocido, que se atreve sin identificarse a cantar en la fiesta? Le dijo el Olorin, al forastero —aleyo— que sin saludar a los del cabildo levantó un canto. El aleyo respondió: Olé kibi baya olé tólowó mósise ayé". Esto es, enviándolo a casa del diablo, y ante todo mentándole la madre, (kibi ba yá).

Busilé: bendición. Estar bendito. Bendecir.

Busilowo: juntar, poner dinero.

Buyé: pintura.

CH

Chabá: pulsera de cadena de metal, que usan los hijos de Ochosi y de Ogún como brazalete.
Chá chá: cortar.
Chachá éte: café.
Cháchaco: mata de café.
Chafá: cadena, brazalete de Ochosi. "No es como la cadena corriente de metal o plata distintivo de los hijos de Ogún. Así le llamaban los antiguos".
Chachará: escobilla adornada de caracoles de Naná Burukú.
Chachaúku: café.
Charemo: sucio.
Chachá kuoso: bejuco angarilla. (Serjamia diversifolia, Jack. Radlk).
Chaga: nación lucumí.
Chaga komobí atí so...: el lucumí chaga no sabe cómo hablar. Es muy bruto.
Chaguoro: cascabeles.
Chaibá: lástima.
Chaicha: maruga.
Chakachaka: rastrillo.
Chakuala: chancleta.
Chakuatá: un Babá (Ayé) muy antiguo, como Chakuana. (Chakuatá-Agróniga).
Chakumaleke: fiesta.
¡Chamó!: comprendido.

C

Champútu: "Paragüita", planta así llamada vulgarmente que nace en las bagazeras o estercoleros en la estación de las aguas.

Changalá machá: pícaro, hacer maldades.

Changó: Dios del fuego, del trueno, de la guerra y de los tambores. Uno de los dioses más populares del panteón lucumí en Cuba.

Changó Aguá Guayé: título que se da a Changó.

Changó Alatikú: Changó.

Changó Arana: Changó.

Changó Baoso: Changó, (cuando se ahorcó).

Changó Bumi: nombre de "hijo" de este orisha, quiere decir; "Changó me dió".

Changódina: nombre de hijo de Changó.

Changó Eikolá: Changó.

Changó Edumara: Changó.

Changó enú etún e niki bejé ¡bró!: La boca de Changó grita así, ¡bró!

Changó Gan Yolá: nombre de "hijo" de Changó.

Changoguno: nombre de hijo de Changó.

Changó Ilari: el orisha del trueño, del fuego, de la guerra y de los tambores.

Changó kanyolá: nombre de "hijo" de Changó.

Changó Kora: Changó.

Changó ku ya oni yón to enú gbobo enú lofé lofé Changó kóya oní yón to: "Changó no estés molesto, que tu nombre brilla en las bocas de todos los que estamos reunidos para adorarte y contentarte".

Changó Ladé: Changó.

Changó Leyí: Changó.

Changó Lufina: Changó.

Changó mo foú bale Obá oso moforibale Babá de mi ibá orisa ma wo mo foribale

C

Babá temí: Padre mío Changó yo te saludo, me postro ante tí.

Changó Oba Funké: Changó.

Changó Oba koso yá Changó odo fo fo iñá: "Changó el rey de Koso se molesta con facilidad y hace cualquier trastada".

Changó Obaní: Changó.

Changó Oba o magué alado yína: Oba es mujer estimada de Changó príncipe.

Changó Obarí: Changó.

Changó Obatuyo: Changó.

Changó Obayé: Changó bravo, (hay que halagarlo).

Changó Obadimeyi: Changó Dos veces Rey.

Changó ogodó makulenkue igwóndo oni yeri ilá: "Changó brilla en su tierra, que es tákua y de allí escapó. Como se llama esa tierra se llama él".

Changó Ogumí: Changó.

Changó oyó: "Changó de Oyó y Changó que baila, que va a bailar".

Changó Oyú Iná: Los ojos de Changó echan candela.

Changó paladá surú: "Changó como Oyá". (Cuando apareció vestido como Oyá para huir de sus enemigos. Su transformación los engañó a todos").

Changó titakua unsoyó: Changó es de tierra takua, iba de visita a Oyó a ver a Yánsa.

Chánpana: viruela, "que había mucha en tiempo de España, por lo que ya esa palabra es cosa de los viejos".

Chanté: "nación". "Mina achanté". (o Mina santé).

Chararâ: hablar mucho, discutir.

Charari: criado de Ocha. El que cuando baja un orisha trae lo que éste pide, y cuida del cuarto.

C

Chareo: viejo, el más viejo.

Charéreke: embrollo, armarse un lío de chismes, de falsedades.

Chauré kué kué: bledo blanco, totón.

Chébora: Changó, el Hombre Fuerte. (El odu número 12 de Ifá).

¡Cheché ere cheché ere!: se refiere a los muñecos de palo que preparados por el agugú, caminan de noche por las calles y campos.

Cheibora: obstinación.

Chégüé: nombre propio.

Chégue chégue: majá, serpiente andando.

Chegbe: maldecir.

Chekecheke: cascabel, (para adorno, y en los bordes de las sayuelas según indicación del Babá orisa, para asustar y alejar a los muertos).

Chekekán: después de las doce.

Chekeke: nombre de "hijo" de Yemayá.

Chekené: seda, tela fina.

Chequeté: refresco de maíz fermentado y naranja agria. De rigor en las fiestas de santo.

Chekué íguí: palito de candela.

Chekuté: que sabe lo que hace.

Cheléyo: reunión con visitas de afuera.

Chenlo: asesinato.

Cherawó: arco iris.

Cheré: maracas.

Chere áñaga: excremento.

Cherenia: excrementos.

Chereré: pedirle la bendición y suerte al orisha.

Ché reré risá, ché réré: suerte, bendición, amparo que se le pide al Orisá.

Chibé: papaya.

C

Chibó: adorno de cuentas azules para cubrir la tinaja que guarda las piedras de Yemayá y Oshún.
Chibó: papagayo.
Chiché: trabajar.
Chiché: cocinar.
Chiché fú lo wó: trabajar para ganar dinero.
Chiché ka ka ka: trabajar de prisa.
Chiché loko nikolo: "trabajar a lo súku musúku, a la chita y callando", —un maleficio o "daño". (Súku musuku palabra bantú).
Chichemele: mucho trabajo o faena por hacer.
Chiché owó: dinero ganado con trabajo.
Chicherekú: personaje diminuto que el Agugú prepara con el cadáver de un recién nacido; o muñeco de madera a quien dota de alma, y que le sirve para hacer daño o defenderse.
Chíchi olóngo kini mo guase olongo yeyé: palabras de un canto, con el que la diosa Oshún pide a los fieles las naranjas que tanto le gustan.
Chíchu: muy oscuro.
Chigüi: loco.
Chika: malanga.
Chilekon: abre la puerta.
Chiminí-chimino:. granada.
Chín chín: ligero, rápido.
Chínichini, (eribosá): sabe lección o mastuerzo. (Lepidium virginicum, Lin.).
Chinchiwa: largarto grande y verde.
Chinimá: bien hecho, eso está muy bien hecho.
Chinkafo: arroz.
Chinkí: Eleguá.
Chiro: mesa.
Chobaíbaí: "hacia allá está oscuro, no se ve". La neblina.

C

Chocholo: pantalón.
Chocho were yeye: semillas de una yerba consagrada a Changó que sirven para hacer collares de Eleguá.
Chofó: desgracia; llorando al muerto.
Chóke chódo: chismoso.
Chokotó: pantalones.
Chokotó: ropa de mujer (en eguado).
Chomugué: cardenal, (el pájaro).
Choná: raro, disparatado o diabólico.
Chón chón: andar.
Chón chón dié dié: caminar muy despacio, paso a paso.
Chón chón ota meta: caminar, andar a la esquina.
Chonkotó: pantalón.
Chóre mí: el que es bueno conmigo.
Choro: bravo.
Choro: se le dice al cuchillo o puñal.
Chuá: lechuza.
Chubaí baí: no está claro, oscuridad.
Chubú: reclinatorio. Caer. Altar.
Chú eshu biribí: "El diablo es muy negro".
Chugú: altar de santería.
Chugudú: maligno.
Chukua kuó: nuca.
Chumbú: caer.
Churé: chiva.
Chutrú: caer, caerse.

D

Da: realizar, hacer una cosa.
Daboni: abogado.
Dadá: bueno.
Dadá: padre.
Dada: arena.
Dáda: orisha hermana de Changó. (Santa Catalina de Siena).
Dadá: orisha hermana de Changó, su madre de crianza, (Nuestra Señora del Rosario, según otros).
Dadá: es el primer Changó, el más viejo y más rico que hubo. "Así lo dice el canto: Dadá omólowó Dada omólúweyó". Repartió dinero a todos los orishas.
Dadá: "hermano de Changó", se confunde con Obañeñe.
Dada bodi un orí dadá omó lowó yo: "Dáda hermano de Changó, hombre que tiene mucho dinero".
Dadá ibodi un ori Dadá: "hombre grande, Dadá, hermano de Changó".
Dada okú ya le ma de Dada okú yalé Dada omó lo wó, Dada omó lo wo. Dada omó lu wé yo: Palabras de un canto fúnebre cuyo sentido es el siguiente: "el muerto, se va ligero, limpio, ya no tiene carga, satisfecho, porque se le ha atendido; valor y tranquilidad para esa alma".

D

Dadári e eyó ba ku ba kó yó: comienzo de la historia de una serpiente. Esta al oir la llamada de una mujer que es su amante aparece contento deslizándose por la tierra, va a encontrarse con ella y se llena con la comida que le lleva. Repleto y satisfecho vuelve a hundirse en el río. Tal es según el cuentista el sentido de estas palabras.
Dadáuro: orisha, (San Ramón Nonnato).
Daga daga: sinsonte.
¡Daga daga, eyo bálera!: ¡"Canto más que todos"! Canto de puya.
Dakadá: libro.
Dakadeke: falso.
Dakadeke: guerra.
Dake: calla, callarse.
Dake eru kowé, mó wi: Cállate negro ignorante, que yo voy a hablar.
Dáyí: olvida.
Dakú: desmayarse.
Dakú: agonizante, muerto.
Dandupé: venado.
Dankále: cabrón.
Da omí: derramar agua.
Da opé: gracias.
Dara: fino, bonito.
Dara, dara: muy bonito, muy bien.
Dara wura: oro puro.
Daro: enfermo, triste.
Dawo: no.
Dáwuadi: repartir, repartió.
Dayi: "un orisha majá que se recibe de los Arará".
Dekó la o awa osiberu obé agó orissa Changó: "El cuchillo no puede cortar al orisha Changó, le tiene miedo".
Dekundé: flojo, desamarrado.
Deliadé: corona.

D

Dengo: grama cimarrona, (cynadón dactylón (L) Pers.).
Dengue: bebida o refresco de maíz, que se prepara como el ekó.
Dere: nombre de "hijo" de Oshún.
Di:. nombre de "hijo" de Oshún.
Di (edidi): amarrar; amarra.
Dián dián: allá lejos, mucho.
Dibule: acostarse a dormir.
Dibule atatolá: acostarse a dormir, hasta mañana.
Diché, diché: levántate pronto.
Didá: refulgente.
Didara: diamante.
Didé: levántese.
Didé: tranquilo.
Didé chón chón: levántate y anda.
Díde emí, Baba awó: levántate Padre santo.
Didé ṭiti eiyé: los pájaros se levantan y cantan.
Didén: grajeas, bombones finos.
Didena: levántate pronto.
Didí: paquete, empaquetado, amarrado.
Dído: rosas.
Didón: dulce, confituras.
Díe: poco.
Dié dié: poco a poco, con cuidado.
¡Dié guada!: ¡poca broma!
Difún Osaín: dice alzándose ligeramente de la silla el devoto, cuando se alude al orisha dueño de las yerbas, Osaín.
Didí: bicharraco, sabandija.
Didilaro: toque de tambor del orisha Changó.
Dile dile: parto.
Dilenú: cierra la boca.
Dilodo chún: río.
Dilogún: caracoles de adivinar.

D

Dilogún: diez y seis.
Dilonga: plato.
Dilupó: maza, garrote.
Dindón: sabroso.
Dobale: saludo al Orisha.
Dobali: inclinarse.
Dodé: cacería.
Dodé mi alamoí: "Amigo, trátame como yo te trato".
Dodi: rosado.
Dodo bale: ¡salud! Hacer homenaje.
Dódobale: saludo, reverencia.
Dodobalei: acuéstese.
Dodobalei: prosternarse.
Dodowá: Oshún de tierra Yesá.
Dokulán: duro como piedra.
Dondó: dulces.
Dón dón: tambor.
Dowebo: flor blanca.
Du bué: malva té. (corchorus siliquosus), Lin.).
Dubule nijí: acostado, tendido durmiendo.
Dudú: negro.
Dúdu: siempre viva, prodigiosa o sensitiva (mimosa púdica, Lin.).
Dukué: jefe o funcionario de una población (según aparece en una vieja libreta).
Dupé: gracias.
Duro: fuerte, firme.
Duro: parado.
Durogan: teca.
Duroloaso: párese derecho.
Duro mi: espérame.
Duro soayú: firme, de frente.
Duru: parar.

E

Ebá: escopeta.
Eba: vaca.
Ebagbá: olvidar.
Ebá mí: mi escopeta.
Eba mí ní: hermana mayor.
Ebanté: delantal de Changó.
Ebati oyeun tán sí ní dupé dupé omodán: muchas gracias le doy a la señorita por que ya comí.
Ebe, (ewe): número o billete de lotería; (Oshún ebe mi lé — de un canto en que los aborisas le piden a la diosa que les conceda un premio de la lotería.
Ebe: pedir.
Ebe: plegaria, ruego, oración.
Ebé mi: mendigando voy por la vida.
Eberé: cavidad pequeña abierta en la carne para introducir un amuleto. (Una piedrecilla, un fragmento de metal).
Ebere kikeño: Eleguá.
Ebesebí, (obe sebi): fracasar, equivocarse.
Ebí: vomitivo de ciguaraya.
Ebí ama: condenado.
Ebí la plá: el hambre mata.
Ebín kuá mi: tengo hambre.
Ebin kuá ete mi: el hambre me mata.
Ebín Obatalá: babosa.
Ebiso: cama.

E

Ebísón: maní.

Ebí umplá mi: tengo hambre.

Ebí umpua mi owó: tengo hambre de dinero.

Ebó: ofrenda, sacrificio, purificación.

Ebó: sabana.

Ebó chiré, (ebochuré): ofrenda que consiste en pedacitos de pescado, jutía, maíz tostado y manteca de corojo para Eleguá.

Eboda: se dice de la cabeza que queda libre, despojada de lo malo que tenía, gracias a un ebó.

Ebodá: primera pregunta que se hace al echar los caracoles, (dilogún). ¿Qué ofrenda hay que hacer?

Ebodá iré: se llama a la posición del dilogún favorable al consultante.

Ebodá iré: hacer ebó para suerte.

Ebó didí: atar mágicamente. El envoltorio que se hace con los ingredientes de un "trabajo de amarre".

Ebó didí: sacrificio para ligar la voluntad de una persona.

Ebó edari: purificación, "limpieza", para evitar lo malo.

Ebó etútú: "ofrenda para tranquilizar al muerto".

Ebó fiyé osa: hacer ebó, ponérselo a los ocha.

Eboguonú: sacrificio de un animal; chivo, carnero o jutía.

Eboín, (epoín — epó): manteca.

Ebó kéun: hacer rogación continuadamente.

Ebó kéun, edukéun, ebo kerin edukéun: "es preciso que el devoto haga ofrenda hoy, otra mañana, y otro día... todo el año".

Ebó loré: el que paga un ebó, sacrificio.

Eboni: carbón.

Ebo o: mono.

E

Ebó omí ota síle: echar agua a la calle para refrescar a los Ikús, (muertos) y a los "guerreros", Eleguá, Ogún, Ochosi.
Eborá: brujería, hechicería.
Ebora yi yé Ogún: "revolisco", (producido por brujería).
Ebora yiyé Ogún: revoltoso.
Ebore: ofrenda, rogación, sacrificio.
Eboré: "un regalito de comida a los Ocha", (ofrenda).
Ebpe: hormiga.
Ebureguán: feo.
Eburu: trastornado.
Echa, (ocha): jabón.
Echeni: culpable.
Echenlo: asesinato.
Echeriké: "el Eleguá que anda con Osain".
Echibatá: platanillo de Cuba, planta de jardín.
Echichiweko, (ewe ainá): pica pica. (Stizolobium pruritum, (Wright Piper).
Echín, (echi, epé e): caballo.
Echín dudú: caballo negro.
Echín echín: bichos.
Echín fun fun, (echin fon fó): caballo blanco.
Echín gíri gíri: caballo trotando.
Echo: reloj.
Echuguá: línea.
Edá: flor, la flor.
Eda, (éra): hormiga, bibijagua.
Edá etí: cerilla de la oreja.
Edani, (odani): adorno de Oshún.
Ede: idioma, lengua.
Ede, (éne): lengua, boca.
Edé: verde.
Edé: langosta, langostino, camarón.
Edegbatá: cinco mil.

E

Edegbefá: mil cien.
Edegberín: setecientos.
Edegberún: novecientos.
Edegbetá: quinientos.
Edegú: "nombre de un difunto".
Ede ni gua ni: "quieren desbaratar matrimonio".
Edé tí: sordo.
Ede oyó: lengua, habla de Oyó.
Edí: majá (poltrón).
Edi, (idí): nalgas.
Edi, (edídí): "amarre", atadura, ("trabajo", en un sentido mágico).
Edi— edi: yerba de Guinea.
Edídí: amarrar, atar mágicamente, "amarre", lazo.
Edié: gallina.
Edié saba: gallina con huevo.
Edí fún: el ebó, las ofrendas ya envueltas, "trabajo mágico".
Ediguana: amigo.
Edile mi: mi familia.
Edín pidi: camarón.
Edisá: gracias.
Edí sara potié: sentada en la silla, o en el taburete.
Edña: fino, bondadoso.
Edo: hígado.
Edóbón: veinticinco.
Edogún: quince.
Edoki edoko ole: gandinga del animal que se ha sacrificado.
Edú: mono.
Edú, (eru): carbón.
Edú: hacha, (de Changó).
Eduara, (edún ara): piedra del Rayo de Changó.
Edu dá güé: está bien.

E

Edúdú: pepino.
Edudú: negro.
Edudú: siempre viva o prodigiosa, una de las 21 o 101 yerbas del Asiento.
Edún: hermano.
Edún: año, este año.
Edún: carbón.
Edún obaní: día.
Eduoti: botella.
E... e wá ayé si: "para refrescar al que se va, que cambió de estado, y para que no se aparezca". Momentos antes de partir un entierro, la Iyalocha canta, en estado de trance o no, este canto de la diosa Oyá y derrama el agua de una jícara a la puerta de la casa del desaparecido.
Efá, (mefá): seis.
Efá: maní.
Efé: viento.
Efé: cola, rabo.
Efé, (efí): humo.
Efémoyumo: madrugada.
Efén afén: tempestad.
Eferí: "No creerle al pájaro ni al ratón".
Efindigüí okó: un camino de Ifá.
Efirin atá: yerba de sabor.
Efó: acelga.
Efodá: aguacate.
Efodá, (ofóda): yerba mora.
Efón: toro grande.
Efón: testículo.
Efón: león.
Efón oba igbo: león rey del monte.
Efuché: nombre de un cabildo de fines del siglo XIX en la Habana.
Efú fú: turbonada.
Efumí: dame.
Efún: "nación" lucumí.

E

Efún: cascarilla, (pasta elaborada con la cáscara del huevo. Atributo de Obatalá).
Efún: yeso para pintar.
Efún: blanco.
Efún, (ofún): polvo.
Efún: signo u odu de la muerte en la adivinación; significa "la fosa abierta"; que la muerte amenaza al que consulta a los orishas.
Egá: costillas, costillar.
Egán: manigua, bosque.
Egán, (erán): yerba del monte.
Egán: desgracia.
Egarán: tamarindo.
Egaro, (igaro): el que cumple una condena.
Egbá: tribu, pueblo o nación lucumí.
Egbá: hermana mayor.
Egbá: dos mil.
Egbado: de la costa, orillero.
Egbamboché, (bamboché): "absoluto, que no necesita ayudante". Véase Bamboché.
Egbara: leche.
Egbarún: diez mil.
Egbatá edegbarí: siete mil.
Egbé, (ebé): hacer bien, favor, merced que se pide al orisha en las oraciones. Egbe mí Babá; bendíceme Padre.
Egbedogún: tres mil.
Egbefá: mil trescientos.
Egbegbé olokún: la costa.
Egbé mi: tengo sed.
Egbere: cortada que hacían los viejos en la piel para meter un resguardo.
Egberún: ochocientos.
Egberún: mil.
Egbeta: seiscientos.
Egbeye edegbeyo: mil quinientos.
Egbó: raíz.

E

Egbó: sabana.
Egbodo: planta de agua.
Egbón: mayor.
Egbongbán: todos están muy bien.
Egbó, ogbó: raíz.
Egboyi: medicina.
Egbó yule: acariciar, apreciar.
Egó, (egun): manigua, yerbajos.
Egón: pierna.
Egu: fantasma, espíritu.
Egu, (egun): pelo.
Egú: el pelo blanco, canoso.
Egú, (ewú): peligro.
Eguá: jícara.
Eguá: hermana.
Eguado: tribu, nación lucumí.
Eguadiníba: ciento noventa.
Eguá mí: mi hermana mayor.
Eguchó: pipa.
Egüe: trabajo de magia, una trampa.
Egüe güelo: papel.
Egüegüe mí: tengo sed.
Egüé koko: malanga.
Egüe meyi: ódun. Letra o signo de Ifá.
Egüeno, (ewéno): jabón.
Egüere yeye: peonía.
Egú fan: pavo real.
Egugú: huevo, maléfico.
Egugú orisa la solo dó la Eshu bá okuá niyé kin bá kua niyé: ¿Quién nos puede matar? — Dios y los orishas.
Egúgutá ayá oli bi adié keteru: el huevo que el perro no puede tragar, la gallina lo puede picar.
Egui kan: uñas.
Eguin, (iguin): frío.
Eguín: tú, usted.
Eguín sé, (egusí): almendra.

103

E

Eguire: frijoles de carita.
Egulugú: aura tiñosa.
Egun (egúngún): muerto.
Egún: espina.
Egún: manigua.
Egún eyá: espina de pescado.
Egúngún, (egun): hueso, esqueleto.
Egún íguí: espina.
Eguó: maíz finado, (se ofrenda a los muertos).
Eguó: arroz.
Eguó: hilo.
Eguo mi laki: hábleme.
Eguó okusé: manteca de corojo.
Eguón, (ewón): cadena.
Eguóti: botella.
Egure, (eguri): melón.
Egure, (ewúre): chivo.
Egúso: pipa.
Egwá: pelo.
Egwalúbo: tribu, pueblo o nación lucumí de los que vinieron a Cuba.
Egwánlake: pueblo grande.
Egwón: cadena.
Eidu: carbón.
Eidú: metal.
Eika: jobo.
Eimbe: suelo.
Eingüé: manigua.
Eiyé: plumaje, plumas.
Eiyé ayé: pájaro que no vive en jaula.
Eiyé dí: milano o gavilán.
Eiyefó: pájaro volando.
Eiyé góngo: "un pájaro grande que tiene las patas largas".
Eiyé léke léke eyé kan bé ré ló igún be wá lá: Parece un pájaro volando, ese vestido bonito que luce.

Eiyé lolo: pájaros silvestres.
Eiyé Oba: pavo real.
Ejín: espalda.
Ejín, (egún ejín): la columna vertebral.
Eiyé loló: pájaro silvestre.
Eiyé rukán: pavo real.
Eiyí ó: Buenas. ¿Cómo está?
Ejé: así está bien.
¿Ejó lontayi?: ¿En cuánto vende usted eso?
Ejújú epi jujú eye male eyán koko kumi eyan kóko kuní yeyé: palabras que dice el Babalorisa y repite varias veces hasta que cubre con las plumas de las aves sacrificadas las soperas que contienen las piedras del culto. "Para fuerza, bien y prosperidad, se logre lo que se desea, y el Santo quede satisfecho, y vea que todo está completo, que no falta nada".
Ejumara: nombre de "hijo" de Changó.
Eka: rama de árbol.
Eká: invierno.
Eka dudu: la rama verde.
Eka eka: mentiras, visiones.
Eka ero: dedo o uña de los pies.
Eká oro: cogote, nuca.
Ekán: uña.
Ekana lese: uña del pié.
Ekán ówa: uña de la mano.
Ekawa: niñas.
Ekbón: hermanito.
Eké: cara.
Eke: mentira.
Eke: envidia, falsedad.
Eke: pulsera.
Eke: mesa.
Eké lainché: ¿Qué sucedió?
Ekeletí: nombre de hijo de Obatalá.
¡Eke ni!: ¡Vamos a trabajar!

E

Ekeni: envidioso, mentiroso.
Ekeri: maguey.
Eketé, (aketé): cama, catre.
Eki ki yé, (éke ki yé): nombre de "hijo" de Yemayá.
Eki leti: nombre de "hijo" de Obatalá.
Eki male: tumbar, lo tumbó.
Eki male: lo hizo.
Eki ni ki: alambrillo, planta.
Ekin tokí: nombre de hijo de Obatalá.
Ekirí kiri: no parar en un lugar.
Ekisán: verdolaga.
Ekití: pueblo, tribu o nación lucumí.
Ekitín: tribu, "nación" lucumí.
Eko: remo.
Eko: "le decían los viejos a la cartilla".
Ekó: lección, enseñar. (Ekó oré —enseñar al amigo).
Ekó: alimento hecho con maíz, especie de tamal.
Ekofifó: tamales de maíz blandos, para ofrendarles a algunos orishas.
Ekola: quimbombó.
Ekó lémba: cazuela con ekó.
Ekolo: lombriz.
Ekón, (epón): testículo.
Eko oré odi meta ofinjá: Al amigo de tres días no se le entera de las interioridades, o de la manera de ser.
Ekrú: pasta de frijol blanco.
Ekrú: tamal pequeño de frijoles llamados de carita, envuelto en hojas de plátano. Sazonados, pero sin sal, cuando se le ofrenda a Obatalá. Con un poco de añil se le ofrenda a Yemayá; con azafrán a Oshún, y con bija a Oyá. Es manjar grato a estos orishas.
Ekú: saludo.
Ekú: jutía.

E

Ekuá: testículos.
Ekuabo: felicidad.
Ekuachato: felicidad.
Ekualeo: día.
Ekuaro: codorniz.
Ekuaro: frijoles de carita, con cáscara y sal.
Ekuaso, (okuaso): buenas tardes.
Ekuató: felicidades, enhorabuena.
Ekuayá: campanilla.
Ekubí: embarcadero o pueblo lucumí.
Ekue: mentiroso.
Ekue lónso: mientes.
Ekueti: baúl, cofre.
Ekueyá: jutía.
Ekulú: venado.
Ekúmalere: mi compadre.
Ekún: tigre.
Ekún: curiel.
Ekún, (ekuté): jutía.
Ekun, (ókun): rodillas.
Ekundire: Obatalá.
Ekunlá: piedra que no está sacramentada.
Ekunla wana: piedra grande.
Ekunlé: arrodillarse, arrodillado.
Ekuó: pantera.
Ekuo ori: manteca de cacao.
Ekután, (okután): ternera.
Ekuté: ratón.
Ekuté ereke: tronco de caña.
Ekuté inlé ayenbo awóyo kima ekute ayénbo o bro gwagwó ayenbó bi gwagwó: refrán; Cuando el gato no está en la casa, ratón hace fandango.
Ekuté inleo kuaramao lowó layá kuarama: refrán; equivalente — "Hijo de gato caza ratón".
Ekuyé: col.
Ekuyé: acelga.

E

Ekue yunsa: buenos días.
Eladí: rabadilla.
Elaerí: peine.
Elé: hierro.
Ele: fuerza.
Eleán: peine.
Elébe: abogado.
Elebó: aura tiñosa, le dicen a veces al aura, "porque come cuando hay ebó; las tripas de los animales se le tiran al tejado. Es obligación alimentarlas".
Eleche: claro.
Eleché nibani: culpable.
Elechín: jinete.
Eledá: Angel de la Guarda.
Eledá: santo que está en la cabeza.
Eledá: frente.
Eledá: cabeza, (en eguado).
Eledá eri mí: mi cabeza.
Eledá koto bati: cabeza grande
Eledá moyúba Oloni: "Eledá, te saludo y te pido permiso", palabras con que se saluda al Angel de la Guarda —Eledá— u orisha que "está en la cabeza".
Eledá mo fere fu mi: cabeza privilegiada.
Eledé: cochino.
Eledé: se le dice al hombre sucio y andrajoso.
Eledé kekeré choináa: cochinito asado.
Eledi: excremento.
Elederí: peine.
Elefún: nombre religioso de un "hijo" de Ogún y Obatalá.
Elefún: Obatalá.
Elefuro: Obatalá en un aspecto femenino; "Santa Ana".
Elégbara: Eleguá, orisha dueño de los caminos, del destino.
Elegbara: agitado, que no para.

E

Elegbe: el coro.

Eleguá: Dios guardián de las puertas, de los caminos y encrucijadas, mensajero de Olofi; tiene 21 aspectos. Muy importante. Sus equivalentes en el santoral católico: las Animas del Purgatorio, Niño de Atocha, Anima Sola, etc.

Eleguá: "es todo lo que se pone detrás de la puerta como guardiero, para velar por todo lo que es de uno".

Eleguá alayiki: "Eleguá que come mucho, goloso".

Eleguá Akeru: un Eleguá que es mensajero.

Eleguá obara alayiki alaroyé Elekún usokún alaroyé usokún seyé akibeyo osukaká oyá gadá olufaná kolona iré fumi onilu kamarikán, araye kamarikán, Eshú kamarí ikán, afóyu oná kamarí ikano kikíayé kueité tutu ke ona tutu Eleguá olulamá: Eleguá, que abres los caminos, ábreme un buen camino, aparta de mí maldad, desgracias, vergüenza, déme suerte, que mi camino esté fresco.

Eleguá odé mata: el Eleguá que está fuera de la casa, en el campo.

Eléguedé: calabaza.

Elekán: cojo.

Eleke: collar.

Eleke: cuenta de color, (del collar).

Eleke orisá: collar de santo.

Elekeseú: collar de cuentas grandes.

Elemidá: nombre de "hijo" de Yemayá.

Eleminí: engañador.

Elenga: penis.

Elenga: espartillo.

Elenko akuru ma wale Changó: "el hombre bonito que tiene muchas mujeres".

Elenu: lengua.

Elenu, (elení): chismoso, conversador.

Elerí: abogado fiscal.

E

Elerí: testigo de vista.
Elerí: sucio, asqueroso.
Elerí lo dó: lino de río.
Eleru: ratón.
Eleru: cohabitar.
Elese: culpable.
Elese: pié.
Eleseyó: maldición que actúa enfermando o "atravesando" a la persona que se maldice.
Elese guayo: guacalote.
Eleseke: cojo.
Elese malú: casco de vaca; planta silvestre conocida por este nombre en la provincia de Matanzas a causa de la semejanza que presentan sus hojas con el casco de una vaca.
Elese melli akuá: patas delanteras del animal sacrificado.
Elese ocha: enfermedad que mandan los dioses.
Elese ogán: "muerto por un muerto".
Elese osí: pié izquierdo.
Elese otún: pié derecho.
Elesí: jinete.
Eletún: guineo.
Elé ure mi ki bé eru ónle elé uré mi ki bé ayá kuta ki orío erú onle me kó wale bé onle somo ko kón ka ko bale: cuando el perro está en la casa ratón tiene miedo, no hace fandango.
Elewá: bonita.
Elewón: preso, prisionero.
Eleyi: este.
Eleyibó, (eleyibuo): blanco.
Eleyibó: Obatalá. Lo dicen también del hombre blanco e' importante.
Eleyí omó mí: este hijo mío.

E

Eleyo: extranjero, forastero, el que no es ahijado de la casa del santo, "gente que viene de fuera".

Eleyo: forastero, visita.

Eleyo: guajiro, les dicen en la Habana a los provincianos, y los habaneros son "eleyos" en la provincia.

Eligué: granada.

Elodó lokuó, toto ló fin guayo: mal.

Elu: azul oscuro.

Eluayé: orisha. (La Santísima Virgen María).

Elubá: curiel.

Elubé: mosca de casa, (en eguado).

Elubé lorún: celaje, "es la mosca del cielo".

Elubé orún: celajes en el cielo.

Elubó: harina de ñame.

Elúeko: ceiba.

Elúekon: un nombre de Changó.

Elúewe, (o ewelú): semilla para sazonar el mondongo.

Elufán: elefante.

Elugó: fiebre.

Elugrése: hiedra.

Eluké: cetro o bastón con cola de caballo, perteneciente a Oyá.

Eluké: rabo de Oyá, (con el que purifica el orisha).

Elúko ki olugbo: "El ratón no visita al gato".

Ema gu bé: no grite, no gritar.

Embelese Olodumare: a los pies de Dios.

Embé: lo ilé okó: me quedo en el campo.

Emé, (edé): lengua.

Emé: canistel.

¡Eme madá agaga gagá, taní obiní!: "Cuando el taita Iño Oyó se molestaba en el cabildo porque no atendían al canto, porque hablaban los hombres con las

E

mujeres y se pegaban a ellas y no contestaban como era debido, eso se lo decía en esta canto".

Emí: Obatalá.

Emí: boca.

Emí: yo.

Emí: mamey.

Emi: respirar, soplar.

Emi, (mi — mi): tragar.

Emí aro emí oló ilé Yánsa: "estoy enfermo, voy a parar al cementerio".

Emí ba ló: me voy con ese.

Emí bá pá euré: matar el carnero, (del sacrificio, al orisá).

Emi bá sí: anda, pronto.

Emí bori: yo soy el que manda más.

Emi chaisán: tengo paciencia.

Emí ché: digo, yo digo.

Emí ché, emi ré!: cuando trabajo me canso.

Emíché o eleguedé: Yo sí cocino calabazas... (dijo Obara cuando se llevó las calabazas que Olofi dió de regalo a los Orishas y que éstos despreciaron).

Emi, (ete mi; mó): yo.

Emi daba Iya tí: me acuerdo de tu madre.

Emí wá Ologún: "yo seré un hijo de Ogún".

Emí egí: forro de catre.

Emifékoro: lo quiero mucho.

Emí güo: estoy pensando.

Emí iché: yo trabajo.

Emi ilú Bemba: soy vecino de Bemba.

Emí iyá obí mi olelé okuamá elú olelé: "Madre mía, voy a ser jatero, (hatero), en los potreros".

Emi jena jena mayé olelé: yo voy a ser jugador.

Emi kó iro dú bale: a mi no me duermen con mentiras.

E

Emi kolaché emi odáche: "no hago ni más ni menos de lo que hay que hacer".

Emikóma: yo no sé.

Emí ko ní lo pá; obé lo pá: Yo no lo maté; lo mató el cuchillo, dice el sacrificador después de matar el animal que se ofrece a los orishas.

Emi kosi ile mi: estoy ausente de mi casa.

Emí kosinka: no sé nada.

Emí koyeú: yo no como.

Emí la adó madó: detrás de mi espalda.

Emileke: levita o chaleco.

Emí lé pipoda: me mudo de casa.

Emí lo kú osín, Ogún lo kuó: "yo no lo maté, fué Ogún". — Palabras que pronuncia el sacrificador al lanzar fuera del cuarto sagrado el cuerpo de las aves sacrificadas.

Emi lo kusó osín Ogún lo kuaó: Yo no lo maté, lo mató Ogún.

Emí lopuá iná: yo apagué, maté, la candela.

Emi mi omi ereke: tragando melado.

Emina: soy mina.

Emí ní: soy yo, yo mismo.

Emi ni: yo tengo.

Emin losile aburo iyá temi omitomi: Voy a casa de la hermana de mi madre, Omitomí.

Emi nijo: estoy bailando.

Emi oba okán chocho: Yo soy el único rey.

Emi oba unkuelu: Soy rey donde quiera.

Emio okán: yo sólo.

Emi osé: nombre de "hijo" de Obatalá.

Emio yá okuá airá kororoi: "Castigo sin compasión, mato al que se atreva a faltarme", dice Changó, (en un canto).

Emio yén ló ó mí: No he comido.

Emí ri: veo. — "Es más fino decir emí ri que ofé".

E

Emí ro: pienso yo.
Emi sí: la respiración.
Emi tá orombo: estoy vendiendo, o vendo naranjas.
Emi tena: ya yo estoy.
Emí tíkara emi: yo mismo, para mí.
Emí tí wari: Yo te vi.
Emi yé, (omi oyú): lágrimas.
Emó: prodigio.
Emó, (omó, okó): guisaso.
Emó: "amor seco", yerba. (Meibomia barbata, Lin.).
Emú:. pechos, (de mujer).
Emú: "yerbita que tiene unas bainitas llenas de pelusa".
Emú basi: anda pronto.
Emu emí: convérseme.
Emú gogó meyi agadá godó:. "Dos bocones, dos testarudos".
Emure: mosquito.
Emure: niño chico.
Enabeyo: cabrilla.
Ená borukú: malvado.
Enagó: canario.
Enayá, (onayá): mono.
Endoguí: gandinga.
Ené: uno solo.
Enforo, (ensóro): chismoso.
Engue: huevo.
Eni: elefante.
Eni: ese.
Eni: uno.
Ení, (enín): cama.
Eni: estera.
Eni: persona.
Eni abukú: "persona defectuosa, son hijos de Obatalá, tienen las piernas retorcidas,

E

mancos, les falta algo o lo tienen mal puesto".

Eni Alachá: tabaquero. ("No confundirlo con olócha: el santero.")

Eniá kini: visita, el que visita.

Enia ló ma kwá!: me matarían.

Eni bá wí: culpable, pecador.

Eni chí: asesino.

Enidie: pollo.

Eniedra: hombre que apesta.

Enifé: amigo, persona muy querida.

Ení fonu fonu: paluchero, "echador de bambolla", — hablador, jactancioso.

Eni ígui: cama, tarima.

Eni íki: caña.

Eniká: ninguno.

Enikeni: un "mango filipino", una persona de baja estofa, o peligroso, hampón.

Eníkeñii: vecino.

Eni kòní: maestro, que enseña.

Eniochi (u oniochí): un pobre miserable.

Ení ofón: un hablador.

Eniokún: marinero.

Eni olowó beye roko, eni aremu beye roko, eni seseyé, eni olowo beye roko: "La persona que tiene más dinero es la que tiene más categoría, está por encima de los demás: si tiene mucho, mucho vale, si nada tiene, nada vale. Aunque no quiera que sea así".

Eni oriaté: estera, "El que está en la estera".

Eni Oso: nombre de hijo de Obatalá.

Enipá: el más fuerte.

Eni san: persona.

Eni oriaté:. estera. "El que está en la estera".

Enití ekó: ¿Cómo se llama?

Eniyán: todos. La humanidad.

Eniyé pipo: barato.

E

Enko: un objeto, cosa.
Enó: carne.
Ensala: por debajo, escondido. Hechizo, acción de prepararlo.
Enteté: grillo.
Enú: lengua.
Enú: el cuero del tambor.
Enú anagó kó enú oibó: lucumi que no habla castellano.
Enú arayé: mala lengua, calumniador.
Enuekirí: Itamo real.
Enufé: nariz.
Enukué: maruga.
Enú mefa: "siete lengua".
Enú mora: el lucero.
Enuya: asombro, sorprenderse.
Enyi: después.
Enyia: la humanidad, gentes.
Eñé, (eñí): diente.
Eñí: amarillo.
Eñí, (eyi): huevo.
Eñi: cama.
Eñi: estera.
Eñí adié: huevos.
Eñi atele: espalda.
Eñíe: barriga.
Eñí etú: huevos de guinea.
Eñi keñisa: vecino.
Eñile: patio.
Eñi ná akó akotó su mó wá ye oyibó mó sá la royo éña tú tu salá rayó: "El negro venía a tierra de blancos en el barco negrero, hecho una miseria, adolorido, sin saber que sería de él". — De un canto, en que un orisha "montado", — en posesión de su medium o "caballo", evocaba la penosa travesía del esclavo. Recogido en el pueblo de Jovellanos.
Eñí Ola: nombre de hijo de Changó.

E

Eñin, eyí: huevo.
Eñirín: enredadera.
Eñití: ese, eso.
Eo oférere ofé sáwó ofé loré obondé alo yé ananayé: El que no ve, ni aprende, ni sabe.
Epá: huesos.
Epá: maní.
¡Epa!: exclamación reverente. ¡Epa Baba, épa!
Epaboro: garbanzo.
Epá boro gobaso: maní.
Epá ibisón: maní.
Epelori, (épeerí) "Sacramento por la cabeza" (sic).
Epetepete: fango, fangal, tembladera.
Epó: manteca, manteca de corojo.
Epo: piel, cutis.
Epó: pueblo, tribu o nación lucumí.
Epo édu: aceite.
Epó ígui kán: canela de monte.
Epó ma lera aya kuá aya kuá ma lera: se dice, o mejor dicho se le canta a la jicotea (aya) en el momento en que sostenida ésta por una iyalocha o un babalocha, el onichogún o sacrificador que debe ser invariablemente un "hijo" de Ogún, le corta la cabeza. La operación no siempre es fácil, la jicotea que "sabe mucho y no es dócil como el carnero", esconde enteramente la cabeza dentro del carapacho. Se le pellizca en la parte inferior, para que el dolor la obligue a sacar la cabeza y pueda apresarla el matador. En el momento de matarla se llama Aya kuá tiro ko "que es decir como sentenciado". Muchos babá orishas entienden que Jicotea es el animal de "mayor categoría o mérito". "Su sangre, la más fuerte de todas; con mucho espíritu". Este animal sagrado, "con grandes misterios" requiere

E

al ser sacrificado a Changó, y a aquellos otros orishas "que comen jicotea" —Agayú, Osaín, Inle— la asistencia de cuatro personas responsables, iniciadas, que se situarán a un lado y otro del animal. Después de cortada la cabeza, se le cortan las cuatro patas comenzando por la derecha, la delantera y la trasera; y después en el mismo orden las otras dos de la izquierda. Cada una de las cuatro personas que han ayudado al sacrificio le presenta una pata a su Orisha. A la jicocotea, antes de ser decapitada, se le unta en el carapacho el Epó, —manteca de corojo—, a que alude el canto.

Epotó: palo cochino. (Tetragostris balsamifero (S.W.).

Epué: palma.

Epríneche: canutillo.

Eprímocho: zargaso.

Erá: araña.

Erá: hormiga.

Erá: "los lados de la frente", sien, sienes.

Era kánguía, kota ónyó Ayákua Ogún óba: Las hormigas y las cucarachas remendaron a jicotea, (cuando le rompieron el carapacho los soldados del rey).

Erakundén eyé sú moyuso ebí ama: cortar, amarrar las patas del animal que está condenado, (para darle su sangre al Ocha), como es costumbre.

Erán: carne.

Erán: yerba, monte, sabana.

Eran: animal.

Erán abo: carne de carnero.

Erán akukó: carne de gallo.

Eran bibó: carne asada.

Erán ebó: carnero para sacrificarlo a Changó.

Erán eledé: carne de puerco.

E

Erán eyá waka kosa ka — Obí tí obí nare oké: "No eres ni carne ni pescado".
Erán güi güi: chorizo.
Erán guiní: yerba de guinea.
Erani: hormiga.
Eran kauré: carne de chivo.
Erán kuí kuí: salchicha.
Erán loyó: sensitiva.
Erán malú: vaca.
Eran malún: carne de toro.
Erán omí: tiburón.
Eran omó: yerba fina.
Eran omó elede: carne de cochinito.
Eran omó malú: carne de ternera.
Erán opani chín: yerba revienta caballo.
Eran síse: carne cocinada.
Eran yé: carne que se come.
Erawo: lucero.
Eré: un muñeco de palo, "un chiche".
Ere: quieto.
Eré: tierra, terreno.
Eré: culebra, majá.
Eré: fango, fangal.
Eré, (erupé): sucio.
Eré: espina.
Ere, (íre): grillo, chicharra.
Eré (réwé): frijol de carita, (blanco con puntitos negros).
Ereche: frijoles.
Eréche pipá: frijol de carita.
Eréché tupá: frijol colorado.
Eredí: excusado.
Eredíle: la entrada de la casa. Portal.
Eré é: dulce de frijoles.
Eré é dudu: frijol negro.
Eré é fún fún: frijol blanco.
Eréke: caña de azúcar.

E

Ereke: quijada.
Ereke aguadó: caña.
Ereke esin: quijada de caballo.
Ereke ilé: ingenio de azúcar.
Eréke keké: el trapiche del ingenio.
Ereke kekekán: carreta de caña.
Ereketé ni fé ba Orissá mbé wao: "Cuando ya están bajando los Orissas, y que estamos todos reunidos, en buena armonía, para halagarlos, el gallo canta así", que Orissa mbé wa, que vengan, que vienen los Orissas.
Erekusú: Cuba.
Erekuso: canario, el natural de las Islas Canarias.
Ere meyi: las dos patas traseras del animal que se ha sacrificado.
Ere mi odún: "hijo" de Obatalá.
Ere mi tákua ere mi Changó de Ima: se le dice al orisha Changó, en uno de sus "caminos" o avatares. Cuando éste es de Tákua. "Mi Changó idolatrado de Tákua, de Ima".
Ere mí eni: ceniza.
Ere no yi: patas traseras del animal sacrificado.
Eré oni: habichuela.
Ererá: hormiga.
Ereré: jía.
Erete emó: adorar.
Erete loké: rogarle a Obatalá.
Erí, (lerí): cabeza.
Erí: diente.
Erí: risa.
Eri aguoná, (awoná): cabeza de muñeca de loza, ("Pepona") que se añade a la mano de caracoles para adivinar.
Eyi ayé: estrella.
Eriboso: mastuerzo.

Erídilogbón: veintiseis.
Eri eledá: frente.
Erí kodá: la cabeza no está bien.
Erílelogún: veinticuatro.
Erí múmo: dientes limpios, blancos.
Erín: elefante.
Erin: pelo.
Erín: cuatro.
Erinlá, (dilogún): diez y seis.
Eri sé le da emi soro bío oyó Olodumare ere sí ledá emí: "Qué grande, qué buena cabeza tengo". (Se refiere a Eledá, principio divino que existe en la cabeza).
Eritá merín: cuatro esquinas.
Eríta meta: tres esquinas.
Erinrí: risa. "Boca abierta con los dientes vistosos".
Erí wese: boca.
Eriwona: cabeza de muñeca de porcelana, que simboliza al que consulta el dilogún y que el Babalorisa o la Iyalocha exhibe al echar los caracoles.
Ero: quieto.
Ero: quitarse del medio. Separar cuando hay disputa.
Eró: diablo.
Eró: cálmase usted. "Ero, ero Babá", cálmese Padre, se le dice al orisha cuando está molesto.
Ero ero ko isé: palabras con que se termina un sacrificio: "Todo sea con felicidad, sin nada que lamentar; esta ceremonia es para triunfo de los que están aquí reunidos".
Erokoyasí, (orokoyasú): ciruela.
Eromá asokuta: sortija con solitario.
Eró tiló yeyé o yeyé iyá ya mí sioro kikagó o yeyé orókika yeyé: súplica de una mujer que pidió a Oshún le concediera una hija. Esta nace pero con el Euó, de no comer huevo. No habiendo cumplido

E

la prohibición la niña pereció hundiéndose en la tierra que se abrió a su pies. "Yeyé, Yeyé, madre mía, te ruego que mires lo que ha pasado, por favor, atiende mi súplica, no consientas eso".

Erú: negro.

Erú: negro, esclavo.

Erú: hacer brujería, daño.

Erú: semilla importada de Africa, para la ceremonia inicial.

Eru: ceniza.

Eru: bibijagua.

Eruadyé: nombre de Obatalá.

Erubá: cobarde.

Erubá: nombre de una niña que, según una leyenda muy corriente, se comió Arabá, la ceiba, en represalia de una promesa que no cumplió la madre de Erubá.

Erubá mi: tengo miedo.

Erú biní: negra esclava.

Erú chachayú: que tiene marcas de viruelas. (Se refiere a un negro, erú).

Eruko wi ma erú gué gué. Omó eruko wimá: "Babá cuando pide a su omó, o esclavo que no tema y le espante las moscas de las llagas, éste lo reverencia y se las espanta con una escobilla y cuando terminó de espantarle las moscas y le dejó limpias las llagas, le dijo: Alámasó kima erú guegué... dándole las gracias por su servicio".

Erúteriba: un negro dócil.

Erukumi: vergonzosa, yerba.

Erúmini: hormiga.

Erún: boca.

Erún: semilla que parece una cola de alacrán; con ikolá y osún —elerí—, es uno de los secretos que se ponen en la cabeza del neófito en la ceremonia del Asiento.

Eruoko: barco negrero.

E

Erú onlé, ko wale: el echó a correr y quedó sin movimiento.
Erúori: cabello.
Erupé: tierra, polvo.
Erupé: suciedad, basura, brujería.
Erú teni teni: cada negro con lo suyo.
Erú tilante: negro sucio.
Eruyá: guerra.
Esán: nueve.
Esanlá: vaca.
Esé, (lése): pie.
Ese: pierna, piernas.
Esé: mala acción.
Ese dí yá má dé o iyá owó tó yo oyó tó walo osé di ya má deo: "Cuando voy a tu casa respeto a tu madre, a tu familia, ¿y tu no sabes respetar la mía"?
Ese ntele tibariyé inú: "Me conocen en el andar"...
Ese re yu mao: Salud para todos.
Ese yeye: arroz amarillo.
Ese yeye: mate, semilla.
Eshibatá: platanillo.
Eshu: Diablo. — "Hermano de Eleguá", de la misma familia. (San Antonio Abad).
Eshu Abáile: mandadero de la casa de Ocha. Encargado de llevar todos los ebos al río, al mar, o al monte.
Eshu Agogó: nombre de hijo de Elegua.
Eshu Aguayá: un nombre de Eleguá.
Eshu Agulú: nombre de hijo de Eleguá.
Eshu Akadredé: nombre de hijo de Eleguá.
Eshu Alonna: El Anima Sola.
Eshu Atelú: nombre de hijo de Eleguá.
Eshu Baraíñe: nombre de un Eleguá "que anda con Changó".
Eshu Ba ti eyé: un nombre de Eleguá.
Eshu Beleke: El Niño de Atocha.

E

Eshu bí: un nombre de Eleguá, hijo de Eshu, majadero, revoltoso.

Eshu Gúaga barakikeño: nombre de Eleguá en su aspecto malévolo.

Eshu Iyelu: "El Eleguá de los lucumís arufá". (San Roque).

Eshu Kilalú: nombre de hijo de Eleguá.

Eshu Laguona: El Eleguá que está en todas partes, donde quiera.

Eshu la Miki: un nombre de Eleguá.

Eshu Laroyé: un nombre de Eleguá, (San Antonio).

Eshu Luyi: Eshu que se representa por un caracol de mar.

Eshu Mako: un Eleguá chiquito, "El niño que tiene en los brazos San Antonio".

Eshu Meribayé: el Eshu de los cuatro caminos.

Eshu Okuanibabó: nombre de hijo de Eleguá.

Eshu Oku boro: un nombre de Eleguá. El que mata rápido.

Eshu Riné: nombre de hijo de Eleguá. (Otorgado por el Orisha el día del Asiento).

Eshú we weí kóko koleyá koyá afefé no weí weí kóko koleyá koyá...: "Por mucho que agua llueva y por mucho viento que haga, en la hoja de la malanga no se queda el agua".

Esí: flecha.

Esí: caballo.

Esisí: guasasa.

Esisí ba ló irú esí: La guasasa va en el rabo del caballo. O la guasasa acompaña al caballo en su cola.

Eso: fruta.

Eso: grano.

Eso aguadó: granos de maíz.

Eso igui yeyé: ciruela.

E

Eson: pleito, justicia.
Esú, (Osú): "Es así como debe decirse el nombre de la Caridad del Cobre. Así lo pronunciaban los yezá del ingenio La Rosa".
Esú: caña, junco.
Esué: náusea.
Esún: sombra.
Esuocha: estrella.
Esuru, (osuro): patata.
Etá: vaca.
Eta: tres.
Eta dilogbón: veintisiete.
Eta dilogún: diez y siete.
Eta epó ocha: manteca de corojo, para los Ocha.
Etala: trece.
Eta lelogún: veintitrés.
Etá orí: manteca de cacao. (que se pone en la cabeza).
Ete, (ede): boca.
Ete, (ede): labios.
Eeté: pedacito.
Etékuala: nombre de mujer.
Ete mí: yo.
Ete mini: esto me pertenece, es mío.
Ete mi omó alá lorí: soy hijo de la tierra de... (por ejemplo: Iyecha, Oyó, Yobú, etc.).
Etí: orejas.
Etié: tu.
Etié kanu: estás o pareces preocupado.
Etie mi, okó ochiché. Mó yeun osí eleguedé: "Yo, mi marido, voy a cocinar para comer las calabazas".
Etí mogbá ogún tikolé kuami: "Todo el mundo me tira a matar".
Etí kó mbelerí: Oreja no puede pasar cabeza.

E

Eto pachá buruka éña kan ló ni burukú tie únbo ní pako: "El mal que le haces al prójimo te vuelve por la mano de Dios".
Etu: dinero.
Etu adiyé: gallina de guinea.
Etua rete: odu de Ifá.
Etubo: pólvora.
Etuborá: revólver.
Etún, (etú): gallina de guinea.
Etu oro: gallina de guinea, para la ceremonia de Ocha.
Etura ba: odu de Ifá.
Etura ché: odu de Ifá.
Etura dí: odu de Ifá.
Etura fun: odu de Ifá.
Etura guani: odu de Ifá.
Etura iká: odu de Ifá.
Etura oguaí: odu de Ifá.
Etura oguaní: odu de Ifá.
Etura ogúnda: odu de Ifá.
Etura sá: odu de Ifá.
Etura sosó: odu de Ifá.
Etura tikú: odu de Ifá.
Etura tu ló: odu de Ifá.
Etura yéku: odu de Ifá.
Etútu édun: invierno, año, o tiempo frío.
Etutú: ceremonia que tiene por objeto contentar a un muerto, consultando su voluntad por medio de los caracoles, para cumplir fielmente sus deseos.
Eú: hilo.
Eué: alimento tabú.
Eufán: pavo real.
Eukán: bejuco.
Eún: la lengua.
Eunyé: comer.
Euó: peligro, prohibición, lo que prohibe el Orisha. Ciertos alimentos que no debe

comer el Asentado o devoto; que le están prohibidos al Babala, al Iyawó, y a los fieles.

E omá kibí bá yá mamó chiché ayé: "¡La p... de su madre, malhaya, voy a trabajarle algo malo"!

Euré: chivo.

Euré odá: chivo capón.

Eúro: yerba amarga, purgante.

Euro: verdolaga de España.

Euréya: chiva.

Euyireo: Buenos días.

Ewá: diez.

Ewamba — Medio Asiento: (iniciación incompleta).

Ewé: billete o papel, carta.

Ewe: yerba.

Ewé: lavarse.

Ewe Adaché: albahaca, (Ocimun Basilicum, Lin.).

Ewe afá: maní, las hojas.

Ewe aferé: platanillo.

Ewe afiní: albahaca de hojas anchas.

Ewe agbá: yerba de la vieja.

Ewe agó é fusé, (Ewe ayéko): caimito, (Chrysophyllum cainito, Lin.).

Ewe ainá, (iná): yerba pica pica, (Stizolobium pruritum (Wright Piper).

Ewe aiye, (ieyé): ciruela.

Ewe ale: retama, (neuro leana lobata (L.) R. Br.).

Ewe amó: hierba fina.

Ewe anamó: yerba hedionda.

Ewe atapú: ruda.

Ewe atópá kún: ruda cimarrona, (Ruta chalepensis, Lin.).

Ewe ayé: garro, árbol.

Ewe áyo: semilla de guacalote que se añade, con una conchita de mar, una piedra muy

E

pequeña y una cabeza de muñeca, al Dilogún, o caracoles de adivinar.

Ewe áyó: mate. Se mete dentro del tambor, cuando éste se consagra.

Ewé bara, (omi bara): meloncillo.

Ewébe, (ewe bere): yerba.

Ewe berikoló: la yerba del muerto, —"la yerba azul" — o de añil. Para el itutu. Con purificaciones lustrales para espantarle la muerte a los enfermos.

Ewe bikán: platanillo.

Ewe buyuku: granada, las hojas.

Ewe cháchara: retama, (neuro leana lobata (L.) R. Br.).

Ewe chibatá: nelumbio.

Ewe chichí, (ewe ñiñí): ortiga.

Ewe chorá: sensitiva.

Ewe chóro: abrojo terrestre, (Tribulus maximus, Lin.).

Ewe dé: yerba camarón.

Ewe dedé: yerba pata de gallina.

Ewe déngo: yerba guinea, "yerba de monte".

Ewe di okórere: pringa hermosa.

Ewe dócha: corojo.

Ewe dú: frescura, yerba.

Ewe dibué: malva té, (Corchorus siliquosus, Lin.).

Ewe dúdu, (ewe dún): prodigiosa o siempre viva.

Ewe echénla: chamico, (Datura Stramonium, Lin.).

Ewe edí édi: yerba de guinea.

Ewe efá: anón.

Ewé égbó: farolillo.

Ewe egbodo: planta de agua.

Ewé eé ewe odara ewé orisá la óma: "Por muy fuerte que sea la brujería de tu yerba, mi santo la destruye".

E

Ewe ejún: flor de Pascua.
Ewe elerí lódo: lino de río.
Ewe eo kosini wé: números.
Ewe epá, (ewepá): maní.
Ewe epríki ninguiní: albahaca menuda.
Ewe erán: grama, (yerba).
Ewe erán: pata de gallina, (yerba).
Ewe erúkumi: adormidera.
Ewe eta merí: vetiver.
Ewe euro: verdolaga de España.
Ewe fini: albahaca mora, (de hoja ancha).
Ewe fini adaché: albahaca mora.
Ewé gan ayé jiré: yerba hedionda.
Ewe guná: cortadera.
Ewe ibékue, (ewe ibepé): papaya.
Ewe ieye: ciruela.
Ewe iki: leña.
Ewé Ikokó: hojas de un árbol que utilizan los Babalawos para hacer yefá. El árbol está consagrado a Changó.
Ewe ikoku: malanga.
Ewe imo: helecho hembra.
Ewe iná: guao.
Ewe itútu: hojas verdes.
Ewe jara jara: yerba hedionda.
Eweka: rama.
Ewe karodi: canutillo.
Ewe kata kata: rompe zaragüey.
Ewe keoli: algodón.
Ewe kewe: montón de yerbas que se trae para el Asiento o iniciación.
Ewe kini kini, (ewe kinini): albahaca de hoja menuda.
Eweko: planta, matojo.
Eweko: gajo, rama.
Ewe koko: malanguilla.
Ewe koro: yerba amarga.
Ewe kuá: maravilla.

E

Ewekuolo: yerba de sapo.
Ewelabá: ceiba (bendita por Odúa).
Ewe laibó: malva té.
Ewe lari lóro: hojas de yagrumo.
Ewe lere mí: bejuco pelado.
Ewe loro: yagrumo.
Ewe lulumano: yerba de incienso.
Ewe mi ré erewé miré ewé miré airá erewé miré erewemiré: "¿Con qué hierba estás lavando a los Orisas"?
Ewe né: ortiguilla, (Fleurya cuneata (A. Rich) Wedd).
Ewe nani, (ewe néne): yerba de la niña.
Ewé ni aiñó: cundiamor.
Ewe ni kini kini: albahaca menuda..
Ewe ñá: cucaracha, (yerba).
Ewe eé: yerba de la niña.
Ewe ñi: añil.
Ewe ñiñá, (iñá, ikán): ortiga. (Urera baccifera (L.).
Ewe obá: platanillo.
Ewe oburo: colonia o coate.
Ewe ocha eré: planta, "Manto de la Virgen".
Ewe ochibatá: alambrillo.
Ewe ochún: berro.
Ewe odo: manglar.
Ewe oduyafún: pendejera, arbustillo, (Solanum Torvum, Sw.).
Ewe ofó: chamico, (Datura stramonium. Lin.).
Ewe ogikan: hojas de jobo.
Ewe ogué tiyo aro: bejuco de purgación.
Ewe okikán: carquesa.
Ewe okúmá agbá: saludando a la yerba que se destina al omiero, agua lustral del asiento o iniciación en la Regla de Ocha.
Ewe okuo: caimitillo.

E

Ewe oli: hojas de algodón.
Ewe oló: aguacate, las hojas.
Ewe olubé: serraja, (yerba).
Ewe olúbo: platanillo.
Ewe omimo: vergonzosa.
Ewe opa: hojas de álamo.
Ewe orisha: yerbas rituales.
Ewe oriyé: helecho muy fino.
Ewe oro: algodón.
Ewe ororó: albahaca, (Ocimum Basilicum, Lin.).
Ewe orufiri: verbena.
Ewe ou: algodón.
Ewe otarí: yerba de guinea.
Ewe oyéusa: guanina.
Ewe pá: maní.
Ewé potótó: fulminante. (Ruella gemini flora H.B.K.).
Ewe rán: yerba pata de gallina.
Ewereyéye: penía.
Ewe rú: hojas de mamey.
Ewe sadaká: yerba de plata o corazón de paloma.
Ewe sán sán: cundiamor.
Ewe sese: judía; la planta del frijol blanco.
Ewe tabá: tabaco.
Ewé tabaté: yerba rompe zaragüey.
Ewe tawé: yerba serraja.
Ewe téte: bledo.
Ewe tí: lirio acuático.
Ewe tiyá: zarza.
Ewe tuto: chayote, (Sechium edule, Sw.).
Ewe tutu: verdolaga.
Ewe tuyuku: granada.
Ewe uro: salvia.
Ewe yagbón: hojas de tamarindo.
Ewe yeyé: yerba San Diego.

E

Ewe yeyé: ciruela.
Ewe yilo: papel blanco, papel español.
Ewe yiya: paraíso, (melia azederach, Lin.)
Ewe yokolé, (ewe yokoyé): patico.
Ewe yuko: manigual.
Ewímamaro: palo cochino.
Ewo?: ¿qué dice?
Ewo: ellos, ustedes.
¿Ewó?: ¿cuál?
Ewó: peligro, y prohibición. (Lo que no debe comer el iyawó).
Ewó mi láki: háblame, habla conmigo.
Ewó se: ellos lo hicieron.
Ewú: peligro.
Ewura: fufú de ñame.
Ewure: mosquito, guasasa.
Eyá: la dotación, (los esclavos de un ingenio).
Eyá: tatuaje, marca de la nación a la que pertenecía el africano.
Eyá: pescado.
Eyá aranlá: sala.
Eyá bibe: pescado ahumado, bacalao.
Eyá bibu: pescado asado.
Eyá bidi: pescado ahumado.
Eyá güi güi: pescado ahumado.
Eyán: peine.
Eyaniné: caballo.
Eyá oro: guabina, pez.
Eyá oro tutu: pescado fresco.
Eyara, (iyara): alcoba, cuarto.
Eyara aguá yéun: comedor.
Eyaranlá: sala, recibidor.
Eyá tutu: pescado fresco.
Eyá se kun madé: "Guayacán bravo, nadie le echa garra".
Eyé: siete.
Eyé: tragedia grande.

E

Eyé ainá angoché akaká fólayé oní kola afín: "Si de veras tienes amigo mata un gallo, viértete la sangre y di en la calle que mataste al hijo del rey".

Eyé bale: sangre.

Eyé bangá: pelear duro.

Eyekuyeku: Obatalá.

Eyelé: paloma, palomo.

Eyelé eyelé eyelé eyé Kosue welé: "La paloma no es capaz. Da varias vueltas para subir sobre la hembra". (Se lo cantan ironicamente los viejos unos a otros).

Eyelé fun fún: paloma del Espíritu Santo.

Eyelé meyi erú: dos palomas negras o pareja de palomas.

Eyelú: policía, ("No debe decirse acholú, ni achélú").

Eyení: cundiamor.

Eyení: hemorragia, echar sangre.

Eyení: se llama al signo Okana y Ogunda, (del Dilogún), anuncia sangre, trifulca, efusión de sangre por la nariz, la boca o el recto.

Eyeníkeño: albahaca menuda.

Eyeniyé: peligroso, mentiroso, trapalón.

Eyeniyé: trifulca, tragedia, venganza, castigo sangriento.

Eyé oro: guabina. La que se emplea para ofrendarla en una rogación por enfermedad a Eledá olorí, "el Santo de la Cabeza".

Eyeremeyi: los jimaguas.

Eyere yere: brillante.

Eyereyo: palo humo.

Eyéunde: número ocho del Dilogún.

Eyeye: ciruela.

Eyí: ésto que está aquí, eso, ese.

Eyí: ustedes.

Eyí: huevo.

Eyí: sangre.

E

Eyí: dientes.
Eyí: dos.
Eyiadié: huevo de guinea.
Eyibale: collar del Orisha.
Eyibó: pueblo, tribu o "nación" lucumí.
Eyidilogún: diez y ocho.
Eyí etún: huevo de guinea.
Eyidilogbón: veintiocho.
Eyifé: Odu, signo de la adivinación por medio de los cuatro pedazos de coco, cuando caen dos presentando la pulpa y dos la corteza.
Eyifé meyi: en la adivinación por medio del coco, cuando caen dos veces los cuatro pedazos, dos presentando la pulpa y dos la corteza.
Eyíka: espaldas.
Eyika, (ayiká yiká): —círculo.
Eyíka; (ayika): arrodillarse en un ruedo que se hace en el suelo.
Eyila: doce.
Eyilá: nombre propio.
Eyílá: "el que tiene algo (una influencia) que adonde va se forma", (un enredo o disputa).
Eyíla: "Cuando el rey se viste con todas sus galas, con su corona, y todo su poder.
Eyíla Chébora: (Odu del Ifá). Eyílá Changó, Eyíla Chébora, se dice cuando Changó toma posesión de su caballo, — medium. Lo conducen entonces al igbodú, lo visten y lo llevan con su corona puesta a saludar el Batá.
Eyilá Chebora: Odu de los llamados mayores. Número doce del Dilogún, advierte trampas, engaños en asuntos de dinero y meleficios. Aconseja al consultante que no coma en casa de su amante.
Eyilélogun: veintidos.
Eyín: usted.

E

Eyiní, (ejin): cundiamor.

Eyinla, (erinlá): catorce.

Eyi ogbe: odu de Ifá. Simboliza el día.

Eyioko: odu de los llamados mayores. Corresponde a dos caracoles en el Dilogún. Anuncia el nacimiento de ibeyi, (mellizos).

Eyilosún: en el Dilogún, cuatro caracoles que, entre otras cosas, le advierte al consultante que deberá Asentarse, "recibir ocha", iniciarse.

Eyionle: odu de los llamados mayores, anuncia el maleficio mortal que supuestos amigos preparan para aniquilar al consultante. Prohibe salir de casa durante siete días hasta después de las doce del día. Prohibe también que el consultante coma boniato durante diez y seis días. Este tampoco podrá matar ratones.

Eyí ori oyó omó risa ló ba: "Ese, donde se encuentre, es un hijo de santo".

Eyioroso: cuatro caracoles boca abajo.

Eyiyí, (eyiyi édun): éste, este año.

Eyó: guerra.

Eyó: majá, culebra, jubo.

Eyó, (eyoeré): majacito ciego, (culebrilla inofensivo, sin ojos. Viven en las lagunas; se les llama catibo).

Eyó: ocho.

Eyó nabeyó: "Pez que es todo rojo". (La cabrilla).

Eyó Obini dagúnla: "mujer pescado de mar", Yemayá, que es sirena.

Eyú: majá.

Eyumá: se dice para llamar a Oshún.

F

Fá, fá: despacio.
Fadesié: jicarita, tacita, cazuelita, recipiente hondo.
Fa erí: afeitar la cabeza.
Fagú: apretar.
Fai: nombre de "hijo" de Changó.
Falá: saborearse.
Falaiñá, (falaiká): hacer daño con brujería.
Falé, (Changó terdún falé): Sello, emblema del Cabildo Changó Terdún.
Fa lorí: raspar la cabeza.
Farí: afeitar la cabeza, (en el Asiento).
Faroni: pelado.
Faté: tablero de Ifá.
Fati fati, (fatu fatu): acabar, destrozar.
Fayá: romper, roto.
Fefé: echarse fresco con un abanico.
Fefé: bambollero, echador.
Feisitá: abogado.
Feisitá: secretario.
Feisitá: escribiente.
Felá Changó: nombre de "hijo" de Changó.
Felé, (téte): bledo. (Amaranthus viridis, Lin.).
Femí: me gusta.
Fendébiyo: yamaguá, (guerra trichiliodes, Lin).

F

Fenu konú: beso.
Feodán: pueblo, tribu o nación lucumí.
Fere: pito.
Féré: "un deseo para bien".
Ferefé: aire, brisa, viento.
Ferefé: abanico.
Ferefé mariwó: abanico de guano.
Fereketé ína ína nube ro afará: palabras que se dicen en el Cabildo para pedir perdón al Orisha cuando éste se manifiesta colérico, "caliente", como si echara chispas.
Ferí: que no pesa.
Ferití: tener paciencia.
Fetibó: muerte repentina, (por augurio).
Fetibó osobo ué: "la muerte de repente rechazó el bien".
Fetila toke: "que seas bueno, que todo siempre te vaya bien"; palabras que le dice el Babalawo o la Iyolacha al que hace ebó.
Fi, (fí fí): poner.
Fi etí taní oruko: ¿Oye qué nombre te pusieron?.
Fibale: barrer.
Fibale: gesto de reverencia que se hace en presencia del Iyawó cuando está en el Ilé Orisha vestido con sus galas, el día de su consagración, o al hablar de un orisha, y que consiste en tocar el suelo con la punta de los dedos y besarlos después.
Fíbo: maldecir, renegar.
Fibó: echar brujería.
Fibomi: zabullir, hundir en el agua.
Fibó señé: "tirar", en sentido mágico, lanzar un maleficio.
Fibú: maldición.
Fiedeno: perdona.
Fien fún: blanco.

F

Fifa: asquerosidad.

Fi farí: afeitar toda la cabeza.

Fiféto: "Todo que sea para bien. Que el sacrificio que se ha hecho, sea del agrado del orisha y nos conceda su gracia".

Fiféto: El baba orisha, con un guineo en la mano, canta ¡Fifeto! al terminarse un sacrificio. — Fifeto, "hacer fifeto", se llama el final de la ceremonia que tiene por objeto "alimentar" a los orishas.

Fí fí: pintas de color, (ponerlas con el pincel).

Fi fi okán ósu: se le dice al acto de pintar las Iyalochas y Babalochas los colores simbólicos de los cuatro Orishas principales, Obatalá, Yemayá, Changó y Oshún en la cabeza del Iyawó. Literalmente: "poner el corazón en la pintura".

Fi fí okán winiki Eleguá: palabras de rezo que se canta para pintar la cabeza del neófito el día del Asiento o iniciación: "Pongo la pintura y antes saludo de corazón a Eleguá", que es el primer orisha que siempre se nombra.

Fífo: loco.

Fifoché: poner brujería.

Fifú: mano, dar la mano.

Fifú, (fifún): dar, ofrecer.

Fifún: mano.

Fifuni: dar.

Fifuno: dáselo.

Figuota, (fiwotá): tocar.

Fikata: dedos.

Filani: chino.

Filani biokú: el chino parecía un muerto.

Filé: tierra.

Fílona: calentar.

Fi mi omó mi: dejo a mi hijo.

Fimó: ¡Detente!

F

Fio ba ya: una injuria, dirigida a la madre de la persona que se ofende.
Firé: blasfemia, maldición.
Fisile: libertar, libertad.
Fitibó: aspecto desfavorable del Dilogún. Significa muerte repentina.
Fítila: lámpara de aceite, candil.
Fitilayé: "candela del sol".
Fiya: gorra.
Fó: ciego. (Oyú fó, ojos ciegos).
Fó anagó: hablar lucumí.
Fó enuso, (fí fo enuso): fañoso. Gangoso. ("Hablar por la nariz como los ayé", espíritus, duendes).
Fófo: cerrado.
Foko: lavar.
Folo: mosca, moscón.
Fompó: lleno de gente.
Fón fón: conversador.
Fón kón: indecencia.
Foribale: saludar, postrándose ante el Iyawó o los mayores en religión, babalaos, iyalochas y babalochas representantes de los Orishas. Significa también adorar, venerar.
Fó su: roto.
Fosum: la derecha.
Foyudi: malo, que no sirve.
Foyudé tiwí aladorá morá foyudé: "Charlatán, un tipejo que engaña o trastorna con su habladuría; pero que al que sabe no lo confunde".
Fú, (fú fú): aprisa, rápido, de pronto. ("Como el rayo de Changó").
Fú bí, fu bí: brincar.
Fu Changó: el relámpago o el rayo.
Fu Changó: para Changó.
Fudumbo: cuchillazo.
Fufelelé: lo que no sirve.

F

Fufó Ogún: Ogún acaba con todos en un instante.
Fufú: pasta de plátano, machuquillo de ñame o de malanga.
Fufúsele: mentiroso.
Fúku fúku: bronquitis, enfermo que tose.
Fulu fulu: las hojas del maíz seco.
Fulú tulú: guanajo.
Fumí agó: dame permiso.
Fu mi bibilá: dame la lámpara.
Fu mi ifé: deme el jarro.
Fumi iyá: dame madre.
Fumi lo mi: dame agua.
Fumini kokán unfí se inyé fumini ungúa umbo: dame una fumada.
Fumí to lotí die: dame de tu aguardiente.
Fumú egwá: cana.
Fún fún: azucena.
Fun eiyé: ala.
Fúneiyé dará: alas de pájaro fino.
Funi, (fi funi): ofrecer, regalar.
Funké: nombre de "hijo" de Changó.
Furu: intestinos.
Furufú: aire.

G

Gadei: plato.
Gaga: grandísimo.
Gaisoyú: guía.
Gaisoyú oyé: guía de melón.
Gamu gamu: nombre de Ogún.
Gamugamu: abatir, exterminar.
Gán: alto, grande, ancho.
Ganarayá: sofá.
Ganga o lórun: "Rodando como el sol".
Gangá arriero: "nación o tribu que hablaban como los congos. Calificado entre los congos".
Gangá iki: cortar palos.
Gán gán: grande, mucho.
Gayú: alto, altísimo.
Gbá: coger.
Gbé: quedarse.
Gbogbó: todo, todos.
Gegé: verruga.
Gé gé: "que así mismo es", afirmado, y de acuerdo con la opinión de otro.
Gelé: mantoncito, pañuelo.
Gele: sobre.
Geledudú: oscuro.
Gelefó: amarillo.
Gelefún: azul.
Gelekukuá: blanco.

G

Geleunoko: rojo.
Giní: burla.
Giri girí: correr.
Godo: cerradura.
Gódogódo: candado, "de los antiguos, candados que ya no se ven; le llamaban huevo de toro".
Gódo godo pá e...: ensalzando en un canto a Changó, (Ogodó) a quien en una batalla con Ogún, salvó su amante Oyá, interviniendo oportunamente con el viento y la centella. ¡Ogodó, ogodó ma kulénso lukumi takua desá oyé! Una vez vencedor se aclamó a Changó en tierra Tákua, a la que fué este orisha con Oyá. (En otros cantos se oirá, en vez de Má kulenso, makulémbe).
Godoralé: salud.
Gogó: goma francesa.
Golo warún: robusto, sano.
Gongo: cogollo, lo último de arriba.
Gori: montura.
Goría ouré: Sí, hermano.
Gorisha: sopera, (la del Orisha: que contiene las piedras del culto que representan a los orishas).
Grefé: negros de este nombre que vinieron a Cuba. Lucumí.
Grín grín: Cascabel, (onomatopéyico).
Gronorá: totí.
Guá, (wá): ven.
Gua bi má: "pronto va a partir".
Guaburú yule: "Plantar" o propagar la revolución, la desgracia, la guerra.
Guade: palangana.
Guadé, (wadé): llegar, está llegando.
Guadé: rebosado.
Guaeí: colócalo, pónlo.
Guaeleari: peinado.

G

Guá guá: perro, (onomatopéyico).
Guaguda: yuca.
Guaguó: "vira-vira", girar, eje. (Kéké guaguó, eje de carreta).
Guaguo, (wawó): acabar una cosa.
Guagó: escampar. Ya no llueve. Cesó de llover.
Guaka: cuchara.
Guako: amargo; un bejuco así llamado por su sabor. Valioso para las enfermedades venéreas.
Guakodo: zanja.
Gualani: remar.
Guale: agujero.
Gualodé, (walodé): lo de fuera, o lejos.
Gua lo íchu oti mu ochiché: Ir a coger ñames para cocinarlos.
Guana: venga, ven.
Guanguá: claro.
Guanguá: camino real.
Guánguaro: que está bien.
Guánguboesí: encrucijada.
Guangún: claro, seguramente.
Guanguo o sesí: Cuatro caminos.
Guanikomio, (wanikomio): entrégamelo.
Guansí: poner algo.
Guañarí:. mira.
Guao: guao, planta venenosa.
Guari, (wari): firmamento.
Guasé la erí, (wase lerí): peinar, péinalo.
Guasé odo: zanja.
Guasí: llegó.
Guató: escupitajo, escupir.
Guatolokún: "llegó el mar".
Gudulomí: bañadera.
Guéa guéa: zorzal, pájaro, (onomatopéyico).
Gué-gué: lengua de vaca, (yerba).
Güe güe kan: estrellas.

G

Guengue ayá: el pecho del carnero, sacrificado.

Guenguelé: legumbre resbalosa como el quimbombó. — Con el guenguelé, la malva té y otras yerbas y bolas de fufú, (de plátano) se hace un malukó, un buen caldo. Se conoce también por kakalú, o kararú.

Guén-guén: chico.

Guengueré: especie de haba o frijol que se cocina con arroz. Es ofrenda grata a Oyá.

Güere güere: que no se está quieto.

Güere güere: loco.

Güere güere iñé kó: loca que cohabita con cualquiera.

Guere oké: bajar, bajada.

Gufé: eructar.

Guidafé: rabo.

Güi güi meyé: borracho.

Güini: espíritu.

Guini: Guinea, Africa.

Guíni guíni, (kini kini): tomeguín.

¡Gulé, gulé!: bajar, bájate.

Gúma gúma: "se le dice a Ogún":

Gumágúma: fondo.

Gumí: nombre de Oshún.

Gumí, (guní): bordar, bordadora; Oshún gumí, quiere decir Oshún "la que borda, en uno de sus avatares".

Gu mí: me gusta.

Gunguaché: palabra.

Gúngún: vara larga, pararayos.

Gunu: largo.

Gúnuguache: garganta.

Gúnuguache: pescuezo.

Gúnuguno, (gunugú): pavo.

Gunukú: aura tiñosa.

Gunukú: el aura tiñosa, mensajero de Olofi durante el día.

G

Guñé: nombre de "hijo" de Oshún.
Guñi-guñi: mosquito.
Gúo ekú melán, (wokumelán): Esta frase la repite tres veces el sacrificador, cuando después de dar una o dos vueltas alrededor del cadáver de la bestia que se ha inmolado al Orisha, la saca del cuarto sagrado. ("Porque el tigre, — Ekum — después que mata le da vueltas a su presa antes de comerla").
Guoilétan: "que trae mucho para la casa".
Guolodé: "todo lo de afuera también".
Guologuá: nombre propio, (de mujer).
Guoro (woro): grano.
Guoteguó, (wotewó): plantas, hojarasca.
Guotí: "échate a un lado".
Guo tito nisóro iya Changó: "Changó, asi como gritas eres de grande". (El grito de Changó es el trueno).
Gurugú tángo: Tierra de Ogún.
Guruyánu: "muñecos para hacer maldades el brujo".
Gusafa: arroz.
¡Gwugwo!: ¡pesado!

I

Iba: alzar, alza.
Ibá: jícara.
Ibá asia akefun: es un Orisha que no puede cargar nada en la cabeza. Se pone a su caballo un gorro con hilos ensartados de cuentas y caracoles.
Ibada: pueblo importante lucumí.
Ibadé, (ibadí): cintura.
Ibaé: alto.
Ibaé bayé tonú: descanse en paz,(el muerto).
Ibá ete mí: estoy enfermo con calenturas.
Ibáguda: yuca.
Ibaibo: Dios. "Un Obatalá".
Ibakasia: camello.
Ibako: cuchara.
Ibakoko:. cuchara hecha de una jícara.
Ibámora: conformidad.
Ibamínoye: tristeza, aflijido.
Ibán baló: patio.
Ibanlawoyé, (balawoyé): afear, desfigurar, estropear.
Ibarabá: taburete.
Ibaragá: mondongo.
Ibaraguó agó moyuba omadé koní Baraguó awó moyuba moyuba Eleguara Eshu lona: Con el permiso de los que están aquí (los orishas) me inclino, pido permiso a Ele-

I

guara y a Eshu, dueño del camino. (Saludo a Eleguá).
Ibarí: arco iris.
Ibaru: ceniza.
Ibarú ewe: yerbas para quemar, sahumerio.
Ibatireko: pechuga del ave que se sacrifica.
Ibayé: muerto, aparecido. Finado, difunto.
Ibayé: se dice también como un insulto.
Ibayé lorí: persona que tiene perdido el juicio. (Carroña, podrido).
Ibayé mí: me insulta.
Ibé: aquí.
Ibefú: tomate.
Ibé ilé mi: quédese en mi casa.
Ibeiba: río.
Ibekue, (ibepé): papaya.
Ibekún: la playa.
Ibekún: esclavo.
Ibé lorí bangón bangón...: perder el control, arrebatarse.
Iberu: miedo, terror.
Iberu mí: tengo miedo.
Ibeyi: jimaguas, mellizos. Por su nacimiento se les considera seres privilegiados.
Ibeyi: los jimaguas, Taeguo y Kaínde.
Ibeyi mayayí: el hijo que precede a los ibeyi, que nace antes que estos.
Ibeyi nené: Niños Sagrados, honrados por sus madres, y por todos, porque traen "marca del cielo". Cuando un Ibeyi muere, se hace un muñeco que lo representa. "Este se bautiza, se lava con yerbas y se alimenta". Su hermano debe darle la mitad de todo lo que tenga, hasta que muera. Reciben los nombres de Kaínde, Taewó, Korie, Alabá, Bamboché, Idou —"que son los dominantes", sic.
Ibéyoko: nombre de Abikú.
Ibi: maldad.

I

Ibí: bajada, cuesta abajo.
Ibidodo omadó ibitete omaté: "por eso es que donde ellos no quieren que yo pise voy a pisar. O por donde no quieren que pise voy a pisar".
Ibín: olúo, sacerdote de Ifá.
Ibín: calamidad, mala suerte, daño.
Ibín: babosa.
Ibi ola ninbé: vive con grandeza.
Ibo, (igo): botella.
Ibo: camino.
Ibo: bruto.
Ibo: corojo.
Ibó: poner.
Ibó: manteca de corojo.
Ibó: hombre blanco.
Ibó: el "hombre de una tierra pariente de lucumí".
Ibó: río.
Ibó: caracol que se guarda en la mano, mientras se lanzan los demás, en la adivinación por medio del dilogún.
Ibó: enredadera, coralillo.
Ibochiché: hacer ebó. Ebó de importancia.
Ibode: empleado de aduana.
Ibódun, (igbodu): cuarto sagrado en el que se desarrollan, en casa del Baba orisha o Iyalocha, los ritos iniciales.
Ibofún: enredadera de estefanote.
Ibolé: teja.
Ibolowó: libre, libertad.
Ibonlá: bomba.
Ibo ó: aguantar.
Ibore yeku: odu, signo profético.
Iborí Eledá: hacer sacrificio; alimentar en la cabeza al espíritu o principio divino que reside en ella.
Ibori meyi: odu, signo de Ifá.
Ibori weno: orisha, (El Niño de Atocha).

I

Iború: paraguas.
Iború boyá: palabras que le dice el babalao, deseándole salud, prosperidad o triunfo, al ponerle la mano en el hombro a un menor en categoría que le saluda. Saludo que se le dirige al Babalao.
Ibosí: odu, camino de Ifá.
¿Ibó sí?: ¿dónde es?
Ibó siaré: ¿De dónde es eso? ¿qué es eso?
Ibó sisé: "camina a trabajar".
Ibosio: pito, o grito de auxilio.
Iboyé: enterrado, (el cadáver), cementerio, sepultura.
Iboyi: cementerio, panteón, tumba.
Iboyú: descarado.
Iboyú: mantilla para ir a misa.
Ibú: río.
Ibú Akuá, (akpá): Oshún.
Ibú Akuara, (akpara): Oshún (en la confluencia del río y del mar). Oshún que sólo se sustenta con codornices. Sus fieles le sacrifican codornices y visten la tinaja que contiene sus otán con una malla de plumas.
Ibú Aña: Oshún, Reina de los tambores.
Ibú Ayé: Oshún.
Ibú bú: un "cachito", pedacito.
Ibú Iña: Yemayá.
Ibú Itumú: Oshún.
Ibú Koto: Yemayá.
Ibule: cama, lecho.
Ibú Lodi: Oshún.
Ibu lokún: dentro, hondo en el mar.
Ibuno-isoro: liberación.
Ibúodo: ojo de agua, laguna.
Ibú Olododí: Oshún, dueña de los ríos.
Ibú Sedi: Yemayá.
Ibú Tibú: Oshún.
Ibú Tinibú: Oshún.

I

Ibú Yumí: Oshún.
Ibú yumú: nombre de "hijo" de Oshún.
Ichádodo: azul, azuloso.
Ichagboró: cascabel.
Ichana: fósforo.
Iché la anú: triste.
Iché yín: acto de invitar a las Iyalochas a la ceremonia de un "Asiento" o iniciación.
Ichiro: mesa.
Ichomá: tomate.
Ichonchó apé: tocar con las manos la boca del güiro, rematando los golpes.
Ichóncho ewe odara koléri eyó ichóncho agwé... Se canta cuando el mandadero del templo fue y vuelve del monte con una yerba, zargazo o yerba fina, consagrada a Eleguá. El sentido: caminé al monte y arranqué yerba buena. (El mandadero antes de arrancarla le deja una ofrenda de maíz tostado, pescado ahumado y aceite de corojo).
Ichoro, (isoro): habla, lenguaje.
Ichú: ñame.
Ichu: Elegua representado en un ñame.
Ichu kun ilé oko wón: la finca está llena, sembrada de ñames.
Ichu lara fún: guanábana.
Ichuno: diarrea.
Idá, (idé): cera, cerilla del oido. (idá eti).
Idá: lo que brilla.
Idá: espada de Changó. Hoz.
Idabu: cintura.
Idalu: nariz.
Idana: fogón.
Idara: bonito.
Idara, (odara): tener, gozar de salud, sentirse satisfecho: ¡Emi dára!
Idé: pulsera, manillas.

I

Idé: llegar, llegada, (ide morisá, cuando llega mi orisa).
Idé: resguardo, amuleto.
Idé, (iyé): plumas.
Idé eleke: manilla de Ifá. Significa, en la mujer, que ésta le pertenece al orisha Orunla, (Ifá).
Idefá: manilla de Ifá, (Orunla).
Idefú: fruta bomba.
Ideku: pañuelo, (Ideku mi; pañuelo mío).
Ide otí: garrafón de aguardiente.
Idéu: el jimagua que nace primero. Es médico y zahorí. Siempre junto a Changó.
Idí: ano.
Idí: nalgas.
Idi: suerte, signo, destino.
Idí adiré: la rabadilla.
Idibe: al águila y un odun de Ifá.
Idibe: cocinero de Obatalá, víctima de calumnias que hicieron pensar a Obatalá que Idibé era un holgazán; gracias al consejo de Orula, éste conquistó la confianza del Orishanla.
Idibe: según el oráculo de Ifá, "hijo del dinero", persona afortunada, será olúo.
Idiero: odun, signo de Ifá.
Idi fún: odun, signo de Ifá.
Idi guori: odun, signo de Ifá.
Idi iyaré: injuria; (idi: nalgas; Iyaré: madre).
Idiká: odu, signo de Ifá.
Idikobia, (idi kadia): odu, signo de Ifá.
Idí ladó madó: trasero. Por detrás.
Idilogún niguatí ikú soro: "Caracol habló cuando murió". "Por el caracol te habla el muerto.
Idín Barabá: odun, signo de Ifá.
Idíno guani: odu, signo de Ifá.
Idín trupán: odu, signo de Ifá.

151

I

Idí obirí: nalgas de mujer.
Idi oché: odún, signo profético de Ifá.
Idisa, (Idiso): odun, signo de Ifá.
Idiyeku: odu, signo de Ifá.
Ido: río.
Idó: ombligo.
Idobé: el mellizo varón.
Idón: rosa.
Idoú: el hijo que nace después de haber dado a luz mellizos una madre. Este hijo, Idoú, puede traer complicaciones a la autora de sus días. Si es una hija, su nombre es Alabá.
Idú, (Idúdu): negro.
¡Ié! íle sobió ibá insoró bánye ayé...: Que lo malo se vaya de la casa; váyase lejos el espíritu malo. (De un canto, para alejar una mala sombra).
Ieyé, (yeyé): ciruela amarilla.
Ifá: gran orisha de la adivinación, hijo de Obatalá, adivino y consejero de los dioses y de los hombres.
Ifá dotu ifadosi atoñú: pedazos del vientre del animal que se le ha sacrificado al orisha.
Ifá güemi: nombre de un Babalao.
Ifá mofa: Babalao, que ha recibido una sola mano de Orula, es decir; 16 ikis, o semillas, de las 32 que representan a Orula.
Ifa otó efá do sí anañú: el pescuezo y el estómago (del carnero que se sacrifica).
Ifárapa: daño, insulto, golpe del destino.
Ifé: el pueblo de los orishas. "La Roma de los lucumís".
Ifé: cariño.
Ifé: jarro.
Ifée fén: licencia, pidiendo licencia.
Ifé fé: deseo, desear, querer, amar.
Ifé fe: güín.

I

Ifefé: junco.
Ifefé: viento, ventarron.
Ifé la fefé Oshún: Oshún echándose aire con un abanico.
Ifé ré resí: bendición.
Ifi kan: tocar.
Ifó: dolor.
Ifó do otu ifó dosi: panza del animal sacrificado a un Orisha.
Ifó ibó ei achéni kolá Olofi efún aládeo aché ni kolá: Palabras del rezo cantado para cortar el cabello del que va a ser iniciado: ("qué se le corta para que tenga en su cabeza el aché, (virtud) de Olofi —Dios— que está en obi en obi kolá", la nuez de Kolá, semilla sagrada).
Ifó ota ifádori: membrana de la panza del animal que se le ha sacrificado al orisha.
Ifori: jaqueca.
Ifú: barriga.
Ifuro: el recto.
Ifúwoko: abrazar.
Igán: uña.
Igani igani igate: las costillas, (del carnero sacrificado).
Igari: las cuatro patas de un animal.
Igaya igata igaeni eni ere aché: las costillas del animal sacrificado.
Igbá: jicara.
Igbá: permiso que se pide a los orishas; va asociado a la idea de presentar la jicara llena de agua, y es al comienzo de la de la ceremonia.
Igba Babá: se le dice al orisha, "yo te hago este homenaje"...
Igbáguda: yuca.
Igbá ibigwó: doscientos.
Igbale: escoba.
Igbáni, (iguáni): tinaja.

I

Igbá ñéñe: jícara adornada de cuentas blanca y rojas de Changó.
Igbá oro: jícara de la ceremonia.
Igbá somó: jícaras, güiros guindandos.
Igbé: sembrar.
Igbe: excremento.
Igbé Iyágüo: boda, "casorio".
Igbé koko: yerba, terreno cubierto de yerba.
Igbelefín: palo cenizo o humo de sabana.
Igbélegún: cardo santo.
Igbé odo: parque.
Igbé óko: sembrado.
Igbé yawó ilé olofi:. casamiento con ceremonia en la iglesia.
Igbéye: güiro, calabacín.
Igbín: babosa.
Igbina: encender.
Igbó: usted.
Igbó, (iguó): manigua, raíz, monte.
Igbodún: "cuarto del santo". Habitación en la casa del Babaorissa, en la que tienen lugar las ceremonias secretas.
Igbó güere: ser, forma extraña, "fenómeno que se aparece en el monte".
Igbó kon kon: jícara llena.
Igbona okán: de corazón, con toda veneración.
¿Igbó nló?: ¿Usted se va?
Igboru: paragua africano.
Igbosa: bosque sagrado.
Igbóye: remedio.
Igé, (Igui): campo.
Igé: nombre de mellizo.
Igina: árbol.
Igmó: codo.
Igó: abeja.
Igo: pierna.
Igo: raíz, raíces.

I

Igogo, (igo): botella.
Igóko: retoño.
Igóko: apasote.
Igón: mentón.
Igón eyoro: zarza.
Igú: espíritu malo.
Igu: molleja del ave que se le sacrifica a un orisha.
Iguá: jícara.
Iguá: tinaja.
Iguá, (iwá): cavar, abrir, hacer un agujero.
Iguá, (igwá): jimagua.
Iguá ilé ikú: cavar la fosa del muerto.
Iguale: saya.
Iguánguado: cuatro caminos.
Iguariyeku: odun, signo de Ifá.
Igüé, (igwé): sapo, rana.
Iguedé: vestido para ceremonia de Egún, (muerto).
Igüé güé aya: pecho del animal sacrificado.
Iguéguere, (iguereré): sapo.
Iguele, (iguolé): pañuelo.
Iguéle: cortinaje.
Igué otíguate: borracho.
Igüere: caña.
Igüereiyeye peregún: berro.
Iguereyeyé: peonía.
Iguesé: llaga.
Igüeyó mí: Usted me gusta.
Igüí, (Iwi): fantasma, sombra de un muerto.
Igui, (iki): madera, palo, árbol.
Iguí abá: jobo.
Iguí abusí: almendro.
Igui aché: palillo de jaboncillo.
Igui agán: árbol macho que no dá fruta.
Igui afomá: algarrobo.
Igui arere: junco.

I

Igui ayalá: zazafrá, planta consagrada a Changó.
Igui ayán: caoba.
Iguibé: chal.
Iguí biré: palo caja.
Igui dafí: garabato, o cetro adornado, de un Ochá.
Iguidé: resguardo, amuleto.
Iguí difé: árbol florido.
Iguí egbé: palo seco.
Igui erán: ácana.
Igui eríka: jobo.
Igui erú: palo negro.
Igui eyó: cerezo.
Iguí gará: tamarindo.
Igui gógo: goma francesa.
Igui lede: palo cochino, (tetragostris balsamifera, S.W.).
Igui loro: yagruma.
Igui ná pípo: "mucha leña ardiendo".
Iguinla: árbol grande.
Iguín merilayé: los vientos. Los cuatro lados de un árbol.
Igui ogún: yagruma.
Igui oké: jagüey.
Igui oro: ayúa.
Igui oró mbeye: mango.
Igui pué: palmera.
Iguirere: "Arbol para el bien", (en sentido mágico).
Igui róko: caobo.
Igui tóbi: aguacate.
Igui wakika: jobo.
Igúo: tu, usted.
Iguobedi: odun, signo de Ifá.
Iguófikuón: Usted lo compró.
Iguolá: reguilete.
Iguole: pañuelo.

I

Iguo lona: allá tú...
Iguó mó só kue ará tako: Usted me habla aratako.
¿Iguondá?, (¿iwondá?): ¿Cómo está?
¿Iguono lariché?: Pregunta el adivino que echa los caracoles, si el orisha va a aconsejar el modo de salvar al consultante.
Iguorí bora: odun signo de Ifá.
Iguori guofún: odun, signo de Ifá.
Iguori obara: odun, signo de Ifá.
Iguori oché: odun signo de Ifá.
Iguori ogundá: odun signo de Ifá.
Iguoriroso: odun signo de Ifá.
Iguori taná: odun signo de Ifá.
Iguori tupán: odun, signo de Ifá.
Iguoro, (iworo): santero.
Iguoro: fieles, devotos.
Iguotí gasa: odun, signo de Ifá.
Igura, (ikura): debilidad, anemia.
Ijá: las costillas, ("y más correcto: egúngún ijá").
Ijórijó: desnudo, (ijorijó lobí i), nació desnudo).
Ijumo: bobo.
Iká: dientes, (en sentido figurado).
Iká: maldad, daño, hechizo, maleficiar, mala acción.
Iká: crueldad.
Iká, (iká agogó): cardo santo.
Iká bara: odun, signo de Ifá.
Iká be mi: odun, signo de Ifá.
Iká ché: odun, signo de Ifá.
Iká chocho: odu, signo de Ifá.
Iká dí: odun, signo de Ifá.
Iká edun: invierno.
Ikaere: muela.
Ikaere: dedos del pié.
Iká fún: odu, signo de Ifá.

I

Iká guori: odun, signo de Ifá.
Ikako: crespo.
Ikalambo: "Es el Obatalá que acusado de ser borracho ante Olorún, le dió a beber aguardiente a los ocha en una güirita. Todos se emborracharon, y llegó Olorun y les dijo: los borrachos son ustedes".
Ika meyi: odun, signo de Ifá.
Ikán: berenjena, (se emplea para maleficios).
Ikán, (iná): candela, fuego.
Ikán: tragedia, acto de maldad, sangre que se derrama por violencia.
Ikán: tomate.
Ikán: cangrejo.
Ikán koko: hojas de berenjena; la planta y el fruto.
Ikano: enojado, violento.
Ikán olokún: junco marino.
Ikan tidi tidi: camina como el cangrejo, para atrás.
Ika oguani: odun, signo de Ifá.
Ika ogunda: odun, signo de Ifá.
Ika okana: odun, signo de Ifá.
Ika osa kasa: odun, signo de Ifá.
Ikará: jardín con flores.
Ikare: tomate.
Ika reto: odun, signo de Ifá.
Ika roso: odun, signo de Ifá.
Ika trupan: odu, signo de Ifá.
Iká tuá: odun, signo de Ifá.
Ika yeku: odun, signo de Ifá.
Ikele: mantón.
Iki: semilla negra de palma que sirve para adivinar el Babalao. Trazos verticales con que va anotando los vaticinios, el babalawo.
Iki: palo, leña.
Iki: manigua.

I

Iki baru: ceniza de leña.
Iki Bayakán: palo bayakán, palo duro.
Iki bere: arbusto, árbol que no crece mucho.
Iki buru yono: árbol para hacer maldades.
¡Iki busí sián!: "dijo Changó, Agayú cortó y juntó la leña para hacer una hoguera, y él se encontró a gusto en ella, y como es el dios del fuego, no ardió".
Iki busí ainá: juntar leña para la candela.
Iki choro: el palo está duro.
Iki dúdu: palo verdecido, o de copa muy verde. Renuevos.
Iki égun: espina de planta.
Iki erí: jaboncillo, palillo de. Se usa para limpiar los dientes.
Iki jara jara: palo hediondo. (Cassia emarginota, Lin.).
Iki maribé: aguacate.
Ikioko: retoño.
Ikis: las semillas, con que adivina el Babalawo, —32 ikis— y vaticinan 16.
Ikisana: fósforo.
Iki tutu: palo verde.
Iki yeyó: álamo.
Ikó: pluma de loro.
Iko: toser, tos.
Ikó: león.
Ikó erí: palma.
Ikoko: freidera, caldera, paila.
Ikoko: secreto, misterio.
Ikoko: malanga.
Ikoko: lobo.
Ikó kón: cazuela.
Ikokoro: huevo.
Ikolé: pluma.
Ikolé: plumas de aura tiñosa. (Se confeccionan ikolé abebé, abanicos de plumas de aura, para la diosa Oshún).

I

Ikoti: gancho de pelo.
Iko yá: lo que sucedió.
Ikoyopó: gentío.
Ikú: muerto.
Ikú aguadorono koló un ocha: "El muerto le quitó todo lo que tenia de santo". (Lo que se presenta no es un orisha sino un muerto).
Ikú ainá: muerte producida por el fuego.
Ikuá ochín: brazo derecho.
Ikuaotú: brazo izquierdo.
Ikú arayé: muerto por la maldad (brujería) de la gente.
Ikú bale: se murió el capataz.
Ikú ba lé no: Ya se lleva a enterrar al muerto.
Ikubara, (ikuburá): revólver.
Ikú bé, (ikú bí): "El niño que viene para acabar con toda la familia". (El abikú).
Ikúboyí: tumba.
Ikuekuao: frente.
Ikúeta: los restos de un difunto.
Ikukú: nube.
Ikúkwánto: Yansa, (Oyá).
Ikú la a irolo enichegbe chegbe kogbagba ikú la a irolo: El que muere, sus herederos y familiares lloran, maldiciendo a a la muerte.
Ikulaguátín: brazo derecho.
Ikú lá tiguá iku la ti gua ayá un baí baí. Ano latiguá ayá un baí baí. Eyé la tiguá eyelatiguá ayá un baí baí — Ófó latiguá ofó latiguá ayá un baí baí. Ogué ogué lasakó ogué ayá un baí baí: Palabras que va recitando el Baba ocha, — pidiendo que "la muerte se vaya, que la sangre o la tragedia, la vergüenza, no visite nunca al devoto que hace ebó".
Ikú layé: muerte repentina.
Iku ló bi Ocha: "el muerto pare al santo".

I

Ikú loyú: muerte producida por malos ojos.

Ikú ochenguá: muerte por trasladarse de un lugar a otro, ya sea en tren, o en barco. Accidente en la tierra, en el mar o en el río.

Ikú oná: muerte producida por golpes.

Ikú opá: muerte por un incidente que surge en la calle.

Ikúm, (ikun): mondongo, vientre.

Ikú mó la a: escapé de la muerte.

Ikún: tripas.

Ikún: basura.

Ikún Baba Orisa: comida para que se llenen los Orisas.

Ikúnla: de rodillas, arrodillarse.

Ikún mi yalé: tengo vacío mi estómago.

Ikún nikún: basura, detritus. "Lo que echa el vientre".

Ikún nikún: basurero.

Ikú óguadá ro no kó lo ocha ko ni guó guó: Palabras que dice el Baba ocha o la Iyalocha, cuando al lanzar los caracoles de adivinar, éstos caen en la posición Ofún má jún (10) y Oché, (5). "El muerto le quitó al Orisha lo que tenía".

Ikú on bó lo tiwaó: "Respetamos a los muertos".

Iku osobo iré: aspecto del dilogún que significa "el muerto rechaza el bien".

Ikura: anemia, debilidad.

Ilá: grande.

Ilá: quimbombó.

Ilá: las rayas con que se marcaban los lucumí.

Ilá aku, (iláku): las rayas que tienen los lucumí tatuadas en las mejillas.

Ilá boyú: la marca tribal que se hace en el rostro.

Ilágbara: impotente, "la canchila".

Ilara: carta de libertad, documento.

I

Ilari: nombre de "hijo" de Oshún.
Ilaya: bandera de paz.
Ilé: casa.
Ilé: habitación.
Ilé: tierra.
Ilé aboyá: mercado, plaza.
Ilé agueré: cementerio.
Ilé ajeré: finca, sitio, plantío.
Ilé ajoró: casa en ruinas.
Ilé akukó: gallinero.
Ilé aláguedé: herrería.
Ilé añága: se dice el lugar donde en el campo va la gente a hacer sus necesidades. Al platanal, generalmente, —y a los matorrales.
Ilé ara: llaga. (Babá ilé ara: la llaga del Santo, —de Babalú Ayé, catolizado San Lázaro.
Ilé aro: llaga, pústula, nacido.
Ilé ayo, (iléyo): la casa del extranjero, refiriéndose a un país lejano.
Ilé bibo: suelo.
Ilé Changó: casa de Changó, (Castillo, barbacoa o Palma Real).
Ilé chín: el pesebre del caballo. Establo.
Ilé chocotó: casa chica.
Ilé chuno: excusado, "el común".
Ilé dé: cárcel.
Ilé e: polvo.
Ilé égun: cementerio.
Ilé elé: herrería.
Ilé eledí: retrete, excusado.
Ile ení: cuarto.
Ilé fío fío: torre altísima.
Iléfo kután: piso, suelo de piedra.
Ilé fún: casa blanca.
Ilé gán gán: casa alta.
Ilegbón: cárcel.

I

Ilé igbé: retrete, excusado.
Ilé igüé: escuela.
Ilé ígui: el monte.
Ilé íki: casa de madera.
Ilé íki: vergel, bosque.
Ilé ikú: cementerio.
Ilé iwé: escuela, colegio.
Ilé iwó: su casa.
Ilé iyé erán: sabana de buen pasto, para el ganado.
Ilé kachogún: botica, enfermería.
Ileke, (achóléke): chaleco, levita.
Ile keké: casita.
Ilé kekeré: cuna.
Ilé kekeré: conuco, pedazo de tierra pequeño. Casita.
Ilé kochugún: botica.
Ilé koikoto: "la casa de la babosa" (caracol).
Ilé korikó: "placer", terreno con plantas y arbustos.
Ilé kosí mo: yo no tengo casa.
Iléku, (ilekún): puerta.
Ilekún: tierra.
Ilé lajelé: cárcel.
Ilé lájeré: el monte.
Ilé lajeré: casa de campo.
Ilé la joró: la casa vieja,, ruinosa.
Ilé le fí: la chimenea de una casa.
Ilé ló imí, (dimí): excusado, retrete.
Ilé malú: potrero.
Ilémba: cárcel.
Ilémba: cazuela.
Ilémbe: bien, estoy bien.
Ilé meta: esquina de la casa.
Ilé mi lawó: cerca de mi casa.
Ilé mío tobí: mi casa es grande como un palacio.

I

Ilé ni chegún: medicina casera.
Ilé niwé: manigua.
Ilenko: su casa.
¿Ilenko?: ¿Cómo están?
¿Ile nko?: ¿Y por su casa?
Ilé oba: palacio del rey.
Ilé ocha: cabildo.
Ilé ochoke: río.
Ilé Ochosi: la cárcel.
Ilé odá: la sabana.
Ile odí: castillo.
Ilé oko, (ilú oko): casa en el campo, finca, hacienda.
Ilé oku: cuarto de dormir.
Ilé oludín: castillo de Changó.
Ilé olorun turari: el incensario de la iglesia.
Ilé Orisá: templo.
Ilé oro biní, ¡dadá!: La casa, —templo— está magnífica.
Ilé otán: casa de mampostería, (de piedra).
Ilé otí: cantina, café.
Ilé oyá: tienda.
Ilé pánchaka: casa de mujeres de mal vivir. (Bayú).
Ilera: "bandera".
Ilera: enfermo de los testículos.
Ilé toló: pueblo grande.
Ilé tubo: cárcel, precinto.
Ilé unkó Baba mi ilé bembe: Está muy bien la casa de mi padre.
Ilé únle: suelo.
Ilewón: cárcel.
Ilé Yansa: el cementerio, porque "Yánsa es la dueña del cementerio".
Ilé yara: casa grande rodeada de jardín.
Ilé yara oké: el mirador de la casa.
Ilé yawé: retrete.

I

Ilé ye: pájaro.
Ilé yí: casa que está lejos.
Ilé yiri: pared.
Iléyo: el lugar en el ilé Orisa donde la concurrencia baila y se toca batá un día de fiesta —generalmente en la sala—.
Ilé yíri: pueblo chico.
Ilode: plumas de loro.
Ilogún: sudar.
Ilorín: "lucumí". (Procedente de esta ciudad).
Iloro: portal, terraza, colgadizo.
Iloro: rico, riqueza.
Ilú: barriga, vientre.
Ilú: tambor.
Ilú: país.
Ilú: pueblo grande. La Habana.
Ilú áña: tambor para fiesta de Santo.
Ilú bogbó kórí onyé yé: "El país no está próspero; no se ve venir la comida".
Ilú kekeré: pueblo chico.
Ilú mí: mi pueblo.
Ilu mi edu: Oyá.
Ilú Oyibó: España.
Ilú mo le ru ayá sé kuá mi lógún: La gente de mi pueblo tiene sus guerreros.
Ilún Babá Orisha: "Los santos llenándose el estómago".
Iluminimó: porquería, suciedad.
Ilún ni ilún: basura, suciedad.
Ilú Oba: ciudad. La capital.
Ilú ofóyú won beoyú okán chocho wónni oba: "En el pueblo de los ciegos el que tiene un ojo es rey".
Ilú pupu ilé: La Habana.
Ilú son: cama.
Imá boaso: trueno.

I

Imalú bioñiro, Olórun lonté eshin fún: "Buey que no tiene rabo, Dios le espanta las moscas".

Imbrínda: camarón.

Imi: barriga.

Imi: excremento.

Imí: respirar.

Impúa arasa: guayaba.

Imó: limpieza, aseo.

¿Imo mi?: ¿me entendiste?

Imo Oshún: helecho, el que crece en la orilla del río.

Imoyé: urbanidad, finura.

Imú: nariz.

Imú: loco.

Imú farí: piojo.

Imú gogo osí meyi agádagódo: Se dice cuando el dilogún presenta el odu o signo efún y odi. — "Dos narizudos no se pueden besar". ("Imigogo, narices puntas largas no se entienden").

Imui: hígado del ave que se le sacrifica al orisha.

Imukano: idiotizado.

Imú ni ba ya: enfermo del vientre.

Imuní lorisá: estar preso por el Orisa; cuando éste no deja salir de casa al Babá.

Ina, (ainá): candela, fuego, sol.

Iná: flor.

Iná: compra; were iná; una comprita.

Iná: trifulca, pelea.

Iná abá: árbol de antorcha.

Iná Bíbí: guacalote.

Iná birí: anón.

Inafa: collar, de los llamados de mazo. (gruesos). Se usan en los asientos.

Iná iná: un apodo de Changó.

Inale: cuerda para el orisha.

I

Iná yóle: la candela está quemando.
Ina yole ilé oba, ayá i o o...inán yole ilé oba: el Rey llama pidiendo que le ayuden a apagar el fuego.
Iná yole omobá: corre, hay fuego.
Inán yole: sol que calienta.
Inbakua mi mo kui: canutillo.
Indikú: mulato.
Indokó: acto sexual.
Infó: mata de calabaza. (Infó Eleguedé, calabaza, el fruto).
Inguelé: pañuelo.
Inibé: aquí.
Inkarayé: gente mala, (en términos del dilogún).
Inkaraya: vientos.
Inle: "Estaba siempre junto a Oshún, sus caras estaban juntas".
Inle, (Erinle): orisha. Es hermafrodita. (San Rafael, "el médico divino").
Inle ayayá aká arabaníyi: Saludo para Inle, orisha "que vive en la tierra y en el agua".
Inle ayáyao: un nombre de Inle, (San Rafael), orisha de río.
Inle Babá arugbó, koleyo, geín geín...: Este viejo camina a tumbos, géin, géin, pero está ahí.
Inlewá: batey.
Ino: mano.
Ino: adentro.
Inó, (inú, ilú): las entrañas, vísceras.
Inoná: agujero, bache.
Ino obiri: matriz.
Inse: cariño.
Inú: lengua.
Inú: habla.
Inú: corazón. Pecho.
Inú, (imo): boca.

I

Inú: nariz.
Inú: dentro.
Inúkano: triste, tristeza, neurastenia.
Inú kokora: la lombríz solitaria.
Inu mí: dime, dígame.
Inúori: pelo, cabellera.
Inyá mú: hay hambre.
Inyé koní iyókó: sentado para comer.
Inyelo: vellos de la pelvis.
Inyo: azúcar.
Inyo, coral. (Inyó léke, collar de coral).
Iña: pelea, riña.
Iñaba: lío, disgusto.
Iñabánga: "una planta para guerrear", es decir, para practicar un maleficio.
Iña ilé: revolución en la casa.
Iña ilú: revolución o guerra en el pueblo.
Iña koruma: bronca con derramamiento de sangre.
Iñale: la pata, la cabeza y el redaño de las víctimas, —animales y aves— de un sacrificio. Todo se coloca ante el orisha y permanece expuesto varias horas.
Iñí: huevo.
Iñí: coral.
Iñú: ombligo.
Ipá: patada, golpear.
Ipá ipó: en grande, magnificencia.
Ipaiyá: horror, atrocidad.
Ipaka: tabla.
Ipakó: cogote.
Ipanlá: asesinar, matar.
Ipá púpu: el matadero.
Ipá púpo: carnicería, muchos muertos.
Iparo: "muerto por su voluntad".
Iparo, (iparu): calamidad, miseria.
Ipitá: cuento, relato, (véase Patakín).

I

Ipó ikú: "la tierra de los muertos, el otro barrio".
Ipoku keke: el enfermo no habla.
Ipori: "Tiene su secreto".
Irágó: de noche (Eguaddo).
Irá iyé: mundo.
Iramó: se refiere en los rezos o plegarias a los omó, al "hijo", al fiel que está abatido o enfermo.
Irán: Batá. El tambor.
Iransé: el "corre ve y dile"; criado del ilé-orisha. Cuando la oyigbona se ausenta del lado del iyawó el iransé lo cuida y atiende. Iyawó —el que acaba de iniciarse— no puede permanecer solo.
Irá padela: luz.
Irawá, (irawó): estrella.
Irawó: arco iris.
Iráwo: es una estrella con cola de cometa, que se fabrica en acero y se pone dentro de la sopera, con las piedras de Agayú. Sólo tienen derecho a tener Irawó los hijos de Agayú.
Irawonlá: lucero. (Venus).
Irawó walá: el lucero de la tarde.
Iráyó: "lucerito, el que va de mano de la luna".
Iré: esperanza, bien, lo que es bueno.
Iré: suerte, bien, salvación, beneficio, favor de los orishas. "Buen camino" en la adivinación.
Iré: grillo.
Iré: güin. Caña de Castilla.
Iré achegún metá: suerte para vencer al al enemigo.
Iré araoko: "Buena suerte, que vendrá del campo".
Iré arayé: enfermedad o desgracia ocasionada por la voluntad de Dios.

I

Iré arayé: muerte o enfermedad, producida por agotamiento, (maleficio).

Iré arikú: Buena suerte, que vaticina el dilogún.

Iré arikú moyale; significa en la adivinación por medio de los caracoles, suerte perfecta para quien se consulta.

Iré ayé owó: suerte de dinero.

Iré bandá loguro: "Suerte, bien, que vendrá de la tierra".

Iré bó dekú male odo fó má de irebo o: "el enfermo se puso bueno y el que estaba bueno murió".

Irécha, (iyécha, Iyesá, yesá): pueblo, tribu o nación lucumí.

Iré dedé wantó lokun: Buena suerte, bien que vendrá del mar.

Iré egun meri layé: "Suerte que viene de los cuatro vientos".

Iré elese: bien que se recibe de los santos.

Iré elese ara onú: bien que nos llega del otro mundo, ultratumba.

Iré elese égún: buena suerte, bien que se debe a un muerto.

Iré elese Eledá: buena suerte que depara Eledá, ("el Angel de la Guardia", "el santo que está en la cabeza").

Iré elese ewe: suerte para ganar la lotería.

Iré elese Ocha: buena suerte que nos deparan los orishas.

Iré elese Ochagún: suerte que nos trae una piedra de Ogún.

Iré elese ogún: suerte que propiciará una persona hija de Ogún.

Iré elese Orúmila: suerte que da San Francisco. (Ifá).

Iré elese owá tó ló kun: suerte que motivará o nos vendrá de la tierra.

Iré erí yoko: bien que se obtendrá por el Asiento, (iniciación).

I

Iré éyé: hacer los lucumís las rayas que antiguamente se tatuaban en las mejillas.
Iré ikú aleyo: muerte producida por un extraño.
Iré ikú arun: muerte producida por una enfermedad.
Iré ikú arún yale: muerte producida por la mano de Dios.
Iré ikú elese Egun: muerte producida por un muerto.
Iré ikú Olodumare: muerte producida por la mano de Dios.
Iré ikú otonoguá: muerte producida por el cielo.
Iré iyékayó: suerte que dimana de un canto. (Adivinación).
Iré iyé ku: buena fortuna que se obtendrá por medio de un muerto.
Ireke: cañón.
Iré lowó aburo: suerte que se obtendrá por un hermano o pariente.
Iré lowó arubó: suerte que se obtendrá por un viejo.
Iré meyi: patas traseras.
Iré mío: mi amigo.
Ire obini lowó: bien que se producirá gracias a una mujer.
Iré ochagún otá: suerte que viene por la piedra de un padrino.
Iré ocha otán: suerte que nos viene de una piedra de orisha.
Iré o dédé guántó lo kún: suerte y grandeza.
Iré okuní lóguó: bien que nos viene por la mano de un hombre.
Iré Olodumare: suerte que da Dios.
Iré omó: bien que nos proviene de un hijo.
Iré otonoguó: mal que Dios dispone o envía.
Iré otonowá: suerte, destino dispuesto por el cielo.

I

Iré oyá lé: todo bien.
Iresi: significa, en el sistema de adivinación por medio del Dilogún, "suerte grande", (la buena estrella) con que viene al mundo una persona.
Iresí ána: güira cimarrona.
Irete, (odu de Ifá): esperanza, bien.
Irete wori yelu: Odu de Ifá.
Iré yoko ile: suerte que favorecerá la casa, (que se recibirá sentado en la casa).
Iré yó kónle: la suerte, viene de su casa
Iri í: tierra.
Ikí karabá koma alaguedé: hierro de Ogún.
Iringuó: cuatrocientos.
Irituto: flor de agua.
Irí yayara: caminar de prisa, casi corriendo.
Iro: debate.
Iró: pelo.
Iroró: llevar el compás con las palmas de las manos.
Iro guani: odu, signo de Ifá.
Iro kikako: crespo.
Iroko: ceiba. Arbol que en toda Cuba se considera sobrenatural.
Iroko: Orisha, (La Purísima Concepción), tiene por compañero a Asabá, que es mujer. Son tres: Bomá, —macho— Iroko y Asabá Bomá toma la forma de un majá.
Iroko ababé: ceiba.
Iroko awó: caobo.
Iroko ígui gafiofo: La ceiba es un árbol muy grande.
Iroko iroko mayé lé: la ceiba abriéndose y moviéndose.
Iroko olúweré Osagriñá ígui arabá: Para llamar al Espíritu, al Santo que está en el árbol, ceiba.
Iroko teré: ceiba.
Irolé: día.

I

Irole: el heredero; el que tiene casa, porque sus padres se la dejaron en testamento.
Irolo: familiares del difunto.
Irón: mentira.
Irón, (orón): cuello, pescuezo.
Ironí: mentiroso, el mentiroso.
Irorá: tener dolor.
Irorí: almohada.
Irosa sá: odu, signo de Ifá.
Irosi ilorí ilorí: almohada.
Iroso: calumnia; odu —de Ifá— que habla de una mentira que amenaza al consultante.
Iroso até: odu, signo de Ifá.
Iroso bá turupá: odu, signo de Ifá.
Iroso dí: odu, signo de Ifá.
Iroso fún fún: odu, signo de Ifá.
Iroso guoni: odu, signo de Ifá.
Iroso ka: odu, signo de Ifá.
Iroso meyi: odu, signo de Ifá.
Iroso obara: odu, signo de Ifá.
Iroso ogundá: odu, signo de Ifá.
Iroso ojoú: odu, signo de Ifá.
Iroso úmbe: odu, el más alto de todos que obliga al Babalao a iniciar gratis al que le sale en una consulta.
Iroso yeku, yeku: odu, signo de Ifá.
Irosu: odu, de Ifá. "Simboliza la tarde".
Iru: semilla.
Iru: grano.
Irú: cola, rabo.
Irú: pelo.
Iruke: atributo de Obatalá — Rabo de caballo blanco que blande el Omó poseido por este orisha, cuando baila al son de los tambores y el coro que canta en su honor.
Irula: semilla consagrada a Orisha Oko.
Irún echín, (esín): cola, rabo de caballo.

I

Irún erí bígbo: cabeza con mucho pelo.
Iru malú: rabo de vaca o buey.
Irumí: movimiento del agua.
Irú uré: cola, rabo de chiva.
Isagá ogú mafo óguere owó:. Isagá es pueblo rico.
Isako, (sáku): perejil.
Isáku: tumba.
Isayú: devotos, asistentes a una fiesta de Ocha.
Isayú: los que respetan o adoran santo, (practicantes, fieles, adeptos).
Isé: cocinar.
Isé: pié.
Isé, (isé ocha): ceremonia.
Isé aseyú: trabajar con exceso.
Ise tié: jicarita.
Isikú: funeral.
Isí ku kuarea: río, mar. (?)
Isi mo lei: "le dicen a la Habana".
Isín sí: estornudar, estornudo.
Iso kún: dolientes, gentes que están de luto.
Isóroró: hablar en la tertulia.
Isoto, (loisoto): falso.
Isú: chulo.
Isué: malestar de estómago.
Isumo: pozo.
Itá: la reunión de Iyalochas y Babaochas que se celebra a las setenta y dos horas de "haberse hecho un Santo", para consultar ("registrar") el Dilogún sobre el destino del iniciado. En una estera se sienta el sacerdote padrino o la sacerdotisa madrina de la Iyawó o recién "nacida en Ocha", (iniciada) con ésta a su lado. En torno a la estera, todos los sacerdotes y sacerdotisas que han sido invitados para que a su vez interprete cada uno los signos del caracol.

I

Itá: calle, camino.
Itá, (itán): lo que viene de antiguo. Tratado del "santo".
Itá: esquina.
Itá a: magia, hechicería, suerte mala o buena; destino.
Itákún: junco.
Itákún: melón.
Itale: bichos, sabandijas.
Itá merí: encrucijada.
Itán: muslos.
Itán: piernas, regazo.
Itán: brillo, sol.
Itaná, (tána): flor, una flor.
Itaná ewe yeyé: flor amarilla de Osún, (consagrada a Oshún, por el color).
Itana fún: lirio blanco.
Itáreko: las patas del ave que se sacrifica al orisha.
Itáuko: itamo real.
Ité: tierra.
Ité alaké: el trono del Príncipe.
Itebe ese awá melli: las cuatro patas del animal sacrificado.
Ité kún: junco marino.
Itele lowó: brazos.
Iteni lowó: dedos.
Iti iguí: tronco, tarugo, poste de madera.
Iti iki: montón de yerba y de palos secos.
Ito: orina.
Itobi: aguacate.
Itonó: vela.
Itótele: tambor más pequeño que el Iyá, de los tres tambores batá.
Itotó: verdad, de verdad.
Itú: pólvora.

I

Ituka: divorcio, divorciarse.
Itura: prosperidad.
Itutu: comida que se le ofrece a los muertos.
Itutu, (ítuto): rito fúnebre, "vete tranquilo y fresco difunto, que se hará tu voluntad". Se indagan en efecto, los deseos del Babaorisha o Iyalocha difuntos con respecto a sus piedras y sagradas pertenencias, (por medio de los caracoles o dilogún) para satisfacerlos.
Iwá mí: tinaja.
Iwayu: delante, lo que está delantero.
Iwé orún:. rodando como el sol.
Iwere: canuto.
Iwerí: cansado, debil, ido.
Iwí: fantasma, aparecido, espíritu del otro mundo.
Iwó: tú, usted.
Iwó chiché: "Ud. no está en lo cierto".
Iwó: tarro.
Iwó: veneno.
¿Iwó alawaya?: ¿Es Ud. de nación? Emí omo lei. Soy criollo.
¿Iwo fé obini ré ba?: ¿No quieres a tu mujer?
Iwó lo fú si bé: tu...
Iwó mofi kuón: usted lo compró.
Iwó mosukué lodé: usted habla lucumí.
Iwori: sur.
Iwori: odu, signo de Ifá.
Iworisa: santero.
Iwo ri wo iwóré ebá ró ko má bayé: "El que viene a consultarse para pedir que lo libren de lo que padece, porque está sobresaltado viendo muertos".
Iworo: santero.
¡Iworo, iworé!: Adorando... (El solista dice Iworó, y el coro responde iworé).

I

Iwo temí: mi ombligo.
Iwú iurí: pelo.
Iyá: valiente.
Iyá: madre.
Iyá: el tambor mayor de los tres tambores batá.
Iyá, (íña): pecho.
Iya: discusión, pelea, guerra, lío.
Iyabá: (iyánlá): señora de edad.
Iyá bimí obí mi olélé obí má lameta olelé kini óse: madre que le pregunta a su hijo que va hacer.
Iyá bi mí obí mi olélé obí má la meta olélé. Oló kun orón. Emí ya obi mí olelé, kuama elú olelé. Emí jena jena mayé olelé. Oyán kalá oní ká aláyo olelé: de un canto en que una madre pregunta a sus tres hijos qué oficio quieren tener; uno dice trabajador de campo, otro hatero en los potreros, el otro jugador... y añade por ironía, dé gracias por que su tercer hijo ya tiene un oficio y no será un ladrón.
Iyadedé: perejil, (consagrado a Oshún).
Iyá de mío: madre mía.
Iyá duroko, iyá mí: Madre mia no seas dura con tu hijo y atiéndelo.
Iyagbó: recién casado.
Iyaguá: abuela.
Iyáguona: madrina.
Iyá igboní: usted tiene dinero.
Iyá ilá, (iyalá): abuela.
Iyá irawonla: la madre de las estrellas.
Iyaíya: valor, valeroso.
Iyá iyé: lujo, pompa, (Oshún).
Iyalá: la virgen, señora.
¿Iyale nko?: ¿Cómo está su señora?
Iyalocha: "Madre de Santo", santera, sacerdotisa de los orishas.

I

Iyalocha tóya l'ocha: La santera cuida al Santo.

Iyalosa: Madre, madrina de santo.

Iyá mí: mi madre.

Iyá mío omó déí teribá: madre, tu hijo te saluda, es tu esclavo.

Iya mi taidé: nombre de hijo de Oyá.

Iyá mo bá wimi, Babá mobá unsoró añaré kamá oki tori lodá arugó, (arogbó): Mamá le voy a decir, y se lo digo a usted también Papá, que si sus antecesores los hubiesen maltratado como ustedes me maltratan a mi, sin razón, ustedes no hubiesen llegado a viejos. (De un canto que ilustra la historia de un muchacho a quien sus padres maltrataban tanto, que un día que se hallaba pilando maíz, interrumpiendo su labor, dió esta respuesta a sus padres, que le regañaban sin motivo, como de costumbre).

Iya moyé iyá moyé bona oni kuá kuá: "La cabeza manda el cuerpo".

Iyán, (iñán): escasez, dificultad, penuria.

Iyánla: abuela.

Iyá onlá, iyá oyíbó, iyá erú: Nuestra madre misericordiosa, la Virgen María, madre de todos, blancos y negros.

Iyaré: madre, mayor. Señora.

Iyaré: Primera madrina de Asiento.

Iyaré mi guá gua ayá: mi madre busca al perro.

Iyá si mimó: La bendición madrina. Pedir la bendición.

Iyá temí igboni nagbé kleo foná yami iyá mi si le babá mi lorún: María, madre mía consuelo inmortal, ampárame y guíame a la patria celestial.

Iyá tobí mi: Mi madre que me parió.

Iyá toguá mí: Mi madre la que me crió.

I

Iyano: estar nervioso, contrariado.
Iyawó: esposa del orisha.
Iyawó: novia o recién casados.
Iyawodé: tía.
Iyawó tá iyéara: Mantenerse casto el que se ha iniciado en ocha.
Iyé: mesa.
Iyé: porfía.
Iyé: respuesta.
Iyé: lo que es bueno, favorable.
Iyé: polvo como el yefá. Estos polvos se hacen de ñame, malanga, cascarón de coco, mamey, jutía, pescado.
Iyé, (iré): se llama así al niño que nace de pie, quien por este motivo será muy dichoso.
Iyé: el mundo, la tierra.
Iyé: plumaje, plumas.
Iyébiye: cosa linda, (de precio).
Iye fun: harina de castilla.
Iyén áro iña: (tierra, para hacer daño).
Iyésu: tarde.
Iyeta: antier.
Iyé yeo kógusewo kosi güitó du bi líe emi: "Cada uno con lo suyo".
Iyé, yéun (iyeún yéun): mesa con comida.
Iyí: ciclón.
Iyín awó: respete al mayor.
Iyo: día.
Iyo: baile.
Iyó: grano, semilla.
Iyó: sal.
Iyó: golosina.
Iyó batá: polvo de los zapatos.
Iyó ereke: (en eguado) azúcar.

I

Iyo erú: frijol.
Iyo fun fun: sal.
Iyo íbo: tierra de blancos.
Iyón: coral.
Iyondó: cosa mala.
Iyón eleke Oshún: collar de coral del orisha Oshún.
Iyono: quemado.
Iyorín: arena.
Iyumo: palo bobo.

J

Já ereke: paja de caña.
Jaila: abuela.
Jánu: feo.
Jánu: perro.
Japa japa: vulgar, chambón.
Jára jára: yerba hedionda.
Jaré: cansancio.
Jé jé: si señor o señora.
Jé kerebé: escupitajo.
Jerejún juya: cordován.
Jidá: perro.
Jío: pollo.
Jío jío: pollito.
¡Jo!: No.
Joale: tarde.
Jojoún: "pajarito del Africa que vive a la orilla del mar".
Jokojó: ajo.
Joro joro: hoyo.
Jorokón: puya, ironia.
Júko-júko: tos, carraspera. Toser.
Juyá: tragedia.
Jú: azadón, dar pico, cavar la tierra.

K

Ká: poner.
Kabie si, (kabie sile): no pasó nada.
Ká borisa: ponerse en ruedo los fieles.
Kabú kabú: hombre grande, ilustre. "Como gumá-gumá; son nombres que se emplean para dar categoría". Se aplican a Ogún.
Kachá: manilla de caracoles de la diosa Yewá, diosa de los muertos. "La verdadera dueña del cementerio. Se adorna con muchos caracoles y cuentas rosadas".
Kachi: manillas de Yewá, de cuero con caracoles.
Kada: nombre de "hijo" de Oshún.
Ká dara: leer bien, saber leer.
Kade: poner encima. "Pónlo arriba".
Kaebo, (o Taebo): el primer mellizo que nace. Se le considera menor en edad. Kaínde, el segundo, será mayor, aunque Kaebo le preceda.
Kaedun: año, durante un año.
Ká erí ocha: "Poner santo en la cabeza". Es decir, consagrar al neófito.
Kaferefún Yewá: Alabada sea Yewá.
Ká fí lé padeo: Hasta mañana.
Kaguo, (kawo): pasó, que pasó.
Kaíde: loro.
Kainde: se llama el segundo mellizo que nace y que se considera el mayor de los dos.

K

Kakará: Elegua que se prepara con un caracol o concha de mar.

Kako: enredador, que tuerce la suerte, (Oló, kako alagadá, refiriéndose a Eshu. Dueño los enredos).

¡Kakolo!: ¡Salga de aquí! ¡Largo de ahí!

Kalá: aura tiñosa.

Kalalú: caldo de yerbas.

Kalalú: caldo con quimbombó y bolas de harina. En este caldo Oba le dió a comer su oreja a su esposo Changó. "Y en recuerdo de esto se canta: amalá malá réo, amalá malá ré obiní ko ni Changó. Cuando Oba le presentaba la jícara llena de kalalú: malá, malá réo Changó onisá ¡yeún! Changó al tomar con sus dedos las bolas de harina, vio la oreja de Oba y se negó a comer".

Kalambo: saco.

Kalamú: cuchilla de cortar lápiz.

Kalé: se le dice a los círculos que se trazan en el suelo, de distintos colores, en la ceremonia del Asiento. Sobre estos círculos se coloca el Pilón, sobre el cual se sienta a la Iyawó mientras se ejecutan los largos ritos de la iniciación.

Kalé: sentarse en el suelo. Siéntese.

Kalé: en el suelo.

¿Kaló Babá?: Papá, ¿ya podemos retirarnos?

Kaloya, (Ilé oloyá): plaza, mercado.

Kalukú: arriba.

Kalukú Kalukú: "cada uno lo suyo".

Kamakú: no muera.

Kamakún: felicidad.

Kamanakú: manjar de arroz blanco molido, sin sal y con leche, que se ofrenda a Obatalá.

Kamanakú: pasta de arroz, yuca molida y plátano verde cocinado con aceite y miel de abejas.

K

Kambura: cantar
Kamarí: "que no pase nada malo".
Kamura: canta, habla.
Kan: uno, alguno.
Kan: bravo, destemplado. (Emí Kán kán, estoy bravo).
Kanabá aleyo onile mina popó: "Ese aleyo, —visitante— "que vino a la fiesta es el mismo rey de mina popó". (Changó). Se le canta al que va a un ilé orisha y cae en trance poseido por Changó.
Kanakí: atender, cuidar.
Kanasú: ni conforme, ni disgustado.
Kanchocho: uno solo.
¡Kanga!: bien.
Kangá: pozo.
Kangá: tribu, o nación de este nombre.
Kangá: rajar, cortar.
Kángara bu kanani: animal muerto.
Kanga yíle: pozo.
Kankoko bale: "No toca a la puerta, (el ratón) cuando está el gato".
Kaní nu aché: poner aché en la boca.
Kano, (Kanu): triste, ("salazón"), tener pasión de ánimo o sufrir por mala suerte.
Kantúa: cuchara de jícara.
Kanu: preocupación, contrariedad.
Kanu: enfermo.
Kanuché: atribulado.
Kanyia: cucaracha.
Kaodún: diciembre.
Kaombón: concha.
Kará dara (ikará): jardín con flores.
Karadó: canutillo, (Comelina Elegans, H. B. K.)
Karadó: platanillo. Algunos llaman karadó al canutillo.
Karakambuka: brujería.

K

Karakundo: elefante.

Karalú: plato compuesto de ciertas yerbas, maní y ajonjolí. Según otros caldo de quimbombó y ñame.

Karayá: viento tolvanera. "Polvo que levanta Oyá".

Kari la meta: esquina.

Kariocha: "Asentar", consagrar al neófito, poniendo (ka), encima de su cabeza (orí), a los orishas (ocha), y "dar de comer a los orishas". Algunos le llaman también al momento en que el oferente de un sacrificio, acerca su frente a la del animal que va a ser inmolado y cuya cabeza se pone sobre el otán-orisha.

Karodi: canutillo. (comelina Elegans. H. B. K.)

Karo lo un bayé: se perdió, se pudrió.

Karotimoyé: ¿quién te enseñó a cantar en ará oyó?

Karu karu kú Yeyé euré karu karu kú Yeyé euré agutá omó le ambió wo mo lé, yan yan Iroko: palabras del canto de la leyenda de la ceiba, que se traga una niña: la madre le ofrece en vano chivo, carnero, y le ruega que le devuelva a su hija.

Kasi koro: mangle.

Kauasa, (kawasa): azul.

Kauré: chiva.

Kaurendo: chivo.

Kawo: gran señor, poderoso. (kawo Changó).

Kawo kabíe sile: saludo a Changó.

Kawo kawo akué kué inle oyú mole: "El arco iris sólo ocupa el tramo que Dios le marca".

Kayo soún: no se desespere.

Kebosí: pidiendo socorro.

Ke bo fi ké bo adá: "Ya se cumplió todo", cuando se termina el sacrificio, y se le

K

pone el cuchillo con que se han matado los animales a Ogún.

Kechún: avispa.

Kedé: afamar. (Kedé oricha dei, afama a su orisha).

Kedekún: llorar.

Kediké: nombre de una Yemayá, —de nación yesa— (la que aún se venera con Naé y Ododowá en la laguna de San Joaquín, por los descendientes de los africanos de los ingenios San Joaquín, Saca Piedra y Socorro).

Kegi kegi: leñador.

Kegún obí o kegún: guerra pide guerra.

Kegún obí o kegún ibá ogún: Ogún dando una carga de machete; combatiendo y repartiendo golpes de machete.

Keke: carreta.

Keke: aire.

Keké: viento.

Keke: coche.

Keké: poco, chico.

Kéké maquinaria, locomotora.

Keké kanfo: guayabito.

Keke oyú: párpados.

Kékéreke, (kekerú): carreta.

Kekéru ala okó nikaka: "el carretero, durmiendo patas arriba".

Kele kele: suave.

Kelekú: muchos colores. Pintojo.

Kenku: guayaba.

Kenegún: nombre propio.

Kepepa: quieto, quietud.

Kerora, (marorá): dolor.

Kete: nación lucumí.

Kete: sólo, (ketefún Obatalá).

Ketefún: "de Dios". Se dice de Obatalá.

Kete kete: mula, mulo.

K

Keté keté: cao.
Kete kete: burro.
Ketén ketén: mulos.
Ketu: "aquél a quien no le baja santo", (No cae en trance).
Ketu: nación lucumí.
Ketu: toque de tambor.
Ke un: poquito.
Kewá: robar, (kewá akukó adiyé: roba gallos y gallinas).
Keza: lucumí keza. "Están lejos de la costa, y de ellos desciende mi madre". (Afí, conocida Iyalocha de la ciudad de Cárdenas).
Kí: lo que no es; ejemplo: Ki koro, (koro amargo). Lo que no tiene calidad de amargo.
Ki: que.
Ki: nombre de "hijo" de Oshún.
Kí kiayé: envidia, maledicencia. "Lo que conversa o tergiversa la gente envidiosa".
Ki bi ba ya má: injuria, que se dirige a la madre de quien se insulta.
Kícheto: nombre de Changó.
Ki edun: antes del año.
Ki élu: sin fuerza.
Kika: calambre.
Kikiní: minuto, (o kan kikiní, un minuto).
Ki ki ni: chico.
Kiko: no quiero.
Ki koro: amargo, ácido.
¿Kilaché?: ¿qué se hace?
Ki la ché (o asé) adimú: ¿Qué hacemos? Pregunta el adivino a los caracoles, qué debe hacerse para aliviar la salud, aclarar la suerte del consultante.
¿Kilaré?: ¿qué me va a hacer?
Kila sé: ¿qué hace?
Kilonché: ¿qué pasa?

K

Ki ló guasé: ¿qué se va hacer?
Ki lon dié: ¿qué hace?
¿Ki lonfé?: ¿qué? ¿qué quiere?
¿Kilonse mefá?: ¿para qué es ese trabajo?
Kilonse oisá ta nlelú kini wó wó babá babá tale yo, ki lonsé didé akí bí ré Sango iwamí ade kawo: "El oisá —orisha— miren que ha venido a visitarnos para bien nuestro, por lo que nos alegramos y lo saludamos, nuestro santo padre Sango que tiene corona, que nos levante, nosotros lo adoramos, él nos protege". (Cuando baja Changó).
Kilo wase ilesí: ¿Qué hacemos en esta casa?
¿Kibómbo allá?: ¿Qué pasó?
Kimé: nombre de "hijo" de Changó.
¿Kimó gua oré?: ¿Cómo está amigo?.
Kinandi: algarrobo, (pitheco lobium saman. Jacq.)
Kinché: ¿Qué desea?.
¿Kinché nagó?: ¿qué lucumís?.
Kini: ¿Qué?
Kini: león.
Kini ibekana: zarpazo de una fiera.
Kini, kini: saludo, saludando. (Osain kini Kini— Osaín, te saludamos.
Ki ni na arugbó yí fo bí be aukó: "El viejo, él mismo, de tan contento que estaba, brincaba en la fiesta como un chivo".
Kininá arubó té yó fú bi bé auko: Hasta los viejos brincan como chivos cuando están contentos en la fiesta.
Kininú: animal feroz.
¿Kíni onfé?: ¿Qué hacer?.
Kinkai, (ewe kika): hoja de jobo que se da a comer al animal que se sacrifica.
Kinkamaché: salud. Pedir salud.
Kin kamachemí: saludo.
Kínkan: jobo; (spendias membin. Lin.)

K

Kinkeñe: nombre de Eleguá.
Kinla? (kini?): ¿Qué es eso?
Kinlakua: majá.
Kiocha: saludar a la divinidad, al santo.
¿Ki ona ki?: ¿Qué camino es ese?
Kíri keré: nombre onomatopéyico del pájaro arriero.
Kisé ebó: mono.
Kitiwéko: montón de yerbas, de ramas.
Kiú: minuto.
Kí won: ellos saludan.
Ki Yalode owó mi: pidiendo a Oshún que nos conceda dinero.
Kiyesimomí: "Atiende bien, hijo, ten cuidado".
Kiyipá: abrigo.
Kó: no, negación.
Ko: duro.
Ko: aprender o enseñar. (Mo kó chinché —aprendo a cocinar.— —Mo kowé— aprendo a leer).
Kobi: órgano genital femenino.
Kobi kobi: viruelas.
Kobi kobi: se le dice al orisha Ogún. (Kobi kobi— poderoso, "persona muy grande").
Kobó: rogar, hacer rogación, (ebó).
Kobó aibó: no se mira.
Kó bó erí: rogarse la cabeza.
Kobogún: ejército.
Kobogwan malún ko ká ló: Que salga el toro.
Ko ché: amén, así sea.
Ko che osí: no hable así.
Kochoro: Se hará si se puede. (No preocuparse).
Kodá ladió: amargo.
Kodaré: que agrada, atrae, llama.
Kodé: "póngase arriba".

K

Kodidé: corona, tiara con plumas de loro.
Koewé: escritura, escribir.
Kofá: pulsera tejida con cuentas verdes y amarillas, del dios Orúmila.
Kofaguá, (kofawá): agarrar, coger, cójalo.
Kofé: No: Así no. No se quiere.
Kofeñá, (Omó Kofeña): (muchacho relambido). Atrevido o confianzudo.
Kofí: embustero.
Kofiedemí: perdóname.
Kofiré padé: feliz viaje.
Ko gbado ekpá enia: No mate Ud. a nadie.
Ko fún: no.
Ko guó mi: no me gusta.
Koidé: pulsera.
Koidé: tiara. Gorra de Asiento, (iniciación), bordada de caracoles o adornada de plumas de loro, que ostenta el Iyawó, y que representa a un orisha en la ceremonia del Asiento.
Koi iña kuru ma ko i mó wi: "Conmigo la tragedia es mala", dicho del orisha Changó.
Koi koí: no atreverse, vacilar, durar, temer. No tenerlas todas consigo. (Lo decía mucho un viejo informante. "Yo siempre koi koí, por si acaso").
Koi koto: casa de babosa. (Caracol).
Ko ikú: no está muerto.
Ko iña: no haya pelea, disputa, guerra.
Ko íka: No haya guerra.
Koire: cantar.
Ko jó: lárgate.
Ko kán ko kán (to kan to kan): De corazón.
Kokawe: cartilla para enseñar.
Kó kó: No y no.
Koko: cuchara.
Koko: nudo, amarrado.
Ko kó: chocolate.

K

Ko kó: mucho.
Kokó achó: hoja de tabaco.
Kokoaya: majarete.
Kokoáye: carbón.
Kokoaye: caldero.
Koko biyé: yerbas u hojas secas.
Koko dí: Pegojo. Yerba que se adhiere a la ropa como el guisaso.
Ko ko ese: tobillo.
Kokoiná: vela.
Kokomokó: yuca.
Kókorá: lombriz.
Kókoro: avaricia.
Kokoró: gusanos, bichos.
Kokoró: muela.
Kokoró: cucaracha.
Kokoro adié: huevo de gallina.
Kórorobí yóbi: gusano que se come las matas.
Kokoro tobi tobi, (o yobi yobi) Kokoro tín se tani nikotá wa: "Persona que ignora su destino y tiene ante sí perspectivas de ser grande".
Kokoro yo bi yo bi un koló mo lo bi yo bía: "Me están comiendo el corazón como el gusano que se come el coco".
Kokosé: los tobillos.
Kokotabá: cachimba.
Ko kuá: matar. (Lengua de Oyó).
Kokuté ígui: tronco, rama de palma.
Kolé: ladrón, "cuando robó".
Kolé: pluma del aura tiñosa. Se colocan en las casas de Santo en honor de Oshún, colgando del techo o adornando el güirito que representa a Oshún Kolé Kolé, a quien en un avatar acompañaba este pájaro.
Kolé bayé: Conozco a todos ("y no valen nada").

K

Kolé bayé o Kolé Babá: el que está podrido no tiene fuerza. No tiene fuerza Baba. (De un canto de pena y de puya para Babalú Ayé, Dueño de la Enfermedad).

Kolé-kolé fó tián tián: el aura tiñosa volando en las alturas.

Ko le ko: enseñar a ser buen hombre.

Kolera: débil, cañengo.

Koléera: el que se ahoga de asma.

Kolero: sin miedo.

Kolé tífe tífe: Se lo robó todo; todo lo que había.

Kolé yako: nombre de Obatalá.

Koleyé: aura tiñosa.

Koleyé kane: "mi familia".

Koló: quitar de.

Kolobí: cuñado.

Kolofo: el malo (Eshu).

Koloya: revolucionario.

Koloti: colmillo.

Koloya: plaza, mercado.

Koloyú: cara a cara, ojo a ojo.

Komá gú gú aguyí komá la náse la nakuá yó. Komá! Gugú aguyí komá, karodó kafó wá komá: "Dos muchachos de tierra Oyó. Uno de ellos era rico y el otro pobre. El rico lo despreciaba y el pobre decía que todos se encontrarían en el otro mundo".

Komakú: pidiendo no morir, salud.

Komarí: que no se ve.

Komarika chéke Oshún: "A tocar para que se vea a Oshún, dice el tambor".

Komawá: no vengas.

Komawá oré: ¿Cómo está amigo?

Komayimikú: "Líbrame de la muerte".

Komíyawó, odubale: Me encontré un Iyawó mayor que yo y lo saludé.

Ko mo erí: yo no me río.

Komoni komoná: lo mismo aquí que allá.

K

Komoré: nación lucumí, "pueblo, gente de ese pueblo".
Ko mu guónlo: llévame.
Koní: espartillo.
Koni Babá: huérfano de padre.
Koní bagdé: nombre propio.
Konié: cantar.
Koni iyá: huérfano de madre.
Koní owó: no tengo dinero.
Konkotó: carretonero.
Konkotó: plato hondo.
Konri: vergajo para pegar.
Korí: hombre.
Kó o: No.
Ko o: lárgate, vete.
Koko: hoja.
Ko otó: equivocado, equivocación.
Ko otó: embuste.
Kora, (koré): nombre de "hijo" de Oshún.
Koré: china pelona, (piedra).
Korí: canto, canta.
Korikó: yerba, hojas.
Koriko odó: bandera.
Korín: cantos, cantador, cantar.
Koro: amargo.
Koro: serio, inflexible.
Koro: bejuco amargo.
Koro: "de la rabadilla abajo".
Koró arugbó: viejo severo intransigente.
Korodí, (karodi): canutillo, (comelina Elegans, H. B. K.)
Korokoto: Orisha lucumí, "un santo muy viejo que ya nadie conoce".
Koro koyo: malambo, (canella alba, Murr.)
Kororó: cruce.
Kororoí: duro, inconmovible, castigar fuerte.

K

Korubó Eleguá: dar de comer a Eleguá.

Kosí elese yo: quitar, deshacer la maldición, que actúa en un hechizo que generalmente se pisa.

Kosi ikú, kosi aro, (o ano) kosi eyé, (o eyó) kosí ofó, aikú, (o arikú) Babágua: Que no haya ni muerte, ni enfermedad, ni sangre o maldición, ni desvergüenza, —deshonor—. Salud y suerte Padre nuestro. Palabras rituales que se repiten al inicio de todos los ritos.

Kosi iyán, (aiyán): no tener miedo.

Kosikán: No hay novedad. No sucede nada.

Kosile: divorcio, divorciarse.

Kosín: no hay.

Kosinka: No pasa nada.

¿Kosinka ilé?: ¿Qué pasa en la casa?

Kosinka kuelé: No hay nada.

Kosín meko: carpintero.

Kosi owó: no hay dinero.

Koso ni kó salá omó ti i ti: "Hoy no; mañana si. Mañana el hijo me las pagará todas juntas. Dice el orisha, cuando enojado con su devoto lo amenaza".

Kotán: piedra.

Kotí: pégale.

Koti yeún: no has comido.

Kotikó: cacareo.

Kosi kán: no hay nada, no es nada.

Koto: equivocado. Contrario.

Koto: muela.

Koto bae: abundancia.

Koto koto: "atravesado"; en contra de todo. "Nao que está en contra de la corriente. Se le manda a hacer una cosa y hace otra, la trabuca".

Kotonembo: canutillo.

Kotorefa: bacalao. Se aplica a animales que no tienen cabeza.

K

Kotóto: guanajo, pavo.

Kotó yale: situación del dilogún en la que indica que es menester practicar cierta "rogación". Augura un bien insuficiente.

Kowó: lárgate, vete.

Ko wó mi: no me gusta.

Koya: pronto, rápido, aprisa.

Koyá: lejos, altitud, extensión.

Koyadé: sal de ahí. Vete.

Koyadé ilé mi: sal de mi casa.

Kóyalo: atravesar, cruzar.

Koyé: misterio, difícil.

Koyé koún simi: "Dice que se repose".

Kóyú má timí: No caiga la vergüenza sobre mí.

Koyusóun: no desesperarse.

Kuachún bán chón: rajando, partiendo.

Kuako: cuchara.

Kuako: hueso.

Kuá kuá: rojo.

Kuá kuá: seguro.

Kuale: cornudo.

Kualukú kuaberimó: "Cuídese antes de cuidar mi cabeza".

Kuanchún ban chóu: vayan partiendo.

Kuanduen: bulto.

Kuani: garganta.

Kuaniguachi: garganta.

Kuani kuani kuani bí oyé kokoyó kokunda: "A ningún matador le gusta que le pasen el cuchillo por su pescuezo".

Kuaribó: revolución.

Kuase odo: zanja.

Kuátako: mesa.

Kubambo: nombre de la maza de Changó. "Con la que se defiende y castiga".

K

Kuchá: vino fermentado, de maíz, que preparaban los viejos lucumís y que aún se le hace a Eleguá.

Kuché: tos ferina.

Kudú kudú: recipiente grande en forma de canoa que se pone en los potreros y se llena de agua para el ganado.

Kudulomí: bañadera, poceta.

Kuflufe: mono.

Kufú fe: mono, (en eguado).

Kuedé: llamar, (mo kuedé, llamo).

Kué kué odyú: párpados.

Kué kueye: pato y andar como pato, "como camina Yemayá".

Kuelé kuelé: poco a poco, quieto.

Kueleni: loro.

Kuelénke: flaco, delgado.

Kuelo: sapo.

Kuerí: cuero, "chucho", látigo.

Kuerí: estrella.

Ku éta: los restos de un difunto.

Kueté kueté: burros.

Kuinu: diez.

Kuila kuín: irse a las manos, con armas blancas.

Kuko, (kóko aguadó): la tusa del maíz.

Kúku: gusano.

Kúku: difícil.

Kúkua: rojo.

Kukuá erí: "Caballo de Santo que está mortificando, majadero. Se le dice cantando: kukuá erí aguá aladó foyén fúo: que se pegue duro con la cabeza, para ver si es cierto que tiene Santo. I e Orúmila Orúmila sekí tá Orúmila leni güe bodó yán yá eé bodó yan yan forí solé. Fori solé, forisolé kokuá erí awa ladó foyén fuó". (Oyó).

Kukuma: camisa.

K

Kukumó: camisa.
Kukundukú: boniato.
Kukundukú: mulato.
Kukurú: romper.
Kukurú: pequeño.
Kulembe: Changó.
Kuló: muerto.
Kumambo: brote.
Kumanbo, (kumabondo): maza de Changó.
Kuna ma toré!: dice el orisha, pagándole a los fieles en las manos con una regla o varilla para quitarle lo malo del cuerpo.
Kuni kuni: vigilante, alerta.
Kún kún: poquito.
Kún kún: pito del tren o de automóvil, sirena.
Kunlé, (kunté): arrodíllate.
Kunlé lese ocha: arrodillarse a los pies del orisha.
Kunsé: pintor.
Kuólo kuólo: guanajo.
Kupá: colorado.
Kuru kuru beté: que se vaya la muerte (ikú). De un canto de adoración a Osaín, el Esculapio lucumí.
Kuruma: malo.
Kurumá kurumamí yá kurumá: "No me conocen para hablar de mí". Es una sátira cantada que lanza a veces el Orisha Changó, empuñando su espada, cuando baila posesionado de su "omó" o medium, en el cabildo.
Kusí lé: ¿Se puede pasar? Se dice al tocar la puerta de una casa.
Kusi ló: Entre usted, pase.
Kután ye biyé: piedra fina roja.
Kuye kuyé: violeta o "violetilla", silvestre.
Kuyé kuyé: jagüey (ficus membranacea, C. Wright).

L

Láalá: dormir, soñar.
Laáyo: corazón.
Lababí: nombre de hijo de Obatalá.
Labé: por debajo.
Labé labé: mariposa.
La bé ó guedé la bero úmbo ibé la bó guedé: "Se refiere a una aparición temible, da miedo, que se vaya. Es de unos cantos secretos, para cuando alguien tiene visiones".
Labúku: feo.
Labúku, (lubuku): cojo.
Ladé: nombre de "hijo" de Oshún.
Ladé kueto: corona de Oshún.
Lagborán deché: desobediencia.
Lago lago: chancletas.
Lague akuá: brazo.
Laguedé: herrería, "las cosas de Ogún".
Lagwá lagwá: gente cualquiera, chusma.
Laí: nombre de "hijo" de Oshún.
¡Laí! ¡laí!: nunca más.
Laibó: desnudo, encueros. Desnudez.
Laiché: "difícil, costará trabajo".
Laikú, (laín): aire.
Laimó: mal lavado, sucio.
Laín: aire.
Lainí: pobre.

L

Laiyá: bandera de paz.
Lakotí: desobediente, (kereré lakotí, niño desobediente).
Lakoyé: nombre propio, (de mujer).
Láku láku: beber el perro.
Lakuegbé: rehuma.
La kuín: "reflejo, espada o cosa que brilla".
Lala: dormir.
Lama: nombre de "hijo" de Yemayá.
Lamó: barro.
Lámó fi yé: vellos de la pelvis.
Lana: ola.
Lanú: asombro.
Lánu: ser bueno.
La odo: de otro.
Lá osún: durmiendo.
Lará: cuerpo.
Larí, (lerí): peinado.
Larí: yagrumo.
Larí: nombre de "hijo" de Changó.
¿Lariché, larichesí?: pregunta que hace el Babaorisha o la Iyalocha al consultar el Dilogún. ¿Qué mandan los dioses para aliviar al devoto que interroga al destino?
Lariché lenú iworo: significa que un babaorisha o Iyalocha de los que están presentes en un itá, le hable al iworo o devoto explicando un signo del dilogún.
Lariro: piojo.
Lariwón: "estar entre los que hacen ruido". "Dentro de la bullanga".
Laro: enfermo.
Laro: yagrumo.
Laruyú: seguro.
Lasarán: fruta bomba.
Lásun, (olúsun): durmiendo.
Latuá: nombre propio de mujer. (Latuá Timotea Albear, una de las últimas Iyalochas habaneras, oriunda de Nigeria).

L

Latúa kosí mó: "Latúa ya no es de este mundo".
Laún: allá.
Lauó: luz.
¿Lawó?: ¿Cómo está?
Layá: bodega.
Laya: calle.
Layé: viento, vientos.
Layé: lugar.
Layé: el año que viene.
Layé layé: año tras año.
Layé meyi: hombre que mantiene dos mujeres.
Layíki (Eshu): "El que nadie sabe como empieza ni como acaba".
Lazánzán: bomba.
Lebayú: buey.
Leboyí: purgante.
Leché, (eléche): los pecadores.
Lefédiyé: ceiba.
Legan: despreciable.
Legüé: bandera.
Legulosa: mano.
Légwó: jefe de pueblo. (en una vieja libreta).
Légwó lagwasa: mano.
Leilé: bandera.
Lejé: así está bien.
Lejínle: detrás de la casa.
Leké: trabajar.
Leke: collar.
Leke leke: garza.
Leke leke: flamenco.
Leke leke: alto y delgado: (Leke leke bé wa: Que venga esa persona que es alta y delgada, —se dice en un canto).

L

Léke lekembé waó: vienen hacia acá los pájaros delgados, (las garzas, los flamencos).
Leko: aquí.
Léku, (lekún): puerta.
Lelia té: sentado en la estera.
Lemó: lirio.
Lemó, (lomó): guisaso de caballo. (xanthiub chinense, Mill).
Lempi: espalda.
Lení odé gú odó cha odá kú lebo...: "Ya para mí eres espíritu y me arrodillo". (Saludo para una persona que esté de cuerpo presente"). Cadáver.
Lenyi: espalda.
Lépe: conversación.
Lépe: promesa.
Lépe lépe: habladuría, chisme, comentario.
Lere: fango.
Lerí: arriba.
Léri: "Cabecilla". "El que dá fé", o acredita.
Lerí: peinado.
Leri kuín: "el Babalawo, que es como un abogado consultor", y testigo.
Leshu: diablo. Del diablo.
Létano: engañador.
Leti leti: lo que está muy cerca.
Letí: oreja.
Letí wómi: Oigame.
Lewá: bonita. ("Así se llamó una mujer de Orula").
Lewé: escuela.
Libayú: buey.
Lilé: elástico.
Ló: partir, irse.
Lo feré: quiero.
Loaso: firme.

L

Lobé: bledo blanco.
Lobé: cuchillo.
Lobé ¡chá!: El cuchillo hiriendo. (Ogún chá lobé, chá lo bé: en la guerra, el cuchillo de Ogún hiere a diestra y siniestra).
Lobí: parto.
Loboyí: jarabe.
Lo boyú bembé: máscaras de carnaval.
Lobukú: feo.
Lochó, ochó: adorno vistoso; bordado, cinta o aplicación llamativa de un traje.
Lochuchú: mensualmente.
Lochú, (chí chú): oscuro, negrura, mucha oscuridad.
Lodaké: que se calle.
Lodé: afuera.
Lodé: extensión.
Lodé: espacio, lugar.
Lóde: cotorra.
Lodé bebé kini bebé sé ara oyó kini be na be sé...: "Estamos rogándole a los muertos y haciéndoles comida y fiesta"; de un canto fúnebre de "tierra" egwado.
Lo fipamo: lo que está escondido.
Lofó: romperse.
Ló fu sibé: tú. (?)
Logó: mameluco.
Ló guá che, (lo wáche): lo hizo.
Logún: sudor, sudar.
Lógwo: poder.
Logwó (lowó): mano.
Logwó osí (lowo osí): mano izquierda.
Logwó otúm (lowo otúm): mano derecha.
Lo ileku: cementerio, tumba.
Loké fí idé: pueblo.
Loké loké: lo más alto de todo.
Loké mi temó: cabeza tranquila, bien
Lokó: barco, en el barco.

L

Lóko iro, iroko, iroko, iroko mallé: la ceiba, árbol sagrado.
Lokolona: amo, dueño.
Lokún: mar.
Lolé ye kane: familia.
Ló lo: suciedad.
Lo luyé: cocina.
Lo má: sabiduría.
Lomodé: los jóvenes.
Loní: día.
Lonú: boca.
Loñú: embarazada.
Ló oflé: han desaparecido.
Lo oloyiní: lo que está podrido.
Lopá: matado.
Lopamó: bejuco jimagua, o parra cimarrona.
Lopopó: basura. Basurero o estercolero.
Lariché: se le dice a la Iyalocha o al Babaorisa que interpreta un signo del Dilogún en el "itá".
Lorí ilé, (loké ilé): techo.
Loro: algodón.
Loruko, (oruko): el nombre que se tiene.
Lorún oyoúmbo: cielo cargado, va a llover.
Losi losí: quieto.
Losún: izquierda.
Lo sún: dormir.
Loúm: acre, desagradable al paladar.
Loún: agrio.
Ló wadí fé: mirar, estudiar a fondo un problema.
Lo wó: brazo.
Lowó: poder, caudal.
Lowó atuné: mano izquierda.
Lówokó: barcos en el puerto.
Lowóre: brazos.
Ló wóre igán: dedos y uñas.

L

Lo yá: muy venerable, honorable.
Loyú loyú: frente por frente, (ojo por ojo).
Ló yúo: ojos.
Lúbéo: título de príncipe de Changó.
Lué keleni: raspa lengua.
Lu fié ye yimí: nombre de albina. Significa que su nacimiento fue un regalo que le hizo a su madre Obatalá, el Creador y dueño de los albinos.
Lúfina: nombre de "hijo" de Changó.
Lugógo: tocar la campana, sonar.
Lugulé: pañuelo.
Lukembo: el estribo.
Luko: violeta.
Lukué lukué boni: gracias, muchas gracias.
Lukumí Mina: tribu, "nación".
¡Lukumí, lukumí ó! Eró ya wá wó ná: Lukumí Loríyéo kuabó iye: "los lucumí se acabaron". ¡Aquellos lucumí de tanto mérito que venían, ya cayeron, se perdieron!
Lulú banché: primer toque en honor de Eleguá, al abrirse el Oro, o toque de tambores en honor de los Diez y Seis Orishas.
Lúmbe: nombre de Changó.
Luní: aplaudir, palmotear.
Lúwé: bañarse, mojarse.
Luyayo: la capital.

M

Má: madre, (mujer vieja en general).
Ma aló: vete, que se vaya.
Ma ana: gente grande que lo sabe todo.
Mababé: acariciar.
Mabagüée: acuérdese, acordarse.
Ma báue: olvido.
Mabí: toro.
Mabinu: bravo.
Mabinó: no te enojes.
Mabue: no te olvido.
Machúchú: dar a luz.
Madá lo ún: hasta luego.
Madé: nombre propio.
Madé uñí: recién nacido.
Máde uñi eguaguó ká abábá sare wá: "Yo llegué a la fiesta" —de Santo— "y quiero que todo el mundo participe en ella, en los cantos y bailes".
Madiá unyé: comer casabe.
Madiki: muñeco, ca.
Ma fe ré fun: Para siempre sea concedido lo que se implora. (Es fórmula que se repite al comienzo de un odu; Ma fere fun Obatalá, etc.).
Mafere fún Olofi: "Me encomiendo a Olofi".
Maferefún Yemayá: (u Obatalá o Changó, etc.). Gracias, bendita o alabada seas.

M

Magino: "nación", pueblo de Dahomey.
Maguála: estrella.
Maguóle. (Mawóle): adios.
Maí: buey criollo.
Maí Korúm: buey de guinea.
Mai mai: sabroso, dulce.
Mai mai: canela.
Maí maí son maí maí oyán kalá maí maí son maí maí kokú akalá mellí melli li melli okúo aé maí maí: "El jimagua abikú; el que es abikú que viene y se va donde Oyá, no se va a ir". (Canto de una anciana para amarrar a un abikú).
Makorún: buey de guinea.
Malaba: acariciar, caricia.
Malé: arco iris.
Malé: Obatalá arárá.
Ma le kun: abre la puerta.
Malipó: adorno de hojas de palma, (guano), en forma de orla de flecos que adorna los altares y los dinteles de las puertas en los ilé orishas.
Malú: vaca, buey.
Maluábo: vaca.
Malú ako: el buey.
Malú kereké: ternerito.
Malukó: caldo con carne de buey, guenguelé, malva té, otras yerbas y fufú de plátano.
Maluko: tumor, abultamiento.
Malún: buey.
Malún ti té: los bueyes que tiran de la carreta.
Ma mó: pegojo.
Mamú mamú: pintas de color.
Mana: vestimenta blanca de plumas de Nana bulukú.
Mana mana: relámpago.
Mana mana: arco iris.

M

Mana mana dá: rayo.
Manán manán: mariposa.
Mandinga: "nación" del (Senegal).
Mani lekún: no cierre la puerta.
Mani owó: no hay dinero.
Manulá: número quince del Dilogún.
Manú: los pechos.
Manú mayé mambe lo kan: "Donde te encontré te dejo".
Manwo: ramas de palma.
Maoni: nombre propio.
Marábába: malanga.
Maragüiri: despacio.
Maraigá: orisha catolizado Santa María del Cervellón.
Ma rerí: no te rías.
Mariaré: yerba de guinea.
Maribé: aguacate.
Marí kuyé: casabe.
Mariwó: guano, penca de guano, palma.
Mariwó, (malipó): adorno de guano, en flecos, que se pone en las casas de santo, sobre los marcos de las puertas y en el traje del Iyawó de Ogún.
Mariwó yó Osaín wa ré kini kini waré, kini kini be te...: "Osaín que está contento en la palma", (mariwó: guano) "le hacemos fiesta, homenaje, le rogamos".
Marorá: dolor.
Marura: poco a poco.
Mása: piña.
Masa wiri: corra.
Masekero, (masekeré): loco.
Mase ona: se hizo.
Masewae: cortar el pescuezo.
Má su kú: llorar.
Masiwéro: loco.
Matú: buey criollo.

M

Má wó: agarrar, coger con cuidado.
Mayaku, (mayeku): granada.
Maya yara: yerba hedionda.
Ma yá yó sumi: quítenseme de delante.
Mayá yu si mi: "No chive usted más" (no moleste).
Mayé dí mé: nombre de "hijo" de Yemayá.
Mayé léwo: avatar de Yemayá. Se caracteriza esta Yemayá por su carácter turbulento. ("Es revolucionaria, así es que en su Asiento, suelen formarse revoluciones").
Mayedí mé: nombre de "hijo" de Yemayá.
Mbé: estar. (Mó mbé; estoy).
Mbómbo: yuca.
Medogún: quince.
Mégo mego: camello.
Melo: muchos.
Melo chú kosi awó: en muchos meses no tendré un centavo.
Meló meló: poco a poco.
Me ló wó: no tengo dinero.
Meme: melón.
Mé mura guiri guiri: no se apure va a llegar.
Meni fá: catorce.
Meri dilogún: los diez y seis caracoles "que hablan", es decir, los que se emplean para adivinar.
Merínla: catorce.
Merín layé: los cuatro puntos cardinales, (cuatro vientos).
Mero mero iyá, mero iyá deniña dewe iyá: ya se va para el otro mundo. (De un rezo fúnebre).
Mesón: nueve.
Meta: tres.
Meta: esquina.
Meta: cuatro esquinas.
Meta: augurio desfavorable.

M

Meta dilogún: diez y siete.
Metalá: número trece.
Mewá: diez.
Méyi: dos. (Signos repetidos del dilogún y de Ifá) Obara meyi, Okan meyi, etc.).
Meyi agodogódó: dos personas fuertes.
Meyi ayelé gukuá: par de palomas rubias.
Meyi dilogún: diez y seis.
Meyi imú agadogodó osí: "Dos narizones no se pueden besar".
Meyílá: doce.
Meyi meyi: por parejas.
Mi: mío.
Mí: yo, lo mío.
Mi afení: mi pretendiente.
Miana: consuegra.
Mi bi léko: mi esposa.
Mi bura ocha: Yo le juro a los santos.
Mi bwola Oshún Yalode: Adoro a la Santa Oshún.
Michora: yagruma.
Mí e don: suspirar fuerte.
Mi fé: deseo.
Mi fi: mi hijo, (Lo dicen los lucumís mezclados con los ararás).
Mifí bomí: hundirse, "me voy por debajo del agua".
Mí foí adé: tengo miedo.
Miguá, miwá: nombre de "hijo" de Changó.
Mi íwi: cama.
Mi kawé: Yo sé leer.
Mí kú: me muero.
Mí kunla: me arrodillo.
Mila: calle.
Mí ló fó: tengo vergüenza, estoy aborchonado.
Mi lután: pariente.
Mímí dáke: morir, expirar.

M

Mimó: inteligencia.

Mimó: pura, inmaculada. María mimó iyá gbadura fun gbá otochí eleche nisin sinyín ati la kokó iku gbá Amí: El Ave María mimó iyá olorun: Santa María Madre de Dios— gbadura fún gbá; ruega por nosotros— otochí eleche; los pecadores— nisin sinyín; ahora— ati la koko; y en la hora— ikú gbá; de nuestra muerte— a mí; amén.

Mimoko otíté: jorobado.

Mi mó soro soro: Voy a hablar, sé lo que digo.

Mimú: beber.

Mi muché: Dije, yo dije.

Mina Popó: "nación". "Eran lucumís".

Mi obo: no oigo, (que no). Expresión soez.

Mí ochí: estoy necesitado, pobre.

Mi okó: mi marido.

Mi ré: me voy.

Mi sí: limpieza.

Mi sí: lavar.

Misi mi kan baí: moribundo; perdido el conocimiento.

Mi si oché: lavar.

Mí té, mamá Omí yalode: Yo te adoro, madre mía, dueña de las aguas.

Mi tilú: soy de la capital.

Mi tó: orinar.

Miwa: collar.

Mi yó: estoy lleno. Comí bien.

Mó: yo.

Mó arata: tengo calor.

Móbagüé: acordarse.

Mó bakue: escondido; ocultarse.

Mó bá ori Changó alá móba orí Changó: Yo soy el rey, el principal, Changó.

Mó basú: voy a dormir.

Mó bino: estoy bravo, o estoy mal.

M

Mo bó: revolución.
Móbó bitimá uí ló: "Yo oí lo que ése está hablando".
¡Mo bó güini!: "me voy para Guinea".
Mó ché bá: caminando.
Moché ofifí: Yo lo pinto.
Mó ché ona: se hizo.
Mochiché: mal hecho. Yo trabajo.
Modá: bien.
Modá: gracias.
Modá: una yerba común que nace entre la yerba fina y que le está consagrada a Changó.
Mó dá fóya: estoy ciego.
Modaké: me callo.
Mo dapé: doy gracias.
Modei: la gente, ellos, los otros.
Mó dei kó imá mi allá kó ima: Changó dice "no jueguen conmigo; letra de un canto a Changó.
¿Modé kini wá?: ¿Muchacho, qué buscas?
Modé ti güi o si le si: Muchacho, abre la puerta.
Modu: inteligencia.
Modubale: reverenciar.
Modudare: inteligente.
Modudare: engañar, me engañaste.
Modúdaré: ¿Qué me vas a hacer?
Modukué sún awá: "Te damos gracias por tu favor, Agua grande," (Osún, la diosa Oshún).
Mo dupé: gracias.
Mo dupé: agradecido. Se lo agradezco.
Mo dupé eléyibo: le doy las gracias al blanco.
Mo fé: te quiero.
Mo fé ini chú: Tengo deseos de defecar.
Mo fén sukú, sukú sukú ete mí: lloro, estoy llorando.

M

Mo fé ocha: Yo adoro Ocha.

Mó fé ré fún Obatalá: "Te adoro y te ruego Obatalá".

Mo fe tete: quiero jugar a la baraja.

Mo fí fún: dar.

Mofilé: nombre propio femenino.

Mó fi yéun: como poco.

Moforibale aleyo, moforibale Oyó oyó...: Soy de fuera, y saludo y pido licencia, (permiso).

Móforíbale Obá Oso. Mó forí bale Babá de mi Ibá orissa má wó mo forí bale Baba Temí: "Te saludo obakoso, (rey de Koso) mi padre mío Changó yo te saludo, me postro ante tí".

Mó fó yadé: voy a salir.

Mó fú: yo doy, estoy dando.

Mogara: cristal.

Mógbo: oigan.

Moguá: romper, rompo.

Moguá lé mí: llegar a mi casa.

Moguá, (o Mogbó) Oguní wa yó fú mí ikulé kuami: "Todos me dicen que me vas a echar brujería para matarme".

Mó güiré mó güiré ó Babá owó lo wo mi osé: "Oye, que vengo con respeto a cantar y a compatir con todos mi dinero".

Mó kanakí Iyá mí: yo cuido a mi madre.

Mokanla: once.

Mókékeré: niño, hijito.

Mo ke leni: llego a mi casa.

Mó kí: saludo, yo saludo.

Mokio María; Salve María — Okún fun oré; llena eres de gracia — Olugba enbe pelure; el Señor es contigo — Alabukún nifún igbo; bendita eres — Ni nu agbón obirí; entre todas las mujeres — Alabukún nifún eso inú re; y bendito sea el fruto de tu vientre. Jesús.

M

Mokío María okún fún oré ofé Olugba nbe pelure alabukún nifún igbo ninu aqbón obirín. El Ave María. (Escrita por Monzón, africano libre, gran olórisa, el 1878).

Moko ochiche kan: aprendiendo a trabajar.
Mo kón ilé okú: en el cuarto de dormir.
Mó kuá ló adié: yo mato esa gallina.
Mokuedé: llamé.
Mó kué de mí: me llama.
Mó kuede iwó: lo llamó a usted.
Mo kue sun: favor, hágame el favor.
Mokokú: rodillas.
Mo kún: zambullir, nadar por debajo del agua.
Molabo: cebolla.
Molara: a mi modo o costumbre.
Mó lawó íchu edún: bautizar el ñame nuevo.
Molé: arco iris.
Mole ilé oyá: voy a la plaza.
Mó lé lú eni kí: puedo matar con palo.
Moleye: nombre propio.
Mó ló: yo voy.
Mó ló ilé i oyiná: me voy a casa que está lejos.
Mo lo ilú: me voy al pueblo.
Mó ló ya:. voy a la plaza.
Mombériloguó: antebrazo.
Momo: seso, buen juicio, inteligencia.
Momó: tragar, beber, chupar.
Mó mí omó chiwére: "Entiéndeme muchacho mentecato, atolondrado".
Mó muló oguedé: yo traigo maíz.
Móndia: señorita.
Monigué: así es.
Monigué: gracias.
Mo ni ki dupué: le doy las gracias.
¿Monikí fi nla?: ¿Qué cosa digo?
Moniwó: tengo dinero.

M

Mono mono: los sesos.
Mo nso: me voy.
Monikú: arrodillado.
Mo obó: es de noche.
Mó olokún: nadar por debajo del agua.
Mó oyú ofetilé: estoy mirando nada más.
Mó pe: llamo.
Mópé opé...: gracias, ahora estoy bien.
Móré: bien que se pide a los orishas, o que se recibe de los orishas.
Morelé: pido perdón al Santo. Que perdone nuestras faltas.
Morí: señor, señora.
Móri: almohada.
Morí akutá ayibó: cielo empedrado.
Mori eleke keré Orúmila (o idé): collar que ostenta en la muñeca el babalao.
Mórirá okán: rabia que tengo en el corazón.
Moró: zandunguera, que hace el bien, contenta, (Oshún yeyé moró).
Moró: "calentona", (Yeyé moró, orisha Oshún).
Mororá: desgracia, ñeque.
Mororá fé yu ré: anda con cuidado.
Morúrú: llave.
Mo sé o fí fí: pintar al Iyawó.
Mosilló: puerta.
Mosobá: cortar con la tijera.
Mósu: dormí, ya descansé.
Mo suyer: yo canto.
Mo ti bó re... kediké naé, Dodówá, mo ti bó re lé lé...: Vengo a adorarte, se le canta tres veces a Kedike a Nae y Dodowá, (Yemayá, Oyá y Oshún) cuando se toma el agua sagrada de la laguna de Ibáñez, en la que se adoran estos Orishas.
Motí motí: borracho.
Motí ofé ilé Orisha wón: "Vi la casa de Santo que ellos tienen en el Perico".

M

Mo tí yéun: vamos a comer.
Motiyó: borracho.
Mo tutú: tengo frío.
Mo wi kán: callar, me callo.
Mó wi oní Yemayá la ra mi: digo a Yemayá que me recompense, me dé riqueza.
Mówó leti: ¿me oyó usted?
Mó wó téle: yo te pago de contado, (o por adelantado).
Moyale: bien, perfecto.
Moyé: sabio.
Moyé: me arrepiento.
Moyé: estamos de acuerdo.
Mo yé: yo sé.
¡Moyé, moyé!: ¡Ya lo sé!
Mó yeún: yo como.
Mo yé wá ye adié: quiero comer gallina.
Moyí: cortesía.
Moyí: medicina compuesta de yerba.
Mó yi Olodumare: he amanecido con Dios.
Mo yo odumí: nombre de hijo de Yemayá.
Mo yó pé leru: "Quiero unirme y disfrutar del acto carnal".
Mo yó yeún: comí muy bien. Harto.
Moyú: tranquilizar, tranquilizado.
Moyú, (moyú-ba): purificar, limpiar, quitar estorbo, o lo malo.
Moyú: aclararse, serenarse.
Moyuba: pedir permiso, reverenciar, alabar, "saludar a los Orishas".
Moyuba areo moyuba Orisa: "Con licencia de los mayores, con licencia de los Santos".
Moyubare: licencia que se le pide al Orisha para dirigirse a él.
Mó yú ofetilé: estoy mirando nada más.
Moyure: con su permiso, reverencia. inclinación.

M

Mú: bebe, beber.
Mú: coger.
Muá: traer.
Mucherí: mal sabor.
Mudano: purificar, limpiar, serenarse.
Múdukuána: nalga.
Muemí mí: convérseme.
Múfún, (mufú): arroz blanco.
Mula, (mule): dar fuerza; adu mula, rogar al orisha que nos dé fuerza, salud para vencer lo malo.
Mú mú: mamar el niño.
Munana: nombre propio.
Munu: hablador.
Muraba: ganso.
Murasí: apúrese.
Mura yura: conversa.
Muré: mosquito.
Murí, (ri): mirar.

N

Nába: afuera.
Nabeyo: punzó.
Naé: Oyá de la laguna sagrada de Ibáñez, (cerca de Corral Falso).
Naé Keriké: orisha (Naná Bulukú).
Nagó: lucumí.
Naná: orisha pareja de Bulukú, (Naná y Bulukú, —Nababulukú— son orishas que viven en el río y toman la forma de un majá, serpiente). Catolizada Santa Ana o Nuestra Señora del Carmen.
Nangalé: ceremonia que tiene lugar después de un gran ebó, y en la que todos los fieles, girando en torno a una paila de dengué elevan sus jícaras al cielo, dan gracias y piden la bendición de Olorun, al salir el sol. Este rito se ejecuta al amanecer. Los fieles cubren su cabeza con un género blanco.
Nan nú: un orisha "madre de todos los San Lázaros". (Nanabulukú o Burukú).
Nanú: lengua.
Ná owó: gastar dinero. (Oshún na owó pipo: Oshún gasta mucho dinero).
Naró: recto, tieso.
Nekígbé: níspero, zapote. (Sapota Achras, Mill).
Nelé, nilé: abajo.
Nelé: debajo; Omínelé: debajo del agua.

N

Nfé yú osí: no se mira.
Nforo: chismoso.
Nfumí: dame.
Ni: no.
Ni: eso.
Nibaleke: nombre de un pájaro. El sabanero.
Nibé: allá.
Nibé: ahí.
Nibé: terreno baldío, "placer".
Nibéyi: uno de los Jimaguas.
¿Nibí?: ¿En qué lugar? ¿Dónde?
Nibi tania oguá duro oré mí alogpé mi: "En el lugar donde me llama y me espera mi querida, (o mi amigo").
¿Nibó?: ¿Cuándo? **¿Nibó kariocha?:** ¿Cuándo matas para los Santos?
Nibó: Si señor, conforme.
¿Nibó?: ¿A donde está?
Nibodún: cuarto de Orula. Orisa de la adivinación.
¿Nibó logbé ri aroni?: ¿Dónde viste al Diablo?
¿Nibó obiní?: ¿Dónde estás mujer?
Niché: deseo.
Niché: "talismán para conquistar y conseguir cuanto se desee".
Niché: se le llama a los negros.
Nichegún: nombre de Ogún y "resguardo de Ogún". ("amuleto").
Nichularafún: guanábana.
Nifé: amante.
Nifé: "Tierra de Africa".
Nife fé: lo que se desea, o se ama.
Nifénuco: beso.
Nigbá bogbó: para siempre.
Nigbani: la antigüedad. "En aquel entonces".

N

Nigba ole: a veces soy ladrón.
Niguá, (niwá): mostrarse propicio y benévolo, el Orisha. (¡Niguá Babamí!) Bondad, amistad.
Nigüe: sabana.
Ni ilé emí: mi casa.
Nijojo: en cueros.
Nijumo: inteligente, talento.
Nikaka: algo que está al revés.
Nikán kokán: corazón malvado.
Nikanu: malo, malévolo.
Niké: nombre de "hijo" de Changó.
Niki niki, (Osaín niki niki): Bueno, que ampara y protege, (Osain concédenos tu protección).
Nikirío: manzanilla.
Nikoko: cerrado, lo que se cubre.
Nilu: pueblo.
Nimó: inteligente, sabichoso.
Nini: aquel.
Niogure: chiva.
Nioka: culebra, jubo.
Nireye: engañador, mentiroso.
Nirono: "persona que piensa mucho. De fundamento".
Nisale: debajo, (omí nisale, por debajo del agua).
Ni sé güimí mó mó: aunque criollo entiendo lo que hablan. "No lo cogen de bobo".
Nisetié: jicarilla.
Nísí: nadie.
Ni sí: ahora, en el tiempo presente.
Nisi koní: no se ocupe más de eso.
Nisí lo óko: atienda su plantío.
Nisi omó iyala: cuida al nietecito.
Nitoro Obirí logún Ibadán: "Por una mujer se perdió un pueblo. El pueblo se llamaba Ibadán".

N

Niula: nombre propio.
Niwé: sabana.
Niworo: pueblo.
Niyá: calamidad, desastre.
Niyará: cuarto.
Niyaro: aparecido, fantasma.
Niyé: sapo.
Niyere yé yé...: afamando, halagando, "elevando" a los orishas.
No:. echar fuera, quitar, botar. (oro nó tó no— se dice en muchas plegarias; que los dioses terminen, limpien, el mal que amenaza o que se padece).
No gué re: sin tarros.
Noké: arriba.

Ñádudu: Negro que vino en el barco negrero.
Ñajó: nombre del orisha Naná.
Ñale léke: collar.
Ñale: baile.
Ñamuñamú (ñámi, ñami): mosquito.
Ñangalé: ceremonia en la que se saluda a Oloní, en la primera claridad del día.
Ñaña: madre.
Ñara ñara: relámpago.
Ñikonadié: huevo de gallina.
Ñiriro: con fundamento, formalidad.

O: si.
O: tu.
Oalóya: plaza, mercado.
Oale: madrugada.
Oba: vaca.
Oba: orisha, esposa legítima de Changó.
Oba: orisha, catolizado Santa Rita o Santa Catalina.
Obá bi: nombre de "hijo" de Changó. "Rey engendrado por Changó". "Nació Rey".
Obacherúmola: nombre de Egun o difunto.
Obachóilú: jefe de la Policía.
Obadi meyi: nombre de "hijo" de Changó. Rey dos veces.
Obadina: "Rey del camino".
Obadina: aduanero.
Obado: mayor en categoría.
Oba eiyé: pavo real.
Oba feitisá: abogado.
Obá ferí: barbero, (en el Asiento).
Obafunike: nombre de "hijo" de Changó.
Oba funkó: nombre de "hijo" de Changó.
Ōba guirielu: nombre del orisha Oba.
Obáibo: "Dios en persona". Ojo de la divina providencia.
Oba ikomeye: nombre de "hijo" de Changó.
Oba ikuro: "el rey cambia".

O

Oba ikuro: palabras que dice el adivino cuando se presenta el dilogún en la situación de Obara (6); significa que el rey no dice mentira, "pues Obara no mintió". (Ikuro, según un viejo informante, se refiere a cambio, mutación).

Oba ilé: el rey de la casa, el Jefe mayor.

Obailo: nombre del orisha Obatalá.

Obailó: alcalde.

Oba kanén gué eríaté: se dice cuando el dilogún cae en la posición de Eyeleunle (8), "Un sólo Rey gobierna".

Oba keré: Eleguá, representado por una estatuilla de madera.

Obakolona: amo, dueño.

Obákoso: relámpago.

Obákoso: Rey de Koso. (Changó).

Obalabí: Obatalá, catolizado Santa Rita de Casia.

Obalę: comadre.

Obale: nombre propio.

Obaleti:. nombre de "hijo" de Obatalá.

Obali: nombre propio.

Obálimí: nombre de "hijo" de Changó.

Obálina: nombre de "hijo" de Changó.

Obalubé: Changó, rey.

Oba lúbe kilonfé mo ré alaore nke iyá: se le canta a los grandes santeros, cuando van a saludar el tambor; "Estamos agradecidos al rey Príncipe, adoramos al Santo Mayor, que nos da su protección y nos libra de mal".

Obalún: "gente del otro mundo".

Obalúnko: caballo.

Obámoró: Orisha, catolizado Jesús de Nazareth.

Obámoró: un Obatalá guerrero.

Obán: general.

Obaní: mate

O

Obanidaro: la persona falsa.
Obaníféne: persona que no quiere a nadie.
Obanigüé, (obaniwé): "Rey de sabana".
Obaniyé: venado.
Obán kolé larío: nombre de "hijo" de Changó.
Obánkulé: aura tiñosa.
Obanlá: Obatalá femenino, catolizado La Purísima.
Obán wala: Rey que ya no bebe. (Es el nombre que lleva un hijo de Obatalá que fué iniciado para que perdiese, con el favor de dios, el vicio de la bebida).
Obaña: orisha, hermana mayor de Changó.
Obáñeñe: Orisha, hermana mayor y madre de crianza de Changó.
Oba olocha: santero de gran categoría.
Obara: nombre de Changó y signo o letra del dilogún, representa do por seis caracoles vueltos hacia abajo. Aconseja el modo de conjurar la ruina que le predice al consultante, los engaños de que será víctima, y le anuncia que ha de recibir a Orunla. Es odu de los llamados menores.
Obara aguri: odu, signo de Ifá.
Obara bobé: odu, signo de Ifá.
Obara dí: odu, signo de Ifá.
Obara dimol: odu, signo de Ifá.
Obara fún fún: odu, signo de Ifá.
Obara kaná: odu, signo de Ifá.
Obara kuchi: un nombre de Obara.
Obara Obara Bakiña: Elegua.
Obara oché: odu, signo de Ifá.
Obara okana: odu, signo de Ifá.
Obara roso: odu, signo de Ifá.
Obara urefá: odu, signo de Ifá.
Obara tuá: odu, signo de Ifá.
Obara trupán: odu, signo de Ifá.

O

Obara yéku: odu, signo de Ifá.

Obari: nombre de "hijo" de Changó.

Obatá: chanclas.

Obatá: zapatos.

Obatalá: orisha, catalolizado Nuestra Señora de las Mercedes.

Obatalá dawá otí bowó ilú: Obatalá fue al pueblo y repartió aguardiente.

Obatalá dá wá otí gbóbó ilú: Obatalá repartió bebidas en todo el pueblo.

Obatalá egbó mi: Obatalá me oyó.

Obáteki: nombre de "hijo" de Changó.

Obátekú: nombre de "hijo" de Changó.

Obá tiké: toque de Ochosi.

Obató: zapato.

Obá tolo mana Nanaburukú oba tolo mina dahome, mi tolo mana wé Oba tolo mina dahomé yé: "Nanabulukú, es mina y dahome; como aura tiñosa blanca, tiene traje y adorno de pluma blanco, limpio. Va de mina a dajomí, como pájaro, donde la afaman".

¡Oba wó oba tó!: fórmula de cortesía para despedir a un amigo, a un visitante, "quiere decir que la visita se la recibe como a un rey, que cuando se va se le desea que le vaya muy bien".

Obayarí: nombre de hijo de Changó.

Obayé: saludo del Iyawó a su padrino.

Obayé ko baye abenté: ¡que importa que el mundo se acabe"!

Obayé kobayé abenté ilele iké ni eledá oro agwá osí ilé bayé: "Cuando muere el jefe de una casa, la familia se desorganiza, la casa se deshace". O "que me importa nada si los mayores de mi casa se han muerto".

Obayemí: Changó.

Obayimí: nombre de hijo de Changó.

O

Obayoko: nombre de hijo de Changó.
Obayu yoko: nombre de hijo de Changó.
Oba yúru: orisha, esposa de Changó.
Obé: cuchillo.
Obé: herida.
Obé afeleyé: machete.
Obé bara: "cuchillo que mata".
Obéde obéde igui gán kán: rajando leña.
Obédo: verde y lo que es verde, como lechuga, césped, etc...
Obée, (abere): aguja.
Obe fún: odu, signo del Dilogún y de Ifá.
Obé gunté kolowó de: odu, signo de Ifá.
Obeí kobé: jícara.
Obeka: odu, signo de Ifá.
Obé kuán: trabajar, cortar con cuchillo.
Obé oché: odu signo de Ifá.
Obé omi erán: caldo de carne.
Obé opá: hoz.
Obeo té obé dandé dandé: odu, "camino" de Ifá.
Obere: grande, fuerte, de verdad.
Obere: preguntar, averiguar.
Oberikó: cuero del animal sacrificado al orisha.
Obésebí: fracaso, malograrse.
Obésebí lo erí: fracasar por culpa de la cabeza.
Obé sogo: cuchillo.
Obetumo pan: odu, signo de Ifá.
Obetú moró: odu, signo de Ifá.
Obeyenu: odu, signo de Ifá.
Obéyo: cuchillo tinto en sangre.
Obgún, (orón): cuello.
Obí: rogar, rezar.
Obí: coco.

O

Obí aréo: "Ruego que sea para bien", dice el adivino cuando tira los cuatro pedazos de coco con los que se consulta corrientemente a los orishas.

Obiaya: coquito sagrado.

Obíeyo: novia.

Obi guéñe: "Ruego que se lleve lo malo", dice el adivino, cuando arroja por segunda vez los cuatro pedazos de coco con los que se consulta corrientemente a los dioses.

Obikan ilú: "pedir la bendición de los santos titulares".

Obí kolá: nueces de kolá importadas de Africa para la ceremonia del Asiento o iniciación en Ocha.

Obí kuela: palmiche.

Obí masa: cuchara.

Obi meye: los dos cocos de una rogación.

Obi motiwá: café.

Obiní: mujer.

Obiní bíku obiní bofó obiní béyo obiní biyá úta: ruego para consultar el coco.

Obiní chichara: mujer chocha.

Obiní dodo: se le dice a Oyá.

Obiní kó dára bayé: mujer que tiene el seso trastornado.

Obiní kusa: odu, signo de Ifá.

Obiní ló bí: mujer que da a luz.

Obiní lorá: mujer gorda.

Obiní loro Oyá: mujer rica es Oyá, dueña del oro.

Obiní mi ano lati osu keta: mi mujer está enferma desde hace tres meses.

Obiní mogwá fumi iyo ereke: mujer, dame azúcar.

Obíni nikoko: querida, amante.

Obiní ñáña: afeminado.

O

Obiní obino: mujer valiente, decidida, (como Oyá).
Obiní oburu: mujer fea.
Obiní oko yopo: pareja de hombre y mujer.
Obiní omibó: mujer recién parida.
Obiní opó, (obini ikú): viuda.
Obiní rere: buena mujer.
Obiní rewá: mujer linda.
Obiní súbá: amante, querida.
Obiní tí dara!: "Tu mujer está buena".
Obiní tóyo: afeminado.
Obiníya: esposa y madre.
Obino: colérico, enojado.
Obio, (ibába): cobre.
Obió bayadé: insulto, (a esta injuria se responde: Biokuiyá).
Obí ocha: rogarle a los orishas.
Obio kuta, (abeokutá): "una tierra o nación".
¿Obí omí tutu?: el babaocha que consulta el dilogún para un devoto, pregunta si el orisha se contenta, para ayudarle, con una ofrenda de agua fresca y de coco.
Obí omí tutu ebó chiré: ofrenda de un poco de todos los alimentos habituales.
Obioyái, (óbo iyá tí): injuria muy soez.
Obíreko, (obiréikú): "Coco que despacha al muerto".
Obireko: coco que se coloca en el suelo en el momento de sacar del cuarto de los orishas el cuerpo de la bestia que ha sido sacrificada.
Obiríjana: "churriana, bayusera", ramera.
Obirikiti: cada uno de los círculos de color que le hacen en la cabeza al iniciado.
Obiri kuan mí lá wenté enyé óbe yo peleru: "Mujer, lo que yo quiero es realizar el acto carnal".
Obirí ogún: mujer varonil que pelea.

O

Obitale: hablar bien.
Obitéle: "comadrona de oficio", graduada.
Obitemí: pariente.
Obo: órgano sexual femenino, lo que es femenino.
Obo: guanábana.
Oboada: meretríz.
Obo: la solitaria.
Obó angúnya: respuesta a la injuria (obioyaí).
Obode: "muchacha bonita, apetitosa".
Obó iño: caracoles.
Obo iyá tie: injuria, insulto a la madre de la persona a quien se dirige esta frase.
Obo lowó Olorún: "todo lo dejo en manos Dios".
Oobo o: mono.
Obo okó: hermafrodita.
Oboloyú: que no tiene más que un ojo.
Oboñí kekereo: los tres pedazos del rabo, (del animal que se sacrifica al Orisha).
Oborí: gordo.
Oborí: pase.
Oboro: invertido.
¡Oborúo!: "a bailar, a rumbear".
Obosí: donde.
Oboyá: gato.
Oboyudé: se les dice a las prostitutas viejas.
Oboyuro: monte.
Obú: sucio.
Obuko: escándalo por inmoralidad.
Obúko: chivo.
Obún: asqueroso.
Obunibúo: iguana.
Oburo: mañana.
Oburo: cohate o colonia.

O

Oburú boyá: se dice para saludar a los que tienen "media mano de Orula".
Oburuko: naranja.
Obutuyé: piñón.
Obuyé ayá: mordida de perro.
Ocha Bi: nombre de "hijo" de Yemayá.
Ochabí: hijo de Obatalá, "cabeza grande", personaje.
Ocha eré: manto de la Virgen.
Ochagriñá: orisha, catolizado San José, "el viejo".
Ocha kuá ribó: esto dice el adivino cuando el dilogún cae en la situación Eyioko y Oché; significa alteración, confusión, motivada por el orisha.
Ocha kuaribó: "revolución producida por los Santos".
Ochalufón: orisha, Obatalá, catolizado, El Santísimo. "Pacífico".
Ochamalé: arco iris.
Ochanki: Eleguá.
Ochanlá: "el mayor de los Obatalá".
Ocha oko: nombre del orisha "dueño" de la tierra, de las labranzas y del ñame, catolizado, San Isidro Labrador.
Ochá relú kele sóso oní Yáguna: el orisha Yáguna o Ayáguna, —un Obatalá— catolizado San José. De carácter guerrero.
Ochareo: redaños del carnero sacrificado al Orisha.
Ocharí: Obatalá.
Ocha waribó: reverenciar al orisha, hacerle ebó.
Ochayebí: nombre de "hijo" de Yemayá.
Oché, (oyé): cetro de madera de palma y cedro terminando en dos puntas agudas, o en forma de doble hacha, atributo de Changó orisha.
Oché: odu o signo menor del dilogún. Cuando "hablan" cinco caracoles. Anun-

cia que el consultante deberá mudar de casa y propiciarse por medio de un ebó el favor de la diosa Oshún, a quien está consagrado el número 5 y los múltiplos de cinco.

Oché: lavar.
Oché: jabón.
Oché: jabón del Asiento, hecho con yerbas.
Oché di oché di oché: odu o signo de Ifá y del dilogún.
Oché Ereté: odu, signo de Ifá.
Oché eyeúnle: odu, signo de Ifá y del dilogún, (5 y 8).
Oché fún: odu, signo de Ifá y del dilogún, (5 y 10).
Oché ka: odu, signo de Ifá.
Oché kadá: odu, signo de Ifá.
Oché leud: odu, signo de Ifá.
Oché loud: odu, signo de Ifá.
Oché mí: me faltas.
Ochenú: clavo.
Oché ojuaní. (oché maké): odu, signo de Ifá.
Oché oyeku: odu, signo de Ifá.
Oché tulo: odu, signo de Ifá.
Ochibatá: nelumbio.
Ochíché: cocinar, trabajar.
Ochiché panchaka: de oficio ramera.
Ochigüere: chiflado.
Ochile: hijo.
Ochínchín: manjar de camarones, alcaparras, acelgas y tomates. Es ofrenda para Oshún, (también para Yemayá, agregándole olélé).
Ochúruo okuni: testículos del animal, chivo, novillo o carnero que se sacrifica al orisha.
Ochíwere: loco.
Ochíwichiwí: loco.

O

Ochobá: el mensajero, u onché, que está preparado por el olorisa para ir al monte a buscar yerba y pagarle a Osaín su derecho.

Ocho bá Inle aladó yá má osá Inle: cuando el "ochobá", mensajero, va al monte (de Osaín) mandado por Inle a buscar yerba.

Ocho kué: granizo.

Ochó ná maelo: especie.

Ochón kuerí: plantillero, presuntuoso.

Ochosi: Orisha cazador, médico y adivino. Ayudante de Obatalá. Una flecha lo representa.

Ochosi adebí: nombre del orisha Ochosi.

Ochosibí: nombre del orisha Ochosi.

Ochosi guruniyo: nombre del orisha Ochosi.

Ochosi odé: nombre del orisha Ochosi.

Ochosi odedé: nombre del orisha Ochosi.

Ochosi ode mata: nombre del orisha Ochosi.

Ochosi tafa tafa: Ochosi, el cazador disparando sus flechas.

Ochu, (osú): raspada que se hace en la cabeza del asentado para ponerle los cuatro secretos: Obikolá, Erú, Tuché y Osú.

Ochú: mes.

Ochú: látigo.

Ochukú: meses.

Ochukuá: luna.

Ochukúaka: luna llena.

Ochukuá lé okun: la luna en el mar.

Ochu kwamoko: luna llena.

Ochú kwapipó: luna llena.

Ochulé, (osuré): luna nueva.

Ochú malé: arco iris.

Ochú meyilá: año.

Ochú miri: flor de agua.

O

Ochuní: Eleguá.
Ochupá: parida.
Ochúpa, (ochuwá): luna.
Ockuá: taza bola en la que antaño se guardaban las piedras sagradas.
Odá: derramar.
Odá: campo, pradera, "placer".
Oda: chivo.
Odá, (odara): bueno, saludable, muy bueno.
Odá: bien. Sí.
Odafo imú gogo meyi: "dos narizones no se pueden besar".
Odagburo: que amanezca bien.
Odaibo: hombre blanco.
Odakeón: regular.
Odán: campo raso.
Odán (odane, odari): adorno de Oshún.
Odán: chivo grande. (Para sacrificar a Oshún y a Agayú. Deben ser capones).
Odániko: cocotazo, castigo, —por haber hecho lo que no se debe.
Odánikó: pegar duro.
Odano: alumbrar, alumbra.
Odano: cocuyo.
Odáno: virar, tumbar. (Changó odáno; tumba, derriba).
Odara: limpio.
Odara bikadera: mujer bonita.
Odara, (dara): que está bien, que gusta, que está bueno.
Odarí: bueno.
Odara lo nbún: simpática.
Odayara: sábana.
Odayara: cortina.
Odé: cerrar.
Odé: cazador.

O

Odé: cacería.
Odé: loro.
Odé, (lodé): calle, afueras.
Odé: fuera de la casa.
Odechina: nombre propio.
Odédé: nombre de "hijo" de Ochosi.
Odedé: pecho.
Odedé l'omú oguón guá obini fún ilé orisha: Odedé ha traído a la blanca a casa del Santo.
Odéligui: pañuelo.
Ode luawula: baño en el río.
Odemasé: madre de Changó.
Odé mata: el cazador Santo, (Ochosi).
Odemora: "El Eshu del momento, sirve lo mismo para hacer el bien y el mal.
Odena: Eleguá vigila el camino.
Odení: nombre de hijo de Obatalá.
Ode okó mi, ofé pípo eléguedé: "Mi marido, afuera hay muchas calabazas".
Odere simi: nombre de "hijo" de Yemayá.
Odi: significa cuanto es malo; enfermedad, muerte, susto, chisme, curiosidad, vicio, infamia.
Odi: signo del dilogún que corresponde a siete caracoles vueltos hacia abajo. Es un odu de los llamados menores. Anuncia traición y enfermedad de estómago, y el modo de recuperar, el consultante, un objeto perdido.
Odi: norte.
Odi: amarrar, lazo, encantamiento.
Odi: aceite.
Odidé: loro.
Odidón: dulce.
Odigagá, (odigógó): se dice cuando el dilogún presenta el signo Odi (7), "Odi significa maldad —gágá—, cerca; (próximo,

O

junto), "pero dice que dos personas no hacen las cosas bien". (Sic).
Odi meyi: odu, signo de Ifá.
Odi meyi: dos veces.
Odi meso: nueve.
Odimó: agarró, amarro.
Odín: Obatalá.
Odiro: de pie, (en pie).
Odi yo mí: hasta otro día.
Odíyo mío: bien.
Odi yumí: adios.
Odí yumí omo mí: Adios, mi hijo.
Odo: agujero.
Odo, (odon): río, arroyo.
Odó, (odon): pilón.
Odo Asesún: avatar de Yemayá.
Odobale: saludo.
¡Ododí!: ¡jamás!
Ododí: hermafrodita.
Ododín: prodigiosa.
Ododó: flor.
Ododo: se refiere a Obatalá, "que haga justicia".
Odódo: algodón.
Odéguá: testículos.
Odogúnla:. "río profundo donde vive Einle".
Odo jijo: arroyito.
Odokué, (módukué): gracias, agradezco a usted.
Odó lá: mañana (Odolá mowí kari Orisa. "Mañana voy a matar, cantar y celebrar a los Santos").
Odo lano: pasado mañana.
Odó lósa: hasta mañana.
Odomí: nombre de hijo de Yemayá.
Odo mi tuto: agua fresca de río.

235

O

Odoro, (adofí): "gandinga" (vísceras) del animal que se sacrifica a los orishas.

Odo, (edu): hígado.

Odo sán: el río corre.

Odoún: "hijo" de Obatalá.

Odu: "Los hermanos de Orúmbila". Nueces de cola. Signo o situación de los caracoles y semillas en la adivinación por medio del dilogún y del Okuelé". Suele llamárseles también "caminos".

Odu: se dice cuando el caracol cae en la situación Eyeunle y Oché; significa mentira, revolución.

Odúa: orisha, "el más viejo de los Obatalá", catolizado, San Manuel.

Odú: chimenea.

Odúa Funké: nombre de "hijo" de Changó.

Oduara, (Eduaro): piedra de rayo (de Changó).

Oduaara: nombre de hijo de Obatalá.

Oduaremo ese méfa: "el hijo de Obatalá que nace con seis dedos".

Oduaribí: nombre de hijo de Obatalá.

Odúarikú: nombre de "hijo" de Changó.

Odubale: hacer reverencia.

Odubele: nombre de un Eleguá a dos caras, como Jano, y un solo cuerpo. Este Eleguá se talla en madera de cedro y se viste con una camisa roja de un lado y negra del otro. Pantalones rojos, sombrero de yarey y un garabato en la mano. Recibe las ofrendas dobles, de espalda y de frente.

Odubó: barrio, vecindario.

Odubule: acostarse a dormir, dormido.

Odufará: Obatalá.

Odúfondá: nombre de hijo de Obatalá.

Odukuá: ají.

Oduko: boniato.

O

Odumare: cielo. Dios.
Odun: . nombre de hijo de Obatalá.
Odún: está dulce.
Odun: año.
Odún: trescientos.
Odúndún, (edudú): planta vulgarmente conocida por prodigiosa.
Odúyafún: vellos de la pelvis.
Odúyeke: nombre de "hijo" de Changó.
Ofá: flecha.
Ofá: álamo.
Ofaerí: pelado, afeitado.
Ofarí: pelar, afeitar.
Ofasé lo egón: estirar las piernas.
Ofé: loro.
Ofé mí: mírame bien, enséñame.
Ofé ni obá feni mójayu simi ni moya erié: "no te metas conmigo que te corto la cabeza".
Oferé: platanillo de Cuba, (para rogaciones a Changó).
Oferefé: aire, atmósfera, brisa, cielo.
Ofereré: azul.
Ofereré: pito de caña brava con varios huecos. "Le pertenece a Eleguá. (Por lo que en las familias en que hay niños, estos no pueden silbar"). Kuario: sonido del pito consagrado a Eleguá.
Ofereré omó orisa: Hijo querido del orisa (Changó). De un canto.
Ofeso, (ofefeso): subir.
Ofetí le ofé: fijese bien.
Ofí: pozo.
Ofinjá: manera de pensar o de vivir.
Ofó: destruir, "aniquilar lo malo".
Ofo: flecha.
Ofó: sucio.
Ofó: luto, duelo.

O

Ofó: bochorno, verguenza producida por una causa lamentable o trágica.
Ofo achó: traje de luto.
Ofoché: polvos para maleficiar.
Ofódá: mal, maldad.
Ofodá: que no sirve, malo.
Ofodá: desgracia.
Ofofó: chismoso.
Ofón: garganta.
Ofónfón: mentiroso, que habla mucho y no dice la verdad.
Ofó osobo ikú: "la vergüenza rechazó el bien". (Lema de signo de verguenza, desgracia, muerte).
Ofotá: nube en el ojo, catarata.
Ofotale, (Ofotele): hablar mal.
Ofó telé obí telé: "para lo malo hay lo bueno".
Ofóyú: ojos cerrados.
Ofoyú: ciego.
Ofoyú dé: bajar los ojos.
Ofoyú eledá:. bajar la frente.
Ofóyutí: indecente.
Ofú: apretar.
Ofú: dar.
Ofú mi: dame.
Ofún: álamo.
Ofún: polvo.
Ofún: signo del dilogún que corresponde a nueve caracoles vueltos hacia abajo. Anuncia al consultante la proximidad de la muerte y la hostilidad de Eledá que quiere matarlo. Al mismo tiempo presagia dinero.
Ofún Bara: odu, signo de Ifá.
Ofún Dabé: odu, signo de Ifá.
Ofún dále: palabras que dice el adivino, cuando lee el signo u odu que vaticina enfermedad del vientre. Se toca el vien-

O

tre y sopla después sobre sus manos. El consultante y los presentes lo imitan. (Gesto de rechazar la enfermedad).

Ofundi: odu, signo de Ifá.
Ofún fondá: odu, signo de Ifá.
Ofún iroso: odu, signo de Ifá.
Ofún janu: enséñele.
Ofún kaná: odu, signo de Ifá.
Ofún kó: odu, signo de Ifá.
Ofunilara: envidioso.
Ofún mafún: odu, que corresponde al número diez del dilogún.
Ofún mewa: odu de los llamados mayores.
Ofún rete: odu, signo de Ifá.
Ofún sá: odu, signo de Ifá.
Ofún tualé: odu, signo de Ifá.
Ofuó: álamo, hojas de álamo, (para omiero de Changó).
Ofuri, (ofari): pelado.
Ofurufú: cielo.
Ogá: soga.
Ogá enikeré: hombre valiente, que se le respeta y se le quiere.
Ogán: gancho.
Ogbá: patio con flores.
Ogbé: partir.
Ogbé bí tuku loni erú: dejaron al negro como muerto.
Ogbó: viejo.
Ogbó: la soga.
Ogbogbó ilú: todos los de la ciudad.
Ogboni: uno que sabe.
Ogbón: treinta.
Ogboní okó: un hombre gordiflón.
Ogbó yéyé: lechuga.
Ogbóyúro: monte, maniguazo.
Ogbu loyá: fué a la plaza, al mercado.

O

Ogegé: casabe.
Ogó: Eleguá.
Ogó: muy señor mío.
Ogó: claro está.
Ogó, (obó, owó): dinero.
Ogodágodó: fuerte.
Ogodó: tákua, "Changó de Tapa". (Changó de tierra Tapa o Tákua).
Ogodó makulenkue ayá lá yi akatajerí jékua: título del Changó de Tákua.
Ogoduro: nombre de hijo de Changó.
Ogó efusé: caimito.
Ogolí: derecha.
Ogolo: jarro.
Ogongo: avestruz.
Ogorín: ochenta.
Ogorum: cien.
Ogosán: ciento ochenta.
Ogotá: sesenta.
Ogoyé: ciento cuarenta.
Ogoyí: cuarenta.
Ogoyó: ciento sesenta.
Oguado: guataquear, cavar.
Oguála: la estrella de la tarde.
Oguaní: odu, signo del dilogún que corresponde a doce caracoles vueltos hacia abajo, anuncia reyerta con intervención de la justicia e invalidez causada por un mal venéreo. Disgusto matrimonial. Revela que un muerto de la familia del consultante, desea una misa y está molesto por causa de ese olvido.
Oguani alá ketu: odu, signo de Ifá.
Oguaniché: odu, signo del dilogún e Ifá.
Oguani chika: odu, signo de Ifá.
Oguani chobé: odu, signo de Ifá.
Oguani dasalá: odu, signo de Ifá.
Oguani gasa: odu, signo de Ifá.

O

Oguaní gúoche: odu, signo de Ifá.
Oguani meye: odu del dilogún e Ifá.
Oguaní ochobí: odu, de los llamados menores del dilogún (11).
Oguaní oguofí: odu, signo de Ifá.
Oguaní oyé e: odu, signo de Ifá.
Oguaní pakón: odu, signo de Ifá.
Oguaní reto: odu, signo de Ifá.
Oguaní roso: odu, signo de Ifá.
Oguani turup: odu, signo de Ifá.
Oguaní oguada: odu, signo de Ifá.
Oguara: el más fuerte.
Oguatí: botella.
Ogúdi: cuarenta.
Ogué: orisha, representado por un cuerno, (catolizado San Blas).
Ogué: cuernos. (De venado si acompañan a Ochosi).
Ogué dé: lo agarró.
Oguedé: plátano.
Oguedédé: plátano maduro.
Oguedé güere (o were): plátano manzano.
Oguedé iwá á: plátano.
Oguedé kúedo: plátano macho.
Ogué dé mi: acompáñame.
Oguedé urú: plátano verde.
Oguedí: tumbar.
Ogué miní: me ayudó, (en términos de santería).
Ogué mi niña: me ayudó en una guerra.
Ogué ogué: orisha representado por dos cuernos.
Oguere: muñeco.
Ogüero: jabón.
Oguétikuá: plátano manzano.
Ogué tiyo: penis.
Ogúgú, (ogúngú): yagrumo.

O

Oguiñá: un nombre del orisha Ayáguna o Yáguna. (Catolizado San José).

Oguíri: muro. Paredes.

Ogúkobániko ogué nuko bé amoré yeyé: palabras con que la diosa Oba llamó a Changó desde su casa, cuando éste se hallaba con Oshún.

Ogún: polvos maléficos.

Ogún: guerra, guerrero.

Ogún: veinte.

Ogún: orisha, dueño de los hierros y de la guerra. Catolizado San Pedro y San Pablo y San Juan Bautista.

Ogún: brujería.

Ogún: sudor.

Ogún aba katatá: nombre de "hijo" de Ogún.

Ogún achibirikí: Ogún, catolizado San Miguel Arcangel.

Ogún admó: nombre de "hijo" de Ogún.

Ogún akuási kuasi: nombre de "hijo" de Ogún.

Ogún alaguedé: Ogún el herrero.

Ogún alailúo: nombre de Ogún, catolizado San Gabriel.

Ogún amó: nombre de Ogún.

Ogún ara: nombre de Ogún.

Ogún arere: catolizado San Pedro y San Pablo.

Ogún arére: Ogún, el jefe de los guerreros.

Ogún aréré alawó odé mao kokóro yígüé yigüé alóbilowa: palabras en elogio de Ogún, que hace temblar con las llamas de fuego que salen de su escopeta y admira a todos cuando aparece.

Ogún atamatesi: nombre de Ogún.

Ogun Bara: nombre de "hijo" de Ogún.

Ogún Beleko: nombre de "hijo" de Ogún.

O

Ogún Bi: nombre de "hijo" de Ogún.

Ogún Bichúriké: el Orisha Dueño de los Hierros.

Ogún Chibiriki: el Ogún que lleva a las gentes a presidio.

Ogún choro choro eyé lé de karo: cuando se atraviesa con el cuchillo el pescuezo del animal y comienzan a caer las gotas sobre las piedras sagradas. ("Ogún está haciendo una cosa difícil, choro choro; la sangre está cayendo").

Ogunda: carnera.

Ogunda: signo del dilogún, cuando "hablan" tres caracoles. Es odu de los llamados mayores.

Ogunda bedé: odu, signo de Ifá.

Ogunda bón: odu, signo de Ifá.

Ogunda ché: odu, signo de Ifá.

Ogúndadé: nombre de Ogún.

Ogunda dín: "Fuimos por un camino, a la ida nos fué bien y a la vuelta nos cagaron". Oshún cantó, "ogunda din ogunda din".

Ogunda fun fun: odu, signo de Ifá.

Ogunda guobi: odu, signo de Ifá.

Ogunda ka: odu, signo de Ifá.

Ogundá keté: odu, signo de Ifá.

Ogunda lerín: odu, signo de Ifá.

Ogunda loké: odu, signo de Ifá.

Ogunda masa: odu, signo de Ifá.

Ogunda roso: odu, signo de Ifá.

Ogún Dási: nombre de "hijo" de Ogún.

Ogunda trupán: odu, signo de Ifá.

Ogunda trupó: odu, signo del dilogún e Ifá.

Ogunda tuá: odu, signo de Ifá.

Ogunda yekú: odu, signo de Ifá.

Ogún dé: nombre de "hijo" de Ogún.

Ogún epá: nombre de "hijo" de Ogún.

O

Ogún eránóko: zarza.
Ogún Femité: nombre de "hijo de Yemayá".
Ogún fú: nombre del orisha Ogún.
Ogún fu mitó: nombre de hijo de Ogún.
Ogún guerí-guerí: nombre de Ogún.
Ogún ibité: nombre de hijo de Ogún.
Ogún íya fayo fayo: Ogún acaba con todos en la guerra.
Ogún kabú kabú, (o kobú kobú): "Ogún es muy grande", título elogioso que le dan los fieles.
Ogún Kota: nombre de "hijo" de Ogún.
Ogún Kuleko: nombre de Ogún.
Ogún Kueleko: el Orisha Dueño de los Hierros.
Ogún Laibé: nombre de Ogún.
Ogún Lamá: nombre de Ogún.
Ogún Leti: nombre de Ogún.
Ogún Léyi: nombre de "hijo" de Ogún.
Ogún Lodé: nombre de "hijo" de Ogún.
Ogún Meye: nombre de "hijo" de Ogún.
Ogún Miló: nombre de "hijo" de Ogún.
Ogún Mité: nombre de "hijo" de Ogún.
Ogúnniká: Ogún colérico, en la guerra acabando con sus enemigos. Brujería mortal.
Ogún Niké: nombre de "hijo" de Ogún.
Ogún Nile: Ogún, catolizado San Juan Bautista.
Ogún Obániyí, (Ogún oguániyi): título honorífico que se dá a Ogún.
Ogún Ofaramulé: el Orisha Dueño de los Hierros.
Ogún Ogúdeka: "es un Ogún Babalawo".
Ogún Ogúnbi: el dios Ogún, dueño de los Hierros.
Ogún Oka: nombre de "hijo" de Ogún.

O

Ogún Olúe: nombre de hijo de Ogún.
Ogún Onile: nombre de Ogún.
Ogún Orá: nombre de hijo de Ogún.
Ogún owá ilé: el soldado fué a su casa.
Ogún peripé: odu, Ogún habla claro cuando habla.
Ogún re legó: nombre de "hijo" de Yemayá.
Ogún tá: Ogún dispara un tiro.
Ogún talué: nombre de "hijo" de Ogún.
Ogún Tolú: nombre de hijo de Ogún.
Ogún wámá: nombre de "hijo" de Ogún.
Ogún yé: Ogún come.
Ogúñale: comida, ofrenda de vísceras.
Ogúñale didé: ko wá bu dí eyé: no quiero comer sino sangre. Letra de un canto para Oyá.
Ogüó: manos.
Oguódemi: me acompaña.
Oguoílo kan, (owó ilo kan): peso plata.
Oguo ló nani, (owó lo nani): ante ellos.
Oguón: ganso.
Oguóna, (owona): muñeca.
Oguón tún dubule titi akukó guá ko: la gente se acuesta a dormir hasta que canta el gallo.
Oguóso: cogió.
Ogure, (ogurián): melón.
Oguro yónu: espíritu burlón, mortificante.
Oguro yonú: majadero en el otro mundo.
Oguro yó yú, (oguru yomí): pretencioso.
Oguru, (ogurúdo): majadero.
Oguru yomí: atrevido.
Oguru yonú, (oguro): revolucionario, trastornador.
Oguru yule: majadero en la casa.
Ogután, (ogutá): carnero.
Ogutá nile ebó niyé okumaó ogután niya okumá: "El ebó de carnero es el más grande (valioso) que se hace".

O

Ogután nila: carnero gordo, bien cebado.
Oguté: Yemayá; nombre que se da a la diosa en una de sus manifestaciones y "caminos". (La que come carnero).
Ogutó: izquierda.
Ogúyomí: nombre propio.
Ogwá ilú: se fué al pueblo.
Ogwé: condiciones.
Ogwí: "un orisha como Obatalá". Oyó, probablemente.
Oibán: rey.
Oibó: el dueño del ingenio. El mayoral.
Oibo áyó: tierra de blancos.
Oibó: blanco.
Oibó oguánagó: el único blanco.
Oibó otiguéra: blanco enclenque, vacilante.
Oiná: nombre de "hijo" de Changó.
Oisá: orisha.
Ojé: mariquilla, mariquita.
Ejédé: uno.
Ojó, (ijó): agujero.
Ojó ón: lengua.
Ojoro, (o ejoro): conejo.
Ojuaní chober: número once del Dilogún.
Ojún: él.
Ojún nlo: él se vá.
Oka, (oka eti): arete.
Oká: maíz.
Oka bi be gu gu togwá oka bi to ló ru yo lerí: "(Soy más cantador que todos en la fila". Canto de puya para cuando se canta en el cabildo. Otro la recoge y responde).
Okabléba: millo.
Okaeru: esclavitud.
Okakó: hipopótamo.
Okán: uno, un hombre.
Okán: peso plata o billete.

O

Okán: corazón.

Okán: bejuco, enredadera.

Okana: Oddu o signo que corresponde en el dilogún al número 1. Es decir, "habla un solo caracol", y es signo peligroso, de mal augurio.

Okanabá mina popó: Orisha mina popó. (Changó).

Okanabá Omíle mina popó: Nombre de un "Santo" u orisha mina popó.

Okana ché: odu, signo de Ifá.

Okana chocho: uno solo.

Okana fún fún: odu, signo de Ifá.

Okana di: odu, signo de Ifá.

Okana guete: odu, signo de Ifá.

Okana iléku: odu, signo de Ifá.

Okana ji ji: odu, signo de Ifá.

Okana ká: odu, signo de Ifá.

Okana meyi: odu, o signo del Ifá.

Okánani: "el mejor amigo", íntimo, allegado.

Okana ogunda: odu, signo de Ifá.

Okana sá, (okana osa): odu, signo de Ifá.

Okana sóde: el número 1 del dilogún. Odu de los llamados menores.

Okana sóde efún: signo de desgracia en la adivinación. ("el de la fosa está abierta").

Okana sóde oká okananí okana sóde: odu del Dilogun en que habla Eleguá, Ogún, Olofi y la Ikú, —la muerte—. Cuando se presenta este odu, los caracoles se meten en agua y poco rato después se sacan y se cubren con una jícara. Si una virgen se halla presente, es preciso que los pise ligeramente con el pie izquierdo, moviéndolos de un lado a otro. Debe preguntarse acto continuo si augura muerte o tragedia o si el augurio es "fresco", que no es de extrema gravedad. Y apenas

O

formulada la pregunta el adivino toma un trozo de carne cruda, lo unta de manteca de corojo y lo arroja a la calle, para que algún perro, —vehículo de Eleguá— se lo coma y suavice cualquier aspereza. Okana sóde meyi: repetición del signo de Okana; deben meterse en agua los caracoles de adivinar. Se lavan, se secan, y se les pone cascarilla de huevo. Se colocan ante la sopera que contiene al Orisha Obatalá y el agua en que se sumergieron anteriormente los caracoles se arroja a la calle. Se vuelve de revés la jícara, luego se la agita de un lado a otro y se levanta. Se le harán tres o siete rayas de manteca de corojo con cascarilla para que Eshú no vuelva a obstruccionar más la suerte.

Okana trupán: odu, signo de Ifá.

Okándilogbón: veintinueve.

Okán dilogún: diez y nueve.

Okán ele logún: veintiuno.

Okán fúke fúke: las palpitaciones del corazón.

Okánla: once.

Okánla: confianza, seguridad.

Okánle: malo.

Okanlélogbón: treinta.

Okanto mi: nombre de "hijo" de Oshún.

Okán tutu: corazón fresco, conciencia tranquila.

Okara: valiente.

Okawe: historia, cuento.

Oká wó: un caracol, —"como decir un centavo, porque el dinero en Africa son caracoles".

Okbale: acción de barrer.

Okbóko: un personaje.

Okboko, Olorogú, tóbi, tóbi, Onisese, Yiyebaloguó...: "los grandes de la tierra".

O

Oké: piedra grande blanca, atributo de Obatalá. Esta piedra suele colocarse ante el armario en que guardan los olórisa los "santos", (u orishas representados en piedras que contienen soperas o tazas) y los objetos del culto.

Oké: orisha; "resguardo de Obatalá". Dios de las montañas.

Oké: orisha, catolizado San Roberto.

Oké: dinero.

Oké: jagüey.

Oké: se le llama al niño que nace envuelto en zurrón. Su nombre secreto será Oké.

Oké: arriba, lo que está arriba, en alto.

Oké: montaña.

Oké aguané: la loma.

Okeké: alacrán.

Oké loké: a lo alto.

Oké meyi: cuarenta mil.

Okénla: montaña, loma grande.

Okeré: jutía.

Oke sí kwá: barrio.

Oketé: baúl, maleta, jolongo.

Oketé, (ekuté): jutía.

Oketé ígui: "jutía encaramada en el palo".

Okikán: poleo, (la planta).

Okikán: jobo.

Okíkí, (orikí, oyíki): alabar, ponderar, "afamar al santo".

Okíkío: dulce.

Okilán, (okuko ñikán): pino.

Okílápua: Príncipe de Brazo Poderoso.

Okín kibó: nombre de hijo de Yemayá.

¡Okiti kata!: nunca, al mentar el nombre de Nana-Bulukú se dejan de decir estas palabras.

Okitimó yóbo: vagina.

Okó: bote, barco, vapor, cualquier embarcación.

O

Oko: campo.

Okó, (okoni): hombre, marido.

Okó: testículo.

Okó bi ayé orisa óko aféfé kú óko bi ayé omá lara: "La tierra, —que es Orisaoko— lo da todo, pare, y se come todo lo que pare y dá".

Okóbiri: marido.

Okóbirí: mujer varonil, ("Yemayá okóbirí: Yemayá lo mismo es mujer que varón").

Okóbo: hermafrodita.

Okóbo: impotente; hombre que no tiene virilidad, hombre castrado.

Okóbo: vicioso.

Okó dié: huevo de gallina.

Oko efó: jardín.

Oko enia kan: tierra que no es de nadie, Realengo.

Okoerán: yerba de guinea. (Panikun maximun, Jacq.)

Oko erán, (elénga): espartillo.

Oko erán: sabana.

Oko erú: "Gente del tiempo de la esclavitud". La dotación (de negros esclavos).

Okó erún: la esclavitud.

Okó ete mi ochíché: mi marido está trabajando.

Okoga: curandero, médico.

Okogüé: escribiente.

Okó guiri: miembro viril. Acto sexual.

Okoibe: tren.

Okóiré: locomotora de ferrocarril.

Okó iwó onsú: "lo tengo acostado".

Oko kan la miguáyé oko kán la mi orún Iyá olomó orisa oyaré: Venimos a este mundo uno a uno, y uno a uno tenemos que irnos.

Okokó: pote.

O

Okó ló birí: marido, el marido de esa mujer.
Okó lo mí: mi querido.
Okolona: guajiro, campesino. Hombre de campo. Sitiero.
Okó omé: los testículos, (del carnero sacrificado al orisha).
Okú: nombre de abikú.
Okó nanigbó: lucumí.
Okóní: hombre.
Okoní lo abí: "Un hombre que tenía carta de libertad". (Horro, liberto").
Okó niyi: este hombre.
Okónkoló: el menor de los tres tambores batá.
Okón koro, (o konkoló): el tambor más chico de los tres tambores, que tocan en las fiestas lucumí.
Okón óno: encontrar.
Okonono ete mí okutá orisá: la piedra de mi orisha la encontré yo mismo.
Okóñanigbó: jicotea.
Okoreké: trapiche, máquina de ingenio de azúcar.
Okoré: su esposo, marido, hombre.
Okoro: santo, orisha.
Okoro: está amargo.
Okoró: huevo.
Okosó: martillo.
Okó temí díde: en erección.
Okóto: babosa.
Okótule: arado.
Okpé: palma real, palmera.
Okrá aguadó: granos de maíz.
Okró: quimbombó.
Okú: cadáver.
Okú: muerto.
Okú: podrido.

O

Okú: muebles, tarecos.
Oku: saludo.
Okú, (okún): soga, cuerda.
Okukú: noche.
Okuá: taza bola en la que antiguamente se guardaban las piedras de los orishas.
Okuabo: respuesta al saludo; Okú.
Okuá buru yule: "Mata con la maldad que tiene".
Okúade: nombre de un Eleguá.
Okuá eréke: bagazo de caña.
Okú agburo: buenos días.
Okuale: buenas tardes.
Okualeo: buenas noches.
Okúao: lo mató, matado.
Okú arebeyo: "muerto por la voluntad de Dios". (Iré o suerte del dilogún).
Okuaro: buenas noches.
Okú asá: buenas tardes.
Okuá san: buenos días.
Okubé: sabana.
Okúboro: según algunos babalochas, el padre de Eleguá.
Okúboro: Eshu, el Eleguá de la vida y de la muerte.
Okudá: podrido.
Okú den: buenos días.
Okuedá: orisha que vive en las basuras.
Okuelé: tambor chico.
Okuelé: cadena, especie de rosario con ocho pedazos de carapacho de jicotea, de coco o de metal, con que adivina el babalawo.
Okuén: tronco de árbol, de "palo".
Okú erán: carne podrida, muerta.
Okuerí: barco.
Okuetí: baúl.
Okuídada: café.

O

Okuí kó ó: mucho.
Okú irolé: buenas tardes.
Okuje: avatar de Yemayá.
Okúká tó kuloni: condenado a morir en el día.
Okukó: medicina.
Okukó: gallo.
Okukó: adormidera.
Okú majana: borracho.
Okú malere: compadre mio.
Okumí, (akumí): saludo.
Okún: cañamazo.
Okún: soga.
Okún: mar.
Okún, (okúno): el cien pies.
Okuná: el camino viejo.
Okuní: hombre, joven, adulto.
Okúniyá: se le dice al Iyawó cuando el Orisha no ha tomado posesión de él, en el Asiento.
Okunká: dátil.
Okún kún: oscuridad.
Okún kún!: algo temible, que inspira mucho terror, algo horroroso.
Okunlé: hincarse de rodillas.
Okunú: diarrea.
Okuó, (okú aleo): saludar, buenas noches. Cualquier saludo.
Okuó: es lo que se responde a un saludo.
Okuó: maravilla, (planta).
Okú ódun okuyé dún ayé iyé mí dún: felitación que se dirige a una persona que celebra su onomástico. "Que su santo (odu) lo haga llegar adonde quiera, lo ampare, lo proteja y le dé dinero". Se responde: Komayá tété kun, o Té té kún.
Okú ó Eledá: muerte ocasionada por Eleda.
Okú okubé: morir, muerto en la sabana.

O

Okú o kuó Iyaré: Saludando a la madrina; (a la Iyalocha).
Okuolo: sapo.
Okú omí: ahogado.
Oku oro: buenos días.
Okú oyibó nabó: muchas gracias por la caridad que me hace. (Y suele decirse también, Okúoyí bo nawó).
Okuó yimao: buenas tardes.
Okuó yíreo: buenos días.
Okurí: podrido.
Okuro: enfermedad.
Okuro: "en tiempo de la esclavitud, negro con carta de libertad", (negro horro).
Okuri borukú: asesino, malhechor, Persona de malos instintos.
Okuru: enfermo con el vientre muy inflamado.
Okusí: lombriz.
Okutá, (okután): piedra.
Okutá dara yi koko loyú: piedra que atrae la vista de todos.
Okutá ilé: loma pequeña; casa de piedra o de mampostería.
Okúta kutá: mañana, por la mañana.
Okután gán gán: peñasco.
Okután guanlá: piedra grande.
Okután la kán: peña, peñasco.
Okután yi koko loyú: la piedra atrae la vista, llama la atención de todos.
Okutá odára: piedra preciosa. Un diamante, por ejemplo.
Okutá wále: loma, peñasco grande.
Okutí: avatar de Yemayá.
Okwá: muerto.
Okwá aguadó: tusa de maíz.
Okwá boro: matar rápido.
Okwá lorí: decapitar.

O

Okwá ofó: matar, estrangular.

Okwó: muerto, matado, asesinado.

Okwó chón chón ilé Yansá: murió, caminó a casa de Yansa. (Yansa, la dueña del cementerio).

Okwóyiré: buenas noches.

Olá: pelota de harina.

Olá, (odólá tu lá): mañana.

Oladí: nombre de "hijo" de Oshún.

Olalé: madrugada.

Olámo: lagartija.

Olanki: nombre de Eleguá.

Ola obí: nombre de "hijo" de Obatalá.

Olaotano: nombre propio.

Ole: haragán.

Ole: ladrón.

Ole bolé bolé: "ladrón que rampla con todo".

Olelé: pasta hecha de frijol de carita que se le ofrenda a Oshún y a Yemayá. Para ofrecérselo a Yemayá no se le quita la cáscara.

Olelé: tamal envuelto en hojas de plátano. Se come en las fiestas de Santo.

Ole lubia Ayá: "más ladrón que el perro".

Ole melé: vago sin ocupación, haragán.

Oleña: rabo del animal.

Ole ole ki bi bá yá: ¡Ladrón, me voy a acostar con su madre! (La peor de las injurias).

Oléo óleo: saludo a Ochá Griñá.

Ole tífi tífi: ladrón que no se roba todo, "ladrón de afición". Ratero.

Olí ida: el mar.

Olo: ir.

Oló: gracias.

Oló atosá: el mar.

Olo béguo Irú: gato.

O

Oló bí ayá mafé: Orula, Ifá, catolizado San Francisco.
Olobó: persona de alta categoría.
Olobo, (olubo): persona venerable. Se emplea en los saludos y rezos en que se les pide la bendición a los antepasados: Okú alaché Olóbó aché omó... etc.
Olobo: gato.
Olobochiré: gato tigre.
Olobo tuyé: platanillo de Cuba.
Olobo tuyé: higuera.
Olobo tuyo: piñón.
Olócha: el que ha recibido otán orisha, (santo). Sacerdote.
Olochundé: nombre de hijo de Oshún.
Olodó omí: se le dice a Oshún. Nombre de "hijo" de Oshún.
Olodumare: Dios.
Olodumare ayó bó: Dios adorado nos dé alegría y felicidad.
Olodumare ogbeo: Que amanezca bien.
¡Olodumare ochó!: ¡Dios, ayúdame!
Olodumare wán ma rikeño: "El dios que está fuera de todo".
Olodú mayé: Dios.
Olódun saré Eledá erí mi: "el dueño de mi cabeza está en ella, arriba, en el medio".
Olofi: el padre eterno, el Espíritu Santo.
Olofi eguá wó: Dios te levante.
Ologení: gato.
Ológüine: gato.
Ologuó: gato.
Ológüiri, (olowiri): miembro viril.
Oloín: ver.
Olóke: arriba, la cumbre.
Olokobo: mentir.
Oloko na simbé: sitiero, dueño de la finca.

O

Olókpé Babalawo: "Cuando hay dificultad, llame al Babalawo".

Olokuchán: ostiones.

Olókun: temible orisha que está en mitad del océano. Madre de Yemayá, —la "Yemayá vieja". En ocasiones se le considera masculino y otras femenina. Obatalá la amarró con cadenas al fondo del mar.

Olokun: barco, vapor.

Olokun: mar.

Olokun ayáo koto agá ná ri aká gweri: se le dice a Olokun; "esperando su salida de dentro de ese mar profundo para que reciba lo que le ofrezco".

Olokúo: mar.

Olóla: persona importante.

Olóla: rico, potentado.

Ololá: la noche.

Ololó: sinsonte.

Ololó: botella, garrafón.

Olómbo, (orómbo): naranja agria.

Olomí: aguador.

Oló mi dá firé égbagbó léri ayá kuá: el cuento que le voy a contar trata de jicotea.

Olómídara: nombre de "hijo" de Yemayá.

Olómidé: nombre de "hijo" de Oshún.

Olomisón: baño.

Olomo yoyo: todas las estrellas del cielo.

Oloñú: embarazo. Mujer embarazada.

Olo omí: el aguador. "En el tiempo en que se vendía el agua".

Olorecha: protectora de la casa.

Oló óron koyére: despedida.

Olopá: policía.

Olore:. el mejor amigo.

Oló rí: él que mira.

O

Olorí: el orisha Obatalá. Dueño de las cabezas.
Olorí: mujer principal.
Olorí: tamboreros.
Olorí ni wó yí: Vd. manda aqui porque Ud. es el jefe.
Olorín: cantador.
Olóriyo: bailador.
Olorogún: capitán.
Olóna: maquinista; hábil, él que tiene habilidad en las manos.
Olorun: Dios.
Olorun mádyé, (Olurun móyé): Dios, ampáranos.
Olorún oba tobí tobí: "Dios es el rey más grande sobre la tierra".
Oloru wá: Dios está en todas partes.
Olósí: diablo.
Oló sobo: vendedor.
Olósobo: marea alta.
Oloso yá temí ló yá: "el pueblo donde nací"
Olosun: dormido, está durmiendo.
Oló toló: guanajo, pavo.
Oló woyo: jefe, (en una vieja libreta).
Olóya: juez.
Olóya: nombre propio.
Oloya, (moloya): plaza, mercado.
Oloyáeko: Obatalá.
Oloyifó: hechicero.
Oloyini: gato.
Oloyo: brujo, sabio.
Oloyó: fiesta.
Oloyó: rey de los cantores.
Oloyo oni: "El planeta de hoy". (?)
Oloyú: dueño.
Oloyuku: tuerto.
Oloyún: cielo.

O

Olú: otro nombre del Babalawo. El que recibió los collares, hizo "medio asiento" y al mismo tiempo recibió a Ifá.

Olú: jefe de pueblo, (aparece en una vieja libreta).

Olúa: Orula, Ifá; catolizado San Francisco, el orisha de la adivinación.

Olú agogó: el campanero. El que repica la campana.

Olúana: platanillo de Cuba, (planta).

Olúanao: una yerba de santería.

Olúba: venado.

Olubá: señor.

Olú batá: tamborero. (Changó Olú batá, Changó es el dueño de los tambores).

Olúba: el solista, o "gallo", (akpuón).

Olúbona: Orula, Ifá, catolizado San Francisco.

Olúborisha: dueño de un santo.

Olubé: cerraja, (yerba).

Olubí: nombre propio.

Olubo, (oluro): platanillo, (planta).

Olubón: hombre que sabe mucho.

Oluché: el que dirige.

Olúfando: nombre de "hijo" de Obatalá.

Olú fandié: nombre de "hijo" de Obatalá.

Olufé: querido, novio, amante, amado.

Olúfeniá: nombre de "hijo" de Obatalá.

Olufé nifé: amada, querida.

Olufina: nombre de Changó.

Olufina koké: nombre de Changó.

Oluguani: papaya. (Carica papaya L.).

Olú iguí: mazo de leña.

Oluiki: mazo de leña.

Oluiní: ratón.

Oluko: maestro, sabio. ("Instruido. Lectores de Tabaquería, que enseñaban a sus compañeros").

O

Olú koso: nombre de Changó.
Oluku: acariciar.
Oluku meyi: "Dueño del río que tiene padre y madre".
Olú kun, (Olokun): Yemayá, madre y padre de todas las Yemayá.
Olulú: maza, atributo de Changó.
Olulú kan: maza de Changó.
Olumí: aguador.
Olunipa: palo bomba.
Olúo: sacerdote de Orula, Babalao.
Olúo: el "hijo" de Orula, Ifá.
Olúo: presidente, adivino de Orula, (Ifá).
Olúo bóbo kale: todos los santeros sentados en rueda.
Olúo yú: guardiero, centinela.
Olurabí: nombre de "hijo" de Obatalá.
Olure: cerraja, (yerba).
Oluso: matarife.
Oluto: acariciar, querer.
Olutoibó (u olúyibó): administrador, jefe o principal. Dueño de un ingenio. Persona que manda.
Olútuipón: dueño de la pólvora. Changó.
Oluwa agwó púpa: la dueña de lo amarillo. (El amarillo es el color emblemático de Osún u Oshún, la diosa del río, catolizada Nuestra Señora de la Caridad del Cobre).
Olúwekón: título que se da a Changó.
Omá: criado.
Omá: viejo.
Omadó: pueblo, gente de .
Omá guá ogún iní guaguó fumí kolé kwá mi: "Dicen que tiene brujo —brujería— para mí, para matarme".
Omale: cura.
Omálei: criollo. (Omolei "hijos" de los africanos").

O

Omá lowó: palma de las manos.
Omalú tó bíndí: "el cuero del taburete, donde el buey deja la vida".
Omeso: lágrimas.
Omí: agua.
Omí adié: caldo de gallina.
Omiara: sudor.
Omí ayanakú: "elefante de agua", hipopótamo.
Omí bona: café.
Omí bóru: café.
Omí bosá: guarapo.
Omíché: húmedo, mojado.
Omiché kueché: nombre de hijo de Yemayá.
Omídina: nombre de "hijo" de Yemayá.
Omídú: sopa de frijoles negros.
Omí dudu: café.
Omi éche: ahumado.
Omí enú: saliva.
Omi ereke tutu: guarapo fresco.
Omí ereré, (ereché): caldo de frijoles.
Omiero: agua sagrada. (Conteniendo las yerbas consagradas a los orishas, ceniza y sangre de los sacrificios).
Omí erú du dú: agua negruzca.
Omí fibe: agua fresca.
Omí Irawó: arco iris (sobre el agua. Exacmente de acuerdo con otro informante: "el Lucero, que donde lucumí vio el lucero vio el mar").
Omí kanga tutu: agua fresca de pozo.
Omí keko: río seco.
Omí kokó: chocolate.
Omikú: charca de agua.
Omí lana: nombre de "hijo" de Yemayá.
Omí lána: arroyito; el agua que va por la tierra abriéndose paso, cuando llueve mucho.

O

Omíla naokún: olas del mar.
Omí lasasán: líquido de la fruta bomba.
Omí leundé: nombre de "hijo" de Yemayá.
Omí lobí: la mujer dio a luz.
Omí lodo: Yemayá.
Omí lokún: agua salada, del mar.
Omí lonakún: ola del mar.
Omimó: agua pura, potable.
Omí nené: agua dulce.
Omí oboná: agua caliente.
Omí odo lana: "ola del río", la corriente.
Omí Olorum: agua bendita.
Omí oré: jefe, guardián de población, (según aparece en una vieja libreta).
Omí oronú: perfume.
Omí otán: agua de la piedra del orisha, (para curar).
Omí oyú: lágrima, llanto.
Omí oyumá: rocío de la madrugada.
Omironú: perfume.
Omisá: el agua se evaporó.
Omí saindé: nombre de "hija" de Yemayá.
Omi satún: nombre de "hijo" de Yemayá.
Omísaya: nombre de "hijo" de Yemayá.
Omísayadé: nombre de "hijo" de Yemayá.
Omiso: saliva.
Omí teí teí: agua con azúcar.
Omí tomí: nombre de "hija" o "hijo" de Yemayá.
Omi tuto: agua fresca.
Omí tuto, ana tutu, tutu laroyé, tuto ilé: agua fresca, fresca la gente, la calle y la casa.
Omí tutu lilí, omí tutu lilí lé: "Un poquito de agua que echo aquí, otro aquí, y otro aquí, para refrescar al orisha".
Omíwé: tinta, para escribir.

O

Omí yale: madre de agua.
Omí yale: nombre de "hijo" de Yemayá.
Omí yanu: nombre de "hijo" de Yemayá.
Omíyé, (omiyú): lágrima.
Omíyere: río.
Omó: leche.
Omó: pecho.
Omó abusayé ocha ano: los criollos echan a perder la religión de los orishas.
Omó achá: cigarrillo.
Omó akuaré ekra yá bú kué: "Caballero no para en la casa".
Omó Aladé: nombre de Changó cuando era niño.
Omó éde: hijo bastardo.
Omó awó: "hijos" de Orula, ahijados, discípulos del Babalawo.
Omó ayá: perro, cachorrillo.
Omóbalo oyó: Príncipe, hijo de Rey.
Omóberé: hijo de padre desconocido.
Omobé senikán: "Ese no pide".
Omó bi birí: nació una niña.
Omó birí madáo emí omó ocha kó manao unló ilé ocha: "yo soy hijo de los santos, y me voy a casa de los Santos".
Omodán: muchacha.
Omó dara Orisha oko, Olodumare, omó dara Orishaoko: los hijos de Orishaoko, están bien, son hijos de Dios.
Omodé: muchacho, niño, joven.
Omodé bini: muchacha.
Omodé kekeré cháikú: el que muere niño todavía.
Omodé ná: esa o ese muchachito.
Omodé obiní untorí: hombre con cara de mujer.
Omodéomó: nietos.
Omódí: pequeño.

O

Omó diré: pollo.
Omodó: arroyo, zanja.
Omódoguá: soldado.
Omó echín: potrico.
Omó eiyé: pichón.
Omoéru: niño de leche.
Omó esié: "hijo" de Yewá.
Omófín: abogado.
Omó forí: niño abortado.
Omogú: soldado.
Omó guayo: los hijos juntos.
Omóiki: melón. Fruta.
Omó ikú: huérfano de padre y madre.
Omokán: pechos.
Omó kekeré: hijos pequeños.
Omó keré imukón: "chiquillo que tiene las narices llenas de moco".
Omó kereke jójo: niño desnudo.
Omóketé: toque de tambor para Changó.
Omó kolaba Olofi: "Juez de Olofi, entre los vivos".
Omó kolaba Olofi: aquel individuo que por su sabiduría en materia religiosa aprueba o desaprueba lo que se realiza en las ceremonias del Asiento. Conoce perfectamente la historia y los secretos de los orishas, —las yerbas, la música, la adivinación, el idioma—, y deben ser tan profundos sus conocimientos que actualmente no existe un Omó kolaba entre los criollos.
Omó konpi Babá: huérfano.
Omokún: cojo, cojera.
Omókuré: niño.
Omóladé: bastardo.
Omó lala: nieto.
Omo lanyí: juguete.
Omó layá: criollos.

O

Omolei: criollo, y apelativo despectivo que les daban los viejos de nación.

Omó lera: "Que su hija tenga salud".

Omó lóbo un ké ré iñán: "Cuando el gato, agarra al ratón, el ratón se queda quieto".

Omólo kotí: hijo desobediente.

Omolokun: Yemayá, (hija de Olokún). Y se dice de los marineros, "pues son hijos del mar."

Omoloni: hijo.

Omó loyú: pupila o niña del ojo. ("El hijo del ojo").

Omóloyú: "hijo adorado por sus padres".

Omóluabí: negro emancipado.

Omó malú: leche de vaca.

Omó malú: ternero.

Omó mi mó: hijo de corazón limpio.

Omómobiní: nieta.

Omomó de mí: pariente, primo.

Omomokoní: nieto.

Omó nani kama fó yá: hijo, no me lleves brincando.

Omonó kóko: cogollo.

Omó nu okó ogún ko iña iña kodé oibó, omó nu okó mó si mí: "Cuando se termina una guerra, los africanos cantan: —ya se acabó, y los marineros descansan".

Omó Oba: hijo de Rey, príncipe.

Omó omó: biznieto.

Omó omó, (omolodyú): nieto.

Omó oni leleke eni esisi élélé emí leleke emí: "Mi hijo está para defenderme".

Omó orisha: criado de la divinidad, afiliado a una casa de Santo o Templo, y devoto de un orisha. El que es medium de un orisha ("caballo").

Omó panchaka: hijo de p...

Omó rekó motié yaré, tani mó tí yaré: "¿Qué pasa aquí?— dice Changó cuando hay

O

baile,— él es fiestero, hombre grande, ¿que pasa?

Omorurú: llave.
Omosoún: paciencia.
Omosún: nombre de hijo de Obatalá.
Omotí, (omoyú): borracho.
Omótikuá: persona borracha.
Omó Yemayá: marinero.
Omó Yemayá yán omó woko: el hijo de Yemayá, (marinero) contento entra en su barco.
Omóyu: la niña de los ojos.
Omú: pecho.
Omukó: estudiar.
Omuno, (omuka): dedos.
Omuyú: querer, mimar, acariciar.
Oná, (ón): él o ella.
Ona: camino, calle.
Oná: látigo, latigazo.
Oná: fustigar.
Oná: uno, uno mismo.
Oná: golpe.
Oná ayaché odina: pueblo lucumí que mencionan informantes matanceros.
Ona burukú: persona de malos sentimientos.
Ona elesi: planta de los pies.
Ona iléku: la puerta de la casa está abierta.
Oná iré: buen viaje, "que te vaya bien en el camino".
Oná já: camino estrecho.
Oná oré: cuero, "chucho", látigo.
Oná oyá: mono.
Ona pipo: pegar con fuerza.
Onara, (onareo): Adios, para despedir al que se va. Buen viaje.
Onareo, (onaré): saludo de despedida.

O

Onareo: se dice cuando se va el Santo.
Oná rire: persona de buen corazón.
Onasio: camino del cementerio.
Oná tití ofé ekwá: doy cuero hasta matar.
Oná tito: la calzada, ("La Alameda de Paula", según un viejo informante).
Onbei: sediento.
Onché: emisario.
Onché: mandadero, mensajero de la Casa de Santo. Lleva a arrojar los ebó u ofrendas al lugar que se le indique, (manigua, cementerio, mar, río, línea del ferrocarril, loma, etc.).
Ondó: en la mitología conservada por los descendientes de los lucumís, (oyó) Ondó —es un hermano de Iroko, que se manifiesta en las ceibas a las doce del día.
Ondoko: acto sexual.
Onekafa: arroz.
Ongó: "bobera, mentecato".
Oni: cocodrilo.
Oni: hoy.
Oniafefén: viento.
Oni batá: el zapatero.
Oni bayadé: sin provecho.
Oní bayí: ladrón.
Oni berebere: personaje, "uno grande", Ogún, Changó, hombre poderoso.
Oni bode: portero.
Oní burú: un Eleguá, "el del azadón".
Onichéche: hombrón.
Onichédedé: serio, trabajador, cumplidor, formal.
Onichogún: curandero o médico.
Onichogún: el babalawo u olorisa que por ser hijo de Ogún tiene "derecho de cuchillo" o de matar en los sacrificios.
Onidayo: el juez.

O

Onidé: loro.
Oní efún: blanco.
Oní elebesí: culpable, que tiene delito.
Oní elegbará: el hombre impotente.
Onífe: amante.
Oní fefe: parejero, hablador.
Oní fefé: uno que tiene la cabeza llena de viento, (pretencioso, fanfarrón).
Oni fifó: loco, arrebatado.
Onigé, (monigé): está bien, de acuerdo.
Onigó ará oko: montunos, gente bruta del campo.
Oni kai inú: persona de mal corazón.
Onikán: persona, uno.
Onikán: malvado, persona cruel.
Oni kankéyi: una persona que viene después de otra.
Oní kawo: Changó.
Oniké: hablador, embustero.
Onikeke: el carretero.
Onikikí: persona preponderante.
Onilayó: manteca de cacao, para amansar al orisha enojado.
Oníle: Rey. Changó Oníle.
Oníle Alafia Obara oché fún pakpá ni ese Changó omó Obatalá: "Oníle, Alafia, Obara, Oché es el mismo Changó hijo de Obatalá.
Oní leke: un "conversador", mentiroso.
Oniloko: marinero, (se les dice también Aralokún).
Oni ló oká: "el se va en el barco que está saliendo."
Onilu: alcalde.
Onío: gente.
Oní obiní oloñú: la mujer embarazada.
Oniobora: "florece hoy".
Oni ochí: un indigente, "uno que pasa calamidades".

O

Oniolá: nombre de "hijo" de Oshún.
Onío woya: comerciante.
Oni poní: "alabancero". Que alaba, elogia.
Onirán: se dice del orisha Agayú, (catolizado San Cristóbal) "Agayú onirán; Agayú es grande como un gigante". Gigantesco.
Oniré, (oniró): grande, bueno, respetable.
Onirere: "Feliciano", hombre contento, afortunado.
Oniro: recordar.
Onisa: una santa; Yemayá, por ejemplo.
Oní Sángo bá oso milé: cuando Sángo, (Changó) Obakoso se enfurece que tiembla la tierra.
Oni ségwe: médico.
Onitolá: "agua que guía".
Oni were: cansado, débil.
Oníwó: "alguien que está celoso".
Oniyé pipo: muy barato.
Oniyorí: destacado, elevado, persona importante.
Oniyú, (eniyú): cobarde.
Onlá: grande.
Onlá: camino.
Onlé kankón: se va corriendo, enseguida.
Onó: camino.
Ono: jimagua.
Onó: el sol de las doce del día.
Onó, (imú, inú): nariz.
Onó ilé: camino de la casa.
Onón chú: dar de cuerpo.
Onóyadé: las seis de la tarde.
Onú: cuello.
Onú: derecera, trillo.
Onúkoyú: pordiosero.
Onukú: rodillas.

O

On watí chiché ocha: "Le van a trabajar Santo".
Onyi: éstos.
Oñangui: Eleguá.
Oñankilodó: Eleguá.
Oñékafá: arroz.
Oñí: abeja.
Oñí: miel.
Oñíga: dulce, (de comer).
Oñigó: bruto.
Oñiguiso: bruto.
Oñikán: dulce fino.
Oñike: nombre de Abikú.
Oñí púpuo: colmena.
Oñita: curiel.
Oño erú: burla, choteo.
Oñóro: Obatalá femenino, catolizado Santa Ana.
Oñú: preñez, mujer embarazada.
Oñutá: curiel.
Opá: bastón de Obatalá.
Opá: palo, golpe.
Opá: matar.
Opa ataná: candelero.
Opaelíke: el cetro bordado de cuentas de Changó Onile.
Opalo: muertos, heridos, hecho sangriento.
Oparikése: la muleta.
Opayé (opa): cetro de Obatalá.
Opé: agradecido, agradecimiento.
Opé: yarey. (Copernicia Sp.)
Opelé: cadena de Ifá.
Opepé: cedro.
Opeya: pescar.
Opípo, (pipo): bastante, mucho, abundante.
Opládagbá: échate a un lado, apártate.
Opó edú: aceite.

O

Opó enia: gentío.
Opolo: rana.
Opoló dijana: la rana chillando lejos.
Opó lopó lopó: muchísimo.
Opón: tablero de Ifá.
Opónyibó: piña.
Opo owó: bastante o mucho dinero.
Opotó: higo.
Opóyimbo: piña.
Opó yibó: piña blanca.
Opuán: batea.
Opupúo: mucho.
Ora: medicamento.
Ora: manteca.
Orá: palabra.
Ora jijío: comprar un pollito.
Oraña (osaña): tierra.
Ora oloyá: comprar en la plaza.
Oraunbeyé: mango.
Ora wará: merengue.
Oré: amigo, amiga, amigo predilecto.
Oré: compañero.
Oré: querida.
Oré: amante.
Oré: la "cuarta", "el látigo con que pegaba el mayoral".
Oré akuá oré: "amigo mata amigo".
Ore ale: buenas tardes.
Orebeyó: regalo, dar, ofrenda.
Oredán: siguaraya.
Orerefún: sal.
Oreguá, (oréwa): "que le vaya bien".
Oré gumá gumá: amigo muy querido, amigo del alma.
Oregumí: pariente.
Oregún: "La Principal, la mujer más querida de las muchas que podían tener los lucumís".

O

Oregwá: "Que le vaya bien".
Oré káta káta: amigo imposible.
Oreke: rodilla.
Oréku: nombre de "hijo" de Yemayá.
Oré kuani, obatakuaní: palabras que dice el adivino cuando el dilogún presenta el signo Ofún (9). "Su mejor amigo es su peor enemigo".
Oré ladí: nombre de "hijo" de Oshún.
¿Oré lóyúe?: ¿Qué le parece amigo?
Oremí: la mujer de Odudúa.
Oremí, (Alakuatás): lesbias.
Oremi: amiga, querida, favorita.
Oremí: cama.
Oremí: descansar.
Oremí: almohada.
Oré ni aguaniyó: ¿Qué tal?
Oré okwá oré: "amigo mata amigo".
Oré osa: buenas noches.
Oreré, (reré): "Que sea bueno, misericordioso, que no nos haga mal".
Orére: bueno, favorable.
Oreré: neblina, rocío.
Orére: su amigo.
Orere: mona.
Oreré, (orieré): buena suerte.
Orére: "fue mujer de Orula, y éste la abandonó".
Orere: "nubecitas de colores". Celajes.
Orérenú: buena palabra.
Oré reré: amigo bueno, servicial, para todo.
Oré wanwao: "amigo, oye, que hablo claro".
Orí, (lerí, lorí): cabeza, y también lo que está arriba.
Orí: inteligencia.
Orí: cascarilla de huevo.

O

Orí: ciruelas pasas.
Orí: sebo.
Oriaté: estera, la estera abierta en el suelo, para echar los caracoles, u oficiar en ella el Babáocha o la Iyalocha.
Oriaté: el Babá que se sienta en la estera a echar el dilogún, y a dirigir los rezos y cantos en las ceremonias de Ocha.
Orí babá: manteca de cacao.
Oríbayé: loco, locura.
Oribó: blanco.
Oribó: jefe de la familia, el más viejo, (vieja).
Orichanla: Obatalá.
Oríereré: suerte.
Orí etié asaki lé we ojuaní moyubaré orí jú jú orí oká le run Orún móle orí etié: palabras que pronuncia la Iyalocha o el Olúorisha al comenzar el rito de purificar la cabeza; "Para que su cabeza de Ud. su Angel la defienda y la limpie, para fortalecerla, y que le sea posible acabar con todo lo malo y con toda confusión, que tenga paz y Olorun, Dios lo proteja y lo cuide, se dice de corazón".
Orífiyi ocha fifí okán: pintar la cabeza del Asentado, o Iyawó.
Oriké: coyuntura.
Oriki (oyíkí): salutación. Saludarle el Santo —o la Cabeza, es decir al orisha que es el patrón o dueño de la cabeza del babalao o de alguna "persona grande". ("Como a mi madre, que era reina de Cabildo y la saludaba el tambor con su oriki". Odedé).
Oriki owó: la muñeca.
Orikó: oso.
Orilé: casa de Santos.
Orilé: familia, linaje.
Orilé: jefe de familia.

O

Orilé: techo de la casa.
Orilegán: piojo.
Orímoché: "cabeza dura, que hace lo que se propone".
Orimo: historia.
Oriofé: caña.
Ori ori: "nombre ya poco conocido entre los jóvenes, que se le da al Eko, o pan de maíz".
Orí oro: ceremonia en honor de Orí, Eleda. (lavarse el Santo).
Orireko: pescuezo.
Orireko: cabeza del ave que se le sacrifica al orisha.
Orirí: lejos.
Oriró, (ariró): fogón, cocina.
Orisha bá wí: "el Santo regaña".
Orisha bogbó: "todos los Santos reunidos".
Orishanla: Obatalá. "Santo Viejo".
Orishaoko: Orisha de las cosechas, de la lluvia y del ñame. Catolizado San Isidro Labrador. "Es el dueño de la tierra: la tierra que pisamos", Patrón de los arátakos y araokos, (campesinos).
Orishaoko oguféyé wé oló wina owí mo iré: "Se le dice a Orishaoko que nos dé tiempo bueno, claro, que nos bendiga, para tener suerte, provecho y satisfacción".
Orisá gú ayé: "Bajó el Santo a la tierra".
Orisá ilé leó Changó bá ínle: "Donde aparece Changó es el valiente en el trono".
¡Orissa tedena!: ¡Ya llegó el Santo!
Orisha tobí: santo fuerte.
Orité: encima.
Orité: el que está por encima de los demás, pues dirige una ceremonia.
Orisá unló ayé osi bi orisá unló ayé osibí: "El orisha ya se marchó para Africa".
Oríta méta: las cuatro esquinas.

O

Orí undomí: me duele la cabeza.
Oriwó: satisfacción, alegría.
Oriwó wo i é oriwodé modé wa íño fereré: son estas palabras que el omó Ologún le dice al carnero, parado sobre los cuatro garranchos de plátano, en el momento en que se le va a sacrificar al orisha Changó y a Yemayá. Le exhorta a morir satisfecho y bien dispuesto, pues está puro, y se le dan gracias. Momentos antes se le da a comer unas hojas de jobo —okikán—, de álamo, —ofá— o guayaba. Si las come, el Orisha acepta el sacrificio.
Oríwú: cabeza canosa.
Oriyá temí: "nombre de unos tarros", objeto sagrado, (probablemente materialización del Orisha Ogué).
Oriyé: lucero.
Oríyé: nombre de familia.
Oriwakako: cabeza bien peinada.
Oro: sagrado.
Oro: mes.
Oro: misa.
Oro: ceremonia religiosa.
Oro: palabra.
Oro: cantos y toques de tambor en honor de cada orisha.
Oro: un orisha, "Ocha que se llama con matraca y pilón, y que suena como el Ekue de los ñáñigos. Viene cuando se llama el Egu", (a los muertos) "en una ceremonia donde no puede haber mujeres ni muchachos".
Oro: mañana, tiempo de la mañana.
Oró: pescuezo.
Oró, (orubo): mango.
Oró: fogón.
Oroao: mariposa, (la flor).
Orobeyo: castaña.

O

Orobo: buena suerte, (lo contrario de Osobo).
Orobo: para bien.
Orobóeledá: bien, suerte para la cabeza.
Orodundo: sol, atributo de Yemayá.
Oro ekuá: goma francesa o copal.
Orogún ayere: cogote del animal que se sacrifica.
Oroguó: cama.
Oro ilé Olofi: misa en la iglesia, (católica).
Oroíya: "cuento para que se duerman los muchachos".
Oró jún jún: maldición.
Orokó: huevo de Guinea, (con el que se hacen tremendos maleficios).
Orokuá: resina de copal.
Orolé: bajar.
Orolé oké: bajar la loma.
Orolókún: naranja.
Oro lúmoyi: tijeras.
Orómbo: limón.
Orombo ué ué: limón.
Orón: pescuezo.
Orón: nuca.
Oronbeye, (oronbiye): mango.
Orónguó: "a la caída del sol".
Oronlokun: naranja.
Oroni: venado.
Oroni elubé: venado.
Orónú: olor.
Oromu: arco iris.
Oro orí: ceremonia en honor de la cabeza, (orí Eledá). Lavarse el Santo.
Ororé: mango verde; que no está maduro.
Ororó: rocío.
Oróro: malo.
Ororó, (orúru): albahaca.

O

Oroso ché: odu, signo de Ifá.
Orota: amigo.
¿Oro tinché?: ¿Qué trabajo, (de Santo) está haciendo?
Oroyebo: castaño.
Oroyeyé, (soro yeye): hablar bajo, al oído.
Oroyukán: aojar, mal de ojo.
Orú: sueño.
Orú, (orún): sol.
Oru: noche.
Orubó: viejo.
Orubó: rogación.
Orufirí: vetiver.
Orufirín: galán de día y de noche; (Cestrum diurum Ly cestrum nocturnum. Lin).
Orúgüé: sed.
Oruguó: cárcel.
Orúgumí: pariente.
Orúgwé mí: yo tengo hambre.
Oruilé: la azotea.
Oruká: sortija, anillo.
Oruko: granada.
Oruko: nombre.
Oruko dara: flor, vulgarmente conocida por brujita.
Oruko fún Babá gán: El Papa.
Orú koñi kán: pino, (Pinus tropicalis Moric).
Oruko wuruyá: "sortija linda, valiosa, que brilla".
Oru kukú: noche oscura.
Orukún meyi: las dos rodillas.
Orún bamó (u orún pamó): el sol está escondido.
Orún yeyé: lo que huele bien. Perfume.
Orula: el orisha Ifá, dios de la adivinación, catolizado San Francisco. A su culto, y

O

a interpretar sus augurios, se dedica el babalawo.

Orúm: olor.

Orúmbila: otro título de Ifá, el orisha adivino.

Orún, (orunú): sol.

Orún: olor.

Orún dára: buen olor, flor.

Orúnkadí: relámpago.

Orún kumí: tengo sueño.

Orunla ibo sú bóya: se dice al término de un Patakín, o historia, ejemplo y moraleja que ilustra la lectura de los signos de Ifá.

Orún ineko: rabadilla del ave que se sacrifica.

Orún mú: tengo calor.

Orún oké, orún salé: Dios en el cielo y en la tierra.

Orún oké orún salé ebá mi kachocho: Dios en el cielo y en la tierra, no me dejes solo, ampárame. Palabras que se pronuncian cuando se consagra, (lava) el collar de un Orisha destinado a proteger al devoto, y al recibir éste las bendiciones de las Iyalochas.

Orúa onáona: sol caliente.

Orún samá: el sol en el firmamento.

Orún terí: ya se puso el sol.

Orún yolé: la salida del sol.

Oruá: abre camino.

Orupó: alcoba, habitación.

Orusa: iglesia.

Orútuma: sereno.

Oruyán: el sol brillando.

Osá: laguna.

Osa: calor.

Osa: odu, menor del dilogún (9), anuncia robo, traición de persona de color rojizo, de mulata y de tres amigos ingratos. Aconseja precaverse del fuego.

O

Osa beto: odu, signo de Ifá.
Osabo trupán: odu, signo de Ifá.
Osa ché: odu, signo de Ifá.
Osa di: odu, signo de Ifá.
Osa fún: odu, signo de Ifá.
Osága: medio día.
Osagriñá: avatar y nombre de Obatalá. "Un Obatalá viejo y guerrero".
Osain: Orisha de la vegetación y de las plantas medicinales, catolizado San Silvestre o San Ramón Nonnato.
Osaín awaniyé elese ko ewe lere miyé oyaré o bé bi ye: "Nosotros, Osaín poderoso que limpia con sus yerbas, le rogamos, lo chiquiamos y alabamos y le preguntamos si él está contento; le pedimos que nos sean favorables sus yerbas, que ellas quitan el mal a los pecadores, y que nos aumente la salud".
Osaínle: la lechuza; mensajero de Olofi, durante la noche cuando se escucha su silbido, se le silba también. Significa: "Dios te guíe hasta el cielo".
Osai oguani: odu, signo de Ifá.
Osa ká: odu, signo de Ifá.
Osa kana: odu, signo de Ifá.
Osakurón: Obatalá.
Osa lobéyo: odu, signo de Ifá.
Osá loguo mi ni: hazme ese favor.
¿Osa mésa mésa kan?: ¿Qué mira, curiosa? (?)
Osa meyi: odu, signo de Ifá.
Osán: naranja de china dulce.
Osán: caimito.
Osánbie: regular, estoy regular (se responde a ¿Komawá oré?).
Osanko: una yerba de Agayú.
Osán miní: costumbre.
Osá oguani: odu, signo de Ifá.

O

Osá ogunda: odu, signo de Ifá.
Osaoko: alcalde.
Osa rosa: odu, signo de Ifá.
Osá sá oni bara wó: "Llegó el dueño, y los extraños para afuera". Se dice en alguna casa de Santo en el momento en que se va a realizar una ceremonia secreta, a la que no pueden tener acceso los "eleyos" —extraños— o los no iniciados.
Osasé: cocinero.
Osa uré: odu, signo de Ifá.
Osa yeún: odu, signo de Ifá.
Osé: ganso.
Osé: semana.
Osé kábo díde koguá budi eyé: "Ven, dame, que cuando acabe iré a comer".
Osén: mesa.
Osere: mano.
Oseyú Yemayá: nombre de Yemayá.
Oshubo: diablo, malo.
Oshú meyilá, (edún, odu): el año entero.
Oshún aña: Oshún la tamborera. La diosa del amor en uno de sus aspectos:
Oshún aña: Oshún la tamborera. La diosa Oshún se caracteriza por su pasión por el baile y los placeres.
Oshún Atelewá: nombre de hijo de Oshún.
Oshún Balayé: nombre de "hijo" de Oshún.
Oshún Bumí: nombre de Oshún. "La Oshún que va al río a buscar agua" y nombre de "hijo" de Oshún.
Oshún Chindé: nombre de hijo de Oshún.
Oshun Edé: nombre de Oshún en un "camino" o avatar.
Oshún Funké: "regalo de Oshún, para caricia".
Oshún Funké: nombre de la diosa en "un camino" o avatar.
Oshún Galadé: nombre de "hijo" de Oshún.

O

Oshún Guami (o Wami): nombre de hijo de Oshún.

Oshún Güere (o Wére): nombre de hijo de Oshún.

Oshún Gumí: nombre de Oshún, en un camino o avatar.

Oshún Kaloya: Oshún rumbosa.

Oshún Kantomi: nombre de "hijo" de Oshún.

Oshún Kolé: nombre de Oshún en un camino o avatar.

Oshún Kolodo: nombre de hijo de Oshún.

Oshún Latié Eleguá: nombre de Oshún, en un camino o avatar.

Oshún Milari: nombre de hijo de Oshún.

Oshún Miwá: nombre de Oshún en un camino o avatar.

Oshún Mópeo: Oshún no tardes en venir, en "bajar" (al güemilere).

Oshún ná owó pipo: la diosa Oshún gasta mucho dinero.

Oshún Obailú chemi loyá: nombre y nacimiento de Oshún.

Oshún Okántonú: nombre de hijo de Oshún.

Oshún Oñí Osún: nombre de "hijo de Oshún.

Oshún otán bomí: la piedra de Oshún está siempre en el agua.

Oshún sekesé efígueremo: palabras de alabanzas a la diosa Oshún, "la que está en la desembocadura del río". "La que sacó a Ogún del monte". "La bonita que alegra, que adoramos y nos protegerá".

Oshún Soíno: nombre de Omó-Oshún —"el nacido del vientre de un manantial".

Oshún Telarago (o Atelaragó): Oshún vergonzosa, cuando los orishas la sorprendieron con Orula dentro del pozo.

Oshún tóki: nombre de "hijo" de Oshún.

O

Oshún tóko: la canoa de Oshún.
Oshún tolá: nombre de "hijo" de Oshún.
Oshún were: nombre de "hijo" de Oshún.
Oshún yalóde: "La mayor de las Oshún". "título que se le da a la diosa".
Oshún Yarelá: nombre de "hijo" de Oshún.
Oshún Yeyé moró: nombre de la diosa en un "camino o avatar".
Oshún Yumú: nombre de Oshún en un "camino" o avatar.
Osí: no.
Osí awó, aché ntóri ikú ntori arún, mopué oloni. Ntori eyé, ntori ofó, ntori mó dá bi fun loni: "Palabras que pronuncia el adivino pidiendo la bendición de las divinidades, su protección contra las enfermedades, la muerte, el crimen, el descrédito, arrojando un poco de agua al suelo, a su izquierda, antes de interpretar las respuestas de los dioses".
Osídí Ebó: amarrar el ebó, (el paquete que contiene las ofrendas).
Osierí: ortiguilla.
Osika: Eleguá compañero de Akokorobiya. "Muy juguetón y aficionado a fumar cigarros". Es niño.
Osi kuá: "la mata, la asesina".
Osínle: no es así.
Osinle: no cierre la puerta.
Osí, osín, (osí, osí): "Quítate, apártate". "Echese a la izquierda".
Osité: nombre propio.
Osó: látigo.
Osó, (so): hablar.
Osobo: mala suerte.
Osobo iré: aspecto desfavorable del dilogún. "La tragedia y la discusión rechazan el bien" o "el chucho y los tropezones rechazan el bien". (Lema de Osobo Iré): contrariedad, desgracia.

O

Osode ogué sóde emi ariku Babá baba awó: Se dice cada vez que aparece la "letra", odu o signo Okana, sobre todo cuando sólo presagia mal. Se pide salud: arikú.

Osoguí: fruta.

Osongógo: medio día, cuando suena la campana (del ingenio).

Osorí: soltero.

Osú: pintado.

Osu, (Osún): Orisha menor, mensajero de Obatalá y de Olofi. "Todo se lo comunica a Dios y a su hijo Obatalá". Se representa como un gallito de plata o metal blanco. Es compañero de Eleguá, Ogún y Ochosi. "Osu está comprendido entre los Ocha, pero no lo es del todo, aunque come".

Osu: atributo, báculo o bastón de Orula. (Vara de metal que remata la figura de un gallo). Protege al Babalawo y a quien éste lo dé por indicación de Ifá.

Osu: almagre.

Osu: color, pintura "se llama asi a la cabeza del Iyawó pintada con los colores de los cuatro orishas que recibe", (blanco, azul, rojo y amarillo).

Osu: conjunto de los ingredientes —secretos— que se ponen en la cabeza del iniciado, (Iyawó) en la ceremonia secreta.

Osu: talla, medida. "Medida de la persona que tiene Osu", (el bastón de metal o madera que remata la figura de un gallo). "Osu quiere decir, tamaño. El tamaño de este bastón protector depende de las necesidades del que lo recibe. Se le llama también Osu, porque dentro del gallito se guardan los ingredientes, los secretos que le pusieron en la cabeza".

Osuka: bonita.

Osúkuán: luna.

O

Osu lese: pintura, (de los pies del Iyawó).
Osu ma dubule duro gangán: Osu de pie y firme.
Osúmare: arco iris.
Osún: dormir.
Osún: bienestar.
Osun bororó má dubule duro gangán: "Osun de verdad, que no puede estar acostado, sino de pie y bien firme".
Osun elerí: polvos rojos que se emplean en la ceremonia del Asiento.
Osu olómbo seri: coge naranjas y las carga en la cabeza.
Osure: correr.
Osure! óle si wayu owo séri: corre que un ladrón entra en la casa para cogerse el dinero.
Osuro: venado.
Otá: pueblo, "nación", —"tierra de Oyá".
Otá: china pelona,, (piedra).
Otá: piedrezuela que se une a los caracoles con que adivina el Babalocha y la Iyalocha.
Otá: enemigo.
Otá: vender.
Otá ki ibo: dice el Babalocha cuando al echar los caracoles, le da una piedrecita negra al consultante: "Aprieta la piedra, saluda y pide".
Otako: enemigo.
Otako mi: "Uno que está peleado conmigo".
Otá ku mi: "peleando con mí enemigo.
Otá meta, (itá meta): la esquina.
Otá mi: yo vendo.
Otán: piedra.
Otán Yalode: piedra sagrada en la que se venera y "vive", para el culto, Oshún, (Yalode).
Otán yebiyé: piedra fina, de joya.

O

Otáóni: enemigo.
Otawa: adivinación; signo del coco; cuando caen tres pedazos, de los cuatro que se emplean, presentando la pulpa.
Otawa, (otáso): de frente.
Oteríbacho: cadáver.
Otéyumó: fijar los ojos con atención.
Otí: aguardiente.
Otiba sálo: se va, irse.
Otí bembé: aguardiente.
Otibó: aguardiente.
Otí boro: bebida.
Oti ereke: aguardiente de caña.
Otíkuá ete mí: estoy borracho.
Oti loro: vino.
Otí oru nikaka: "Dormir borrachera indecente".
Otí pikua: vino.
Oti pipa: borrachera.
Otité: trátame bien.
Otité: palo torcido.
Otítilá: lámpara.
Otí tó: espérate.
Oto: orina, orines.
Otó: se acabó.
Oto: verdad.
Otó: terminar. Dar fin a una cosa.
Oto bale kofún bale...: reverencia a los orishas.
Otochí: pobre, desempleado.
Otoiro: galán de día, (cestrum diurum, L.).
Otoko mi: "peleando o atacándome".
Otokú: mecha.
Otokú: murió.
Otokuá: candela.
Otó kután: terminamos la matanza, (se dice al finalizar el sacrificio).

O

Otolá: mañana, hasta mañana.
Otomaguá: cielo. Astro.
Otón: porrón.
Oto nani: callarse.
Otonó: alumbra.
Otonó ainá: encender la candela.
Otonowó: insistir en una pregunta, profundizar en una averiguación hasta obtener una seguridad.
Otoñí guengué eru: rabo del animal sacrificado.
Ototumi: tengo deseos de orinar.
Otowó mi otowó re oriki ori oñi otawa wá: "Que en mi frente y en su frente todos los que vieron la matanza den gracias y sea dulce a la cabeza y los limpie", palabras que se pronuncian cuando los que asisten a una matanza tocan con un dedo la cabeza del animal sacrificado, y después de trazarse una cruz en la frente chupan la sangre. Traducción de otro informante: "Mi frente y tu frente alabada sea, y la cabeza dulce como miel para alejar el mal de cada uno".
Otoyó: reunir, reunión.
Otoyó obó, (owó): reunir dinero.
Otrupán abé konguá: odu, signo de Ifá.
Otrupán bara: odu, signo de Ifá.
Otrupán beré: odu, signo de Ifá.
Otrupán che: odu, signo de Ifá.
Otrupán fun fun: odu, signo de Ifá.
Otrupán ka: odu, signo de Ifá.
Otrupán kaná: odu, signo de Ifá.
Otrupán Ogunda: odu, signo de Ifá.
Otrupán sá: odu, signo de Ifá.
Otrupán soso: odu, signo de Ifá.
Otrupo okana: odu, signo de Ifá.
Otuá ba: odu, signo de Ifá.
Otuaché: odu, signo de Ifá.

O

Otuafun: odu, signo de Ifá.
Otuaogunda: odu, signo de Ifá.
Otuareto: odu, signo de Ifá.
Otuasá: odu, signo de Ifá.
Otuatikú: odu, signo de Ifá.
Otuatuló: odu, signo de Ifá.
Otúipón: pólvora.
Otukokún: marinero.
Otún: porrón.
Otún awó óba: palabra de ruego, otú, que el adivino dirige a Awó, al Misterio, y a Oba, el mayor de los orishas, cuando arroja al suelo, a su derecha, un poco de agua, para interrogar e interpretar sus vaticinios.
Otúnla: pasado mañana.
Otura loké ibori iboyá Ibochiché: saludo al odu, signo de Ifá.
Otúre réte: odu, signo de Ifá.
Otútú: aire.
¡O tú tú!: ¡Qué frío hace!
Otuyé: nombre propio.
Oú: algodón.
Oukó mela mela: "Dice el tigre cuando va a comerse un animal. Como si dijera; me cabe éste y mucho más".
Oún bo: vuelve.
Oún egpakpá: "ni este Babalawo mismo es Babalawo". (¿)
Oún jó ní: no será así.
Oún wa malocha: "vas a hacer madre de Santo".
Ouón: esto.
Ouori: pueblo lucumí.
Ouro: madrugada.
Owá: mano.
Owá: ombligo.
Owá egpadé loná luré meyi: Encontró dos chivos en el camino.

O

Owala: gordo.
Owa ló loko: ir por los campos.
Owí: trabajar.
Owó: negocio.
Owó: tarro.
Owó: permiso.
Owó: dinero. Riqueza.
Owó: palma de la mano.
Owodó: mano pilón.
Owó ilakón: un peso plata.
Owó ilé: el alquiler de la casa.
Owokán: corazón. ("Con la mano en el corazón").
Owó ló ilé: se va para su casa.
Owó lówo mí ti ló laí lí: hace tiempo que el dinero se me fue de las manos.
Owólumó: no se sabe donde se ha metido el dinero. (Dinero escondido).
Owón: los hombres. Muchos.
Owón (iwón): varios, muchos.
Owón: ellos.
Owoni: gente.
Owó ní nde yále kani ocha: dinero provoca tragedia arriba de Ocha.
Owó nin di yale, ka ni ocha: se refiere al dilogún cuando cae en la situación Oché o Eyioko; augura que por dinero se producirá tragedia.
Owó nini owó: mucho dinero en la mano.
¿Owón te dé na ló Baba?: ¿Ya vinieron los Santeros?
Owó odo: mano de pilón.
Owó owó: dinero en cantidad.
Owore aro: tú estás enfermo.
Owore otí kuá: tú estás borracho.
Owó sí gúa sale yú meo emí: no tengo dinero.
Owotewó: planta de los pies.

O

Owo titá: dinero que vale.
Owó tiwá: nuestro dinero.
Owó tutu: dinero acabado de cobrar.
Owó won ni tiyale: "el dinero saca (arma) tragedia".
Oyá: diosa de la centella y de las tempestades. Compañera inseparable de Changó. Catolizada Nuestra Señora de la Candelaria.
Oyá: atributo, lanza de hierro, pulsos, cascabeles, cadena en los tobillos, cascabeles en el borde del traje.
Oyá: peine.
Oyá: centella.
Oyá Bi: Oyá.
Oyá bí: nombre de "hijo" de Oyá. ("Lo engendró Oyá").
Oyá dié: nombre de "hijo" de Oyá.
Oyá dimé: nombre de "hijo" de Oyá.
Oyádina: nombre propio.
Oyá Dumí: Oyá.
Oyá dumídú: nombre de hijo de Oyá.
Oyá fumitó: nombre de "hijo" de Oyá.
Oyá funché: nombre de "hijo" de Oyá.
Oyá fún fún: peine blanco para "limpieza" —purificación— de cabeza.
Oyá fúnké: nombre de "hijo" de Oyá.
Oyá fumilére: nombre de "hijo" de Oyá.
Oyá gadé: nombre de "hijo" de Oyá.
Oyá jéri jéri jékua obini dódo Oyá wolé nile irá: "Reverencia a Oyá, que castiga con la chispa y que cuando aparece da un estampido".
Oyálesí: nombre de "hijo" de Oyá.
Oyálete: nombre de "hijo" de Oyá.
Oyaló: seguro.
Oyalewa: cintura que se cimbrea luciendo algún adorno.

O

Oyá miní: nombre de "hijo" de Oyá.
Oyá Mimú: Oyá.
Oyá miwá: nombre de "hijo" de Oyá.
Oyanga: "una tribu de "Dajomi."
Oyá niké: nombre de "hijo" de Oyá.
Oyanu: el cólera, diarrea.
Oyanu: Orisha catolizado "San Lázaro".
Oyá Nina: nombre de hijo de Oyá.
Oyániwá: nombre de hijo de Oyá.
Oyá Oromú: nombre de hijo de Oyá.
Oyaré: avatar de Yemayá.
Oyaré: razón.
Oyaré: reverencia, saludo.
Oyaré: por favor.
Oyáreo: cortesía.
Oyá sarandá ayí lo da: palabras que pronuncia el Adivino cuando el caracol cae en la situación de Osa y Ojuaní chober, y que significa fracaso, y "que hay una revolución, todo está al revés, por mucho hablar, y mucho desorden". Leemos en una libreta. Oyá Sarandá ayí lodá: "la tormenta que le viene encima por revoltoso, por hablar demasiado".
Oyá teki: nombre de "hijo" de Oyá.
Oyá Tetí: nombre de hijo de Oyá.
Oyá tilewá: nombre de "hijo" de Oyá.
Oyá Yansán: orisha, catolizado Nuestra Señora de la Candelaria.
Oyá yimí: nombre de "hijo" de Oyá.
Oyá yumidei: nombre de "hijo" de Oyá.
Oye: resina.
Oyé, (ofé): enseñar.
Oyé: melón.
Oyébodé: nombre propio.
Oyé guroso: odu, signo de Ifá.
Oyeku Bará: odu, signo de Ifá.
Oyeku batu fu pán: odu, signo de Ifá.

O

Oyeku bikosómí: odu, signo de Ifá.
Oyeku fun: odu, signo de Ifá.
Oyeku kano: odu, signo de Ifá.
Oyeku meyi: odu, signo de Ifá.
Oyéku oguai: odu, signo de Ifá.
Oyeku ogunda: odu, signo de Ifá.
Oyeku só: odu, signo de Ifá.
Oyeku tuá: odu, signo de Ifá.
Oyeni: hoy.
Oyere eyí: dos días.
Oyere kán: un día.
Oyere marún: cinco días.
Oyere mesún: cuatro días.
Oyere meta: tres días.
Oyeún tán, (únyéun): acabar de comer. Comió ya.
Oyeusa: guanina, macho.
Oyeyé: bonito, hermoso.
Oyeyé: bastante, mucho.
Oyéyei: nombre de hijo de Obatalá.
Oyí bese: el que tiene deuda que pagar.
Oyibó opá erú: "blanco mató un negro".
Oyí iré: buenos días.
Oyí iyí: sombra.
Oyí naro: yerba fina, perteneciente a Oshún.
Oyiré: buenos días.
Oyirulé: pared de la casa.
Oyíse: asistente, oficial.
Oyíyi, (eriyí): encías.
Oyiyó: bailar.
Oyiyó: alegría.
Oyó: tribu, "nación" lucumí.
Oyó: "El lucumí más grande".
Oyó: día
Oyó, (oyú): ojo.
Oyó: personaje.

O

Oyó: humedad.
Oyo: cobarde.
Oyó: nube.
Oyó: quemar, (oyó erán; carne quemada). Oyó iná ilé; se quemó la casa.
Oyó ameko: nación, grupo lucumí.
Oyó aniewuó alá bolé: "El hombre más grande en tierra y lengua Oyó".
Oyó ayilóda: nación lucumí.
Oyó ayokán: sabana grande.
Oyó bá soró: la lluvia cayendo.
Oyobí: el día en que se nace.
Oyó boro: de Oyó, "tierra o nación lucumí".
Oyó dilogún, (merilogún): diez y seis días.
Oyó eyí: segundo día.
Oyoí akuano oyoí akúdeo oyoí akúdeyó oyoí basiku babáguó. Omi tuto anatutu falé tuto, tuto osayé: "Que tenga compasión, que nos aleje lo malo, los muertos, la enfermedad, la sangre. Fresco el camino, con agua fresca no hay mal".
Oyó kan: primer día.
Oyó kulé: nombre propio.
Oyó kure: nombre propio.
Oyó la ún elénko: buenos días le dé Dios.
Oyóloro: respuesta al saludo Oyiré.
Oyó marún: quinto día.
Oyó méfa: seis días.
Oyó megua, (o mewa): diez días. Décimo día.
Oyó mékua: diez días. Décimo día.
Oyó mekanla: once días. Onceno día.
Oyó merín: décimo cuarto día.
Oyó merinlá: catorce días.
Oyó mesán: nueve días. Noveno día.
Oyo mesún: cuatro días. Cuarto día.
Oyo meta: tercer día.

O

Oyó metalá: trece días, décimo tercero.
Oyó meyí: dos días. segundo día.
Oyó meyilá: doce días, décimo segundo día.
Oyó meyó: ocho días. Octavo día.
Oyó meyogún: quince días. décimo quinto día.
Oyómisí' "los que eran de Oyó", (naturales de Oyó).
Oyó mokanlá: onceno día.
Oyó oyí ló dan: jefe de población.
Oyore: baile.
Oyóro: flor de agua.
Oyoroso: malo.
Oyórosún: número cuatro del dilogún.
Oyotó: quemado.
Oyó úmbo: la nube se va corriendo.
Oyoúmbo fú fúleí: viento y lluvia que cae.
Oyóuro: lluvia.
Oyóuro: lirio de agua.
Oyóuro güá: llueve o llovió.
Oyóuro güá yére: llueve o lloviendo.
Oyóuro sakó ni aguadó: "Si el agua no cae el maíz no crece".
Oyó yeru: haragán.
Oyó yó: día y día...
Oyó yomí de kokán: siempre de corazón.
Oyó yumá: día a día.
Oyú: cara.
Oyú: videncia anímica.
Oyú: ojos.
Oyú: lejos.
Oyú: llaga.
Oyuále: tarde.
Oyúbona: Madrina segunda de Asiento. Asistente de la Iyalocha. Cuida a todas horas del Iyawó.

O

Oyufandé: Obatalá.
Oyúkan: tuerto.
Oyú koke: ojos grandes.
Oyú kokoro: "ojos avariciosos, con envidia".
Oyú kokoro kokonité la ó d'owó: "Ojos gandes, avariciosos dinero no los llena, insaciable".
Oyúkokoroni: envidioso, codicioso.
Oyukósi: no veo.
Oyú kuara: ojos abiertos.
Oyú kuara kuara: ojos brillantes.
Oyú la fi soro: los ojos hablan.
Oyú le dí: ano.
Oyumá: mañanita, la mañana.
Oyumá: cuando apunta el sol.
Oyú mana mana: ojos grandes.
Oyú meyi: los ojos.
Oyúméro: bizco.
Oyú miso: ojos largos.
Oyú mini guása: yo lo vi.
Oyú mini wará: "mi ojo la vio".
Oyú ni osí: ante mis ojos.
Oyún kuán mí: sufro, estoy sufriendo.
Oyúnla: mal de ojo, aojador.
Oyunté: poca vergüenza.
Oyú ofetilé: no veo nada.
Oyú omí: lágrima.
Oyú omí: ojo de agua, pozo.
Oyú oru: el cielo.
Oyuoro: flor de agua.
Oyúoyú ále: concubino.
Oyú pepé: guiñar los ojos.
Oyú prí prí prí: guiñar los ojos.
Oyurere: buenos ojos. "Que el santo nos vea con buenos ojos, y conceda el favor

que le pedimos". Lo que se contempla con buenos ojos, con agrado.

Oyurusu: "esos congos que tienen los ojos inyectados de sangre, como de diablo".

Oyú samá: aire.

Oyú samé wé yé: buen tiempo, beneficioso.

Oyusó: manantial, pozo.

Oyú tu amo: ojo de agua, manantial.

Oyútuomí: ojo de agua.

Oyúwayo: patas de gallina, (ojos con arrugas).

Oyuyí: espejo.

P

Pachá: "chucho", látigo.
Pada: cambiar.
Páko: caña brava.
Paku: despacho.
Palaba: herido, golpeado.
Palaba: retoño de una planta.
Palara: terminado, acabar.
Panchága: prostituta.
Panchaka: prostituta.
Panchaka: trasero.
Panchaka bu ké relé ti oyá ki latatí orowó: "La prostituta acostándose aquí y allá, va de un lado a otro vendiéndose".
Panchaka ororó enituyo ité oki yán: "El bobo se asusta con las mujeres de la vida".
Panchákara, (panchaka): prostituta, ramera.
Panchaka yeyé temó bi ri ligó: "Es agradable estar con las mujeres de la vida". (rameras).
Panchuku: güiro con tapa.
Pansa ilé: tumba.
Pansakué: panza. Calabaza.
Paoyé: bastón, cetro de Obatalá.
Parubó: sacrificio.
Parubó Ocha: matar animales para los Orishas.

P

Patá: todo está ahí.
Pataká: plata.
Patakín: "Relatos, narración de los tiempos antiguos y de los orishas". De los odú de Ifá y del Dilogún.
Patakín: jefe.
Pékán: ¡Quita de ahí!
Pekuá: color rojo subido.
Pekuá madié: llama a ese muchachito.
Pele pele: despacio.
Pele pele: un tipo despreciable.
Pelú: "calderilla, un centavito".
Pépeyé: pato.
Pepcyú: los párpados.
Peregún fún fún: Lirio blanco; flor de la Bayoneta africana. (Yucca gloriosa, Lin).
Peregún juyá: cordobán.
Peregún pú pá, (tupá): cordobán.
Peré mí lá güé emi allabá didé. Ikú ikú un ló: palabras que dicen los Babá orisha al levantar las puntas del mantel en la ceremonia fúnebre llamada "Levantamiento del Plato", "Rompo, levantamos, que ya el muerto se va".
Petepete oná: camino fangoso. Barro.
Pikuti: un poquito.
Pikuti: pellizco. Dar el orisha "un pikuti", significa irónicamente, castigar. Una desgracia, una enfermedad puede ser el "pikuti" de un orisha ofendido. Puede ser también traducido en una contrariedad, la advertencia de su cólera.
Pinobí: partir, dividir el coco.
¡Pipo!: mucho, cantidad.
Pipodá: mudarse.
Polo: rana.
Pongué: sed.
Pópó y mina-pópó: tribu, pueblo o nación lucumí.

P

Porirí porirí: dando vueltas.
Posikú: caja de muerto.
Potó: higo.
Poto poto: guanábana.
Potótó aché tó: guanábana.
Promodó: nombre de mellizo varón.
¡Puaíya!: exclamación de elogio que se le grita a Agayú.
Pupayo: colorado.
Púpo: mucho.
Pupo edún: un siglo.
Pupúo: varios.

R

Raguoa: almidón.
Remilekún: consuelo.
Reré: bien, suerte.
Rete: ruego, (al orisha), esperanza.
Rewé, (regüe): frijol de carita.
Ri: mirar. ("Dicen ofé por mirar, pero no es correcto").
Ro: lo que cae.
Roko: cedro.
Roko: ceiba.
Roré: grano, picada de insecto.
Rululú: zafacoca, trifulca.
Ruma: "estás pobre". ("Ruma ruma tí tí Babá; que Babá, el orisha, permita que alguien deje de estar pobre").
Rumó: comer, mascar.
Rumosán: semilla de naranja.
Rú obí: comer, masticar el coco la Iyalocha para ponerlo en la cabeza del devoto cuando refresca al principio divino, al Santo (Eledá) que reside en la cabeza.

S

Sabalú: "nación" de tierra arará.
Sachanu: téngame lástima.
¡Sadaké yéyé orí baiyé íña fófó!: "¡Cállese, silencio, conversador, peleón"!
Sadefí: un barrio.
Sá ewe, (Lo Babá sá ewe): "El viejo cura con sus yerbas", quiere decir además, en cierta historia de diablos, que uno de los protagonistas que curaba —un taita diablo— escondía sus yerbas.
Saiguó, (saéwo): reguilete.
Sakosá: pavo Real.
Sakusá: sinsonte.
Sakusá: el pájaro llamado judío.
Salakó: el varón que nace envuelto en zurrón.
Salakó: nombre de "hijo" de Obatalá.
Salé: correr.
Sálé: abajo, esconderse debajo de algo.
Saló: huir, salir a todo correr.
Saloni aburo mi: me voy corriendo hermano mío.
Saloyú iguó: te están mirando, huye.
Salubatá: chancletas.
Salubatá: madera de buen olor.
Samá: cielo.
Samá; (oyúsamá): aire; la atmósfera.

S

Sani: verbena.
Sánlao: nombre que los viejos le daban a San Lázaro, (Babalú Ayé).
Sánsán: mosquito.
Sánsará, (sansa): huir.
Santé: miembro viril.
Sapada: beneficio, merced.
Sapamo: enterrado, escondido.
Sara: satisfecho, gordo.
Sará, (saré): correr. "Contestar de prisa", sic.
Sará ekó: rogación, purificación con ekó, maíz. "El ekó o dengué, para ebó que hay que hacer de momento, a la carrera, cuando un muerto o un ocha están molestos".
Sarandá: fracasado.
Sará re ní: seguro, firme.
Saráunderé: purificación, "limpieza".
Sarayeyé: "limpieza", purificación.
Sarayeyé bá kú no sarayeyé ó didena: cuando se purifican los animales que van a ser sacrificados. (Despojando a un embrujado, también se le canta): sarayeyé bá kuno, llévalo, llévalo viento malo".
Saré: plaza, terreno entre edificios.
Sarenbadyá: ramera clandestina.
Sayá: nombre de "hijo" de Yemayá.
Sayóni: déjame.
Sedé: camarón.
Séku: muerto.
Sekule: buenas noches.
Selekún: cierra la puerta.
Semó: cerrar.
Señilé: patio.
Seré, (oré): querida.
Serí: tranquilo.
Setutu: agua bendita.

S

Sigüere: loco.
Siká: llave.
Silekún: abre la puerta.
Sinikú: tumba.
Sínle: cierra la puerta.
Siré: fiesta de Ocha.
Sireré, (Siré): jugar.
Sireré: jabón.
Sireno:. cotorro.
Sisé: comida cocinada.
Sisé inyé: cocinar para comer.
Siwané siwané síle...: Se inclina temblando, escondiéndose de... (Del canto de una narración en que el protagonista, un carpintero, se inclina escondiéndose detrás de un montón de virutas).
Sobé: caldo.
Sódeké: Jefe, Jefe de una población.
Sodi: reloj.
Sodo: hueco.
Sodo: cerca.
Sodorisa: "bautizar", consagrar, "hacer santo".
Só fún enía kan: no se le dirá a nadie.
Só güó: coito.
Soguodo guo: invertido, pederasta.
Sokale: bajarse.
Sokún: llorar, lamentarse.
Solabo: Obatalá.
Solorí: el "Manda más o principal de la República".
Somo: lo que cuelga.
Somodó: acercarse, juntos.
Só mó gué niwó sá ló: Me retiro, me marcho, —dice el orisha cuando se va.
Somo kó: "No me amarres", —dijo el ratón.
Sóniyi: casarse.

S

Sono: perderse.
Soófo: dar de cuerpo.
Sopa kún: llorar, lamento.
Soró pípo: chismoso.
Soropo: tertulia, conversación, diálogo.
Soro yeyé: hablar bajito.
Só tele: "decir lo que va a pasar". (Vaticinar).
Sowó: dinero en la mano, algo que está en la mano.
Su ayú: adelante.
Sufé, (o Sufí): silbar; Sufé Eleguá, Osaín sufí —Eleguá y Osaín silban.
Sugudú: hermano.
Sukú sukú: llorar, jerimiquear.
Sumotí: cerca de tí.
Suón di: estar a gusto.
Sún: dormir.
Sure sure: correr.
Sure fún: bendecir, y desear bueno.
Suru: aguantar, sufrir.
Súyer: rezo no cantado.
Suyere: canto, sin coro, que entona quedo el babalao, cuando prepara un ebó. Cada odu del babalao posee su suyere.
Suyere lomó el adimú: es una ofrenda de golosina, refresco, dulces, ("Algo de lo que boca come, fino y delicado").

T

Tabelako: nombre propio (de hombre).
¿Tabú?: ¿Qué pasa? ¿Qué hubo?
Tabinówa: ¿Quién te lo trajo?
Tachidín: "un golpe que se da a uno en el trasero".
Taebo, (taibó): se llama el primer mellizo que nace.
Tafo: panadizo, siete cueros.
Taguá: atrás, detrás.
Tailolo: guanajo.
Tai tai: con altanería.
Taiyé: acto sexual.
Tá kimbi iguó: acariciar.
Tako tabo: pareja de animales, macho y hembra.
Tákua: tribu, nación lucumí, tierra de Yánsa-Oyá "se marcaban la cara como los yesa".
Tákuame: soy takua.
Talabí: niño que nace envuelto en zurrón.
Talabí: hijo de Obatalá.
Talatá: uno que está "salado", que tiene mala suerte.
Talátanó: guanajo, pavo.
Taná: enciende la vela.
Taná tána: luz —la vela o lámpara encendida.

Tan: hacer para bien.
Tan (temí tan): lo que a mí respecta.
Tamajá: me figuro.
Taneweko: las flores.
¿Tání?: ¿Quién es? ¿de quién?
¿Tanibé?, (Tanimbé): ¿Qué cosa es? ¿De qué se trata?
¿Tani dilogún soró?: ¿Por qué el dilogún habló? (Olorún awá eñá fumí obi soro wá idilogún ígui ikú. Porque cuenta una leyenda, que Olorún, Dios, lo mandó a buscar, pues decían que la muerte estaba presente, y el caracol habló y dijo que estaba prendida a un palo).
Taní embé lojún: ¿Quién está?
¿Tani ewé ló unyé ewení?: ¿Qué yerba se cogió para comer?
¿Tani imóguálé?: ¿Quién lo trajo a esta casa?
¿Tani keté tioba?: ¿Quién vio el sombrero (aketé) del rey?
¿Tani kinché?: ¿Qué pasa?
¿Taníkinché ore?: ¿Quién es su mujer?
Tani lobé lowó mi adá lowó adá orichá: Con mi misma mano me coroné rey. "Palabras que le contestó a Olofi, Eyókilé, en Odí Orozón". (En la historia que acompaña a este signo de la adivinación por medio de los cauris o caracoles).
Tanimoguá: ¿Quién lo trajo?
¿Tani moti yaré? Omó reko motí yaré: ¿"Qué pasa que hay fiesta en esta casa"?, o en la sala. Pregunta Changó cuando llega a casa del Omó que lo festeja. (De un canto).
¿Tani o fínga?: ¿Quién lo enseñó?
¿Tani ofínjaiwó?: ¿Quién lo enseñó, adiestró a Ud.?
Tánkara: lebrillo, plato hondo.

T

Tán, (tán tán): terminar, acabar de una vez.

Tan tó Olorún tá ledá: la cabeza en que brilla Olorun no se expone a cargar más de lo que puede.

Tapá idí: una patada por el trasero.

Tápi tápi: pasta de arroz, (kamanakú).

Tara: aprisa; el que lleva delantera.

Tara tara: trabajando de prisa, ("Changocito mio tara que tara, aé").

Tarawé: parejero, "igualón".

Tarunkui: atrevido.

Tá té: "Es lo que dice Yewá que está adentro de la fosa; que ella le tiró (al muerto) y lo desgració". Lo hechizó.

Taúngala: jarro.

Tawá lúlú: tocar tambor.

Tayo: de mucha categoría, prominente.

Tedún Changó: el Changó de Tedún.

Teguá, (téwá): nombre de "hijo" de Yemayá.

Tegún ilé: la escalera de la casa.

Tegúre: frijol. Frijol llamado caballero.

Teke: nombre de "hijo" de Yemayá, (va precedido del nombre del Orisha).

Teketeke: el burro.

Téki Changó: nombre de "hijo" de Changó.

Telá: embarcadero, muelle.

Tele: consejo que da el Dilogún, los Orishas.

Telé: tropiezo, desgracia.

Telé: nombre de "hijo" de Yemayá.

Tele: delante.

Tele: el que va detrás.

Telebí: bonito.

Teleché: planta de los pies.

Teleguá, (telewá): nombre de "hijo" de Yemayá.

T

Temi: mío.
Temi bá loké: yo voy a subir.
Temi ba loké ilé: voy a subir al techo o a la azotea de la casa.
Temiché: lo que es mío.
Temí eché tamiyo agoro niche do ma do adó awá sí aguawuona: "Dios en el cielo y yo aquí, con mi saber, echo fuera todo lo malo y acabo con ellos".
Teminí: esto es mío.
Temi ofé okán bubú: yo quiero desde el fondo de mi corazón.
Temí ósa: tengo calor.
Temí úmbo loke: voy a subir.
Temi umbá yéun: voy a comer.
Teni teni: palo verraco.
Tení tení: "cada uno lo suyo".
Tén tén: piña de ratón.
Tére: patear, aplastar, machacar algo contra el suelo, o estrujar brutalmente. "Tere mogbá tere mogbá teré".
¡Tere góngo, tere!: ¡Aplasta pincho, aplasta!...
Tere mina mina mo fó gún: "Destroza pronto, rompe, acaba, arrasa". Conminación para un hechizo.
Tere mí tapá: me tiró y me pateó.
Terepe: Se dice corrientemente en Cuba, cuando alguien sufre accidente nervioso, "le dió un ataque".
Terekuote: burro.
Teretere: apodo que se da al ratón porque acaba con todo.
Teretere minako teremina ko lolobó teremina ofé olú oyá teremina igara labé siroko iré mana sé de me ladé kuá: palabras que inician una relación en que el ratón, tomando la apariencia de un hombre, enamora a una muchacha y ésta le corresponde. A punto de celebrarse la boda,

T

cae en la trampa que un Agugú llamado por su suegro, coloca en la puerta de su casa.

Teru: negrero.

Teru teru: mayoral o negrero.

Tete: bledo.

Tete: lo primero.

Teté: "es palabra para adorar santo, rezo".

Téte, (ntéte): grillo.

Téte re gú meye mó fé kuan Babamí oké: "Como si se dijese; cuando la candela se levanta sólo el agua la paga".

Teti: nombre de "hijo" de Yemayá. Va precedido del nombre del orisha.

Te yé yé: "cálmate", "estáte tranquilo".

Ti ofó: vuela, (el pájaro).

Tián: bastante, mucho.

Tián tián: un apodo para designar el Africa.

Tibú ocha yo bí: nombre de hijo de Yemayá.

Tibitibi: persona que no le importa que otra sea buena para hacerle un mal. "Ingrato".

Tichomo okuni: testículos del animal que se le sacrifica a un orisha.

Tidí: caminar como cangrejo.

Tié: tuyo, (lo tié, lo tuyo).

Tienko: pavo.

Tifúko, (fu ko): tísico pasado.

Tikaramí: para mí.

Tikaramí, Tikaramí: para mí, para mí. (Decían las hachas de los monos de un brujo, cortando un árbol mágico, en una leyenda que tiene por personaje a un niño prodigio).

Ti kére tí moti moti motiyó aguá yá...: "Eres loco, estás borracho y vamos a irnos a las manos".

Tilanté: sucio.

Tilé: tierra.
Tilekún: puerta.
Tiloguasé: mandado a hacer.
Timbó: lo que viene.
Timbú Oshún: nombre de Oshún.
Timí: mío.
Timó: juro, jurar.
Tinabó: candelilla.
Tinabó: luz.
Tinibú: Yemayá, nombre y avatar de este Orisha. Nombre de "hijo" de Yemayá. Hijos de Oshún, hermana de Yemayá, reciben este nombre.
Tini Oshún: areca.
Tingüí, (tinwí): respeto.
Tingüí, (tinwí awó): respeto al mayor.
Tino adó, (tinadé): cuchillo del Asiento.
Tino okún: barco.
Tín tín: almohadón, cojín.
Tinwó: tú.
Tiolá: mañana.
Tioyú: tímido, acorbadado.
Tipá tipá: "arrebatiña", golpes.
Tiré: lo que ellos tienen.
Tiré: suyo, de él.
Tiroleseka: mutilado de un pie, cojo.
Titán: "acabar con lo malo", favorecer el orisha al devoto apartando de él lo que es maléfico. Dicho de otro modo: Oré ofé.
Titánchán: estrella que brilla mucho.
¿Titaní owó?: ¿De quién es el dinero?
Titi: tembladera.
Titiaguá: nombre de hijo de Oshún.
Titiló irú chinlá: se refiere a la cola del caballo; "que siempre se usa en Ocha y se saluda".
Titiló irú chinlá: la cola del caballo siempre se está moviendo.

T

Titi ódo: orilla del río.
Titiwá: nombre de "hijo" de Oshún.
Tito: nuevo.
Tiwá: nuestro.
Tiwón: de ellos.
Tiyá: de la madre.
Tíya: guerra.
Tiya tiya: discusión.
Tiyé: recordar, (Wontiyé mi; Ud. me recuerda).
Ṭiyú aguá: se dice cuando el dilogún de adivinar cae en la posición Ojuaní Chobé (11) y Oyorosún, (4).
Tobi: grande.
Tobi tobi: grandísimo.
Tobi: se dice cuando algo termina satisfactoriamente.
Tokán tokán: de todo corazón.
Tokí: nombre de "hijo" de Oyá.
Tokojó: ajo.
¡Tokulomí!: que muere hoy mismo.
Tokuno: orisha, Arará, de la dotación del ingenio San Joaquín. ("Lo adoraban también los lucumís").
Tolá: nombre de "hijo" de Changó.
Tó loré gumí omílele omílala: cuando se comienza a cantar en una reunión, y los asistentes, con excepción de unos cuantos no prestan atención, el "apuón", que dirige los cantos les lanza esta puya: Que se acabe, se los pido a todos, no sean haraganes, vamos a poner atención para empezar.
Toló toló: guanajo.
To mi lofé mi: cuando yo lo vea.
Toná: rastro.
Tóna tóna: caraira.
Tondá: el que vuelve a nacer, "Espíritu que se va y vuelve". (Abikú).

T

Tóntín: se les llama a las letras u oddún dobles del dilogún: 22 33, 44, 55, 66, 77, 88, y 99.

Toré: ¡Quítate de ahí! Quitar una cosa.

Toré: ofrenda, halago a los orishas.

Tori: Dios. (Tori Samá). Dios del cielo.

Torí: dar.

Torí: beneficio, favor divino.

Tori orí olórí: la cabeza. "Dios, dueño de la cabeza".

Toró: tranquilo.

Toró: plegaria, ruego, rezarle, pedirle protección al Orisha.

Toroloní: almohada.

Toru: cielo.

Torú: quítalo, (el mal).

Torún aúaú: arrancar.

Torún enú: "quitarme la maldición que me echaron".

Torún kuí: arrancar.

Totó: enteramente, todo entero. De verdad, verdaderamente.

Tó tó jún: "palabras de respeto que se dicen a todos los orishas". "Para suplicarles y prometerle de verdad que no se volverá más a faltarles en modo alguno".

To to jún: conformidad con la voluntad de los Ocha.

Towá: nombre de un "hijo" de Yemayá.

Towó: nombre de "hijo" de Yemayá.

Toyé: bastante.

Toyú: con cuidado.

Toyú: míralo bien. Vigilar.

Tuá lu lu: tocar tambor.

Túa túa: una yerba medicinal, purgativa y vomitiva, cuyo nombre pretenden algunos que es yoruba.

T

Tuché: semilla importada de Africa, para la ceremonia inicial. Menos dura que el Obí Kolá.

Tué rayé: malas gentes.

Tuí tuí: toque caracterizado por su ritmo acelerado, como el aluyá, "llamar" o provocar el trance en los hijos de Changó.

Tún tún tún soro i kimbó timbioro olúo okuá mi le ré oní fenán sile oninko eché aguadó yó emení soké modéru awó kinirín féfé kufé: "Ayá, la jicotea, embrujó a la hija chica de una mujer que le mandó a buscar agua al río y la metió dentro de un tambor. Ella decía que la estaba matando, que le daba de comer frijoles y maíz. Jicotea iba andando y cobrándole a la gente por oir su voz conversando dentro del tambor. Un babalao descubrió el engaño".

Turare: incienso.

Turé: carnero.

Tutó: escupir.

Tutu: fresco, frío, húmedo, humedad.

Tú tú: lechuga.

Tutukán: jía.

Tuyé: piñón africano.

U

Uako: bejuco guako.
¡Udán!: ¡Claro que sí! Por supuesto.
Uebo: blanco.
Ugé: limpiar la casa.
Uké: morrocoy, jicotea grande.
Ukuo: avispa.
Umo: barriga.
Umbagán: visita.
Umbalaya Eshu Beleke: nombre de Eleguá.
Umba unsoró kadié: . voy a hablar contigo.
Umbé: está ahí.
Umbo: ir. Venir.
Umbó beloyá: ¿De dónde viene?
Umbo ke: venga acá.
Umbo wá: nos vamos.
Unché lekún: abre la puerta.
Unfá lo ni: adios, me voy.
Unflún: tripas.
Undire: baño.
Undukú: boniato.
Uniguí: güira.
Unkuelé: oír; (hablar, según otros: unkuelé kuelé tié, hablo contigo).
Unkuelé: reunión de gentes que están hablando.
Unkuelú: reunión.
Unlo, (úmbo): irse, me voy.

U

Unlo adá okutá: ir a afilar el machete en la piedra.
Unló siré: voy a trabajar.
Unóbo: no oigo.
Unpachá: látigo.
Unsará: huir, correr.
Unsaloni: salir disparado, huír.
Unsará: huir, correr.
Unsoro: hablar.
Unsoro bípa ofo: "No hable bueno para malo, ni malo para bueno".
Unsoro ká ká ká: discutir, hablar con vehemencia.
Un soro ofó paobí: dice el Babalocha o la Iyalocha al lanzar los caracoles: "no hable bueno para malo, ni malo para bueno".
Unsuru: ten paciencia.
Untóri: castigo. "Le pegó".
Untori: para qué, por qué.
Unwáloké: el cielo, todo el firmamento.
Unyale: comida.
Unyale burubá: comida que tiene brujería.
Unyé: comida.
Unyé dára: comida buena.
Unyé guoro, (unyéworo): almorzar.
Unyéun: comer.
Uoná: venir, volver.
Uoni afefé: el viento.
Uón mi obini olóñá: ésa, mi mujer está embarazada.
Uón orárió Ocha: asentarse, iniciarse.
Ureba: conejo.
Uru: cola, rabo.
Usa: libro.
Usa ofere: libro para aprender.

Wá: nuestro, nosotros.
Wabi: delantal de Changó, de los Ibeyi. Todos los orishas varones lo llevan.
Wáiña: pelea, peleando.
Waka má ka: ven acá, que te pego.
Wáka ni lo wá: ven acá.
Wákika: jobo.
Walamí: remar.
Wale: temblar, tembloroso.
Waleyo: el que viene de afuera, que no es del lugar.
Walubé: palangana.
Waka: verde.
Waka: cotorra.
Wá mi: vengo.
Wánaché ilé wanaché Obara. Wanaché abalonké wanaché ainá wanaché Beyi Oro. Wanaché Dáda. Wanaché táekue, kaidé, alabá konkidó Olodumare: pidiendo aché, —la bendición— a los Orishas y a los Ibeyi del Cielo.
Wángara: hablar claro.
Wanto lo kun. (Uantolokún): el mar, cerca del mar. La orilla del mar.
Wánwá, (uanwá): sabana.
Wan yó dukué: estamos contentos. Gracias.

W

Wá ofífi: pintarlo.
Wára: leche.
Wara kasi: queso de San Felipe.
Wári: mirar.
Watakí: jefe.
Wári wári, (wa wari): mirar atentamente.
Wasi wayú: quítate de mi vista.
Wá wá yolá sofí oré wá wá yolé ko lu bo: "Que venga (Yemayá) se alegrará y se llenará con todo lo que ponemos para que su bondad nos ampare, que no se esconda. Esto le cantamos a Yemayá cuando vamos a la laguna a llevarle una canasta con muchas cosas de comer".
Wáya wáya naná kó ibéro. Naná kó ibero: ¡"Con Naná no hay que tenerle miedo a nada"!
Wá yéun: a comer.
Wáyu: la cara.
Wé bé: yerba.
Welé: moverse, ajetrearse.
Wema, (wemó): estar limpio, (en sentido religioso).
Wemó: limpieza, limpio. (Wemó emi Baba: límpiame Padre Orisha).
Were: chiquito, ser poquita cosa. Emi were. Were were "chiquirritico".
Were were: que no se está quieto, los muchachos majaderos. (Así llamaba a los niños una vieja del Central "Dolores").
Were were iná yo Eshu wele:' "una comprita que dé un poco de alegría. Eshu, muévete para que se pueda"... (Hacer un pequeño gasto quien nada tiene).
Wimi wimi o lelé oyán kalá. Kalá o lelé: "Cuenta el relato de las tierras sobre las que apareció la lechuza con la poderosa Oyá, (que es la diosa de los vientos) y

W

con la que tuvo un disgusto, y pasó mucho, y tuvo que huir".

Wó: ¡cuidado!

Wó: tu.

Wobedo: chayote, (Sechium edule, Sw.).

Wóko wóko kulencho ólélé omá: "Personas conocidas que por costumbre se reunen para cantar, y el que canta le pregunta a uno que ha venido de visita que de dónde es, y que se identifique. Esta es una puya que le lanza el que empieza los cantos a un visitante".

Wole: robo.

Wó lé e, (we le é): entra.

Wo ló: tu vas.

Wómb: nombre de un pájaro.

Wón: de.

Wón: jicotea.

Wón: ellos, ellas, (Wón yéun, ellos comen).

Wón be ano: hay enfermo.

Wóntalaka: "ellos son unos pobretones".

Woni: estos.

Woni: tinaja.

Woní araoko, (uoní araoko): el campo.

Woni ará: el cuerpo humano.

Wón ilé: su casa.

Woni lokun: mar, el mar.

Woni lósa: la laguna, esa laguna.

Woni lósa: el río.

Wo mí oré dara: Tú, eres mi buen amigo.

Won lí owó ilé: Ese tiene dinero y casa propia.

Wón sá ló oloyé: vamos a la fiesta.

Wóntú dubule: se acuestan a dormir.

Wóro: grano, nacido, tumor que duele.

Wo sé:. tu haces.

W

Wóro wóro sun oní Yemayá: "cuando el caballo de Yemayá", es decir, la diosa, "aparece con una jícara con agua en la cabeza".

Wó tito ni soro íya: cuando se dice Changó truena, "su voz rompe y es como la guerra, basta para hacer que todo tiemble".

Wo ti wa ni lú: ¿vas a la capital?

Woyé: con cuidado, prudencia.

Woyó: te vas.

Woyú: mirar.

Wú sú sú: neblina.

Yaaso: guanina.
Yadé: váyase, vete.
Yadí: cintura.
Yadí belebele: cintura flexible.
Yága: lazo, lazada.
Yagbé: dar de cuerpo.
Yagbé ilé: retrete, excusado.
Yaguá laguá: bembón, (belfudo).
Yaguatimá: como te quiero.
Yagué, (yawé): excremento.
Yagwé: diarrea. "Le decían los viejos a los niños, cuando en el suelo se corregían, porque la leche les hacía daño, o por otro motivo: ¡Omó kekeré yagwé yagwé"!
Yaínie: nombre de "hijo" de Yemayá.
Yaíola: nombre de "hija" de Oshún.
Ya kurumá kurumamí madei kurumá miyá kurumá: "Vd. no me conoce a mí", —se refiere a un desconocido que se entromete en el diálogo que sostienen dos amigos.
Yákuta, (chákuta): miércoles, consagrado a Changó, tirador de piedras.
Yale: nombre de "hijo" de Yemayá. Va precedido del nombre del Orisha.
Yale: matar, robar.
Yale; obé obé yale!: hacer daño, pelear.
Yalole: robando los bandidos.

Y

Yamba: malo, maldad.
Yambé rorí: pelear.
Ya meta: cuatro caminos.
Yamí okúti: apelativo de cariño que se da a Yemayá.
Yanbáka: una patada que duela.
Yánle: mujer honrada.
Yansa: orisha. La diosa "dueña de la centella y de los vientos". Catolizada Nuestra Señora de la Candelaria.
Yansa bitioke obiní dódo mésa mésa: "Yansa es una mujer vehemente, muy fuerte, que tiene nueve sayas".
Yansa jekua jéri apuyán fu: Yansa, (Oyá) la centella.
Yansa orirí: nombre de Oyá.
Yánsa riri obiní dódo: nombre de Yansa (Oyá) catolizada, Nuestra Señora de la Candelaria.
Yanu: lo que está abierto.
Yan, yan, kua mi omó la rayón kuán, komo layón kuamí: "Tengo hambre y me cojo a la hija de esa cicatera que me debe". Palabras del canto de la ceiba que se traga a una niña.
Yan yó: presumido o satisfecho de que tiene un primer lugar.
Yara: sala, recibidor.
Yará: cuarto.
Yara: sábana.
Yára: zanja.
Yara: dar o tener prisa. Apresuramiento.
Yarabuyo: salón, sala.
Yará ilé, (yarolé): sala, estrado, salón.
Yarako: soga.
Yaránimo: sensitiva.
Yara yóko: estrado.
Yaro: enfermo, lisiado.
Yaro: mentiroso.

Y

Yawé: ripiar yerbas, (las rituales para "hacer Osain").

Yayéku: granada.

Yebí: preso.

Yebiyé: lujos, joyas, riquezas.

Yebú: tribu, "nación lucumí".

Yedé: loro.

Yéfá: polvos blancos, hechos de ñame, que emplea el babalao, y que se esparcen sobre el tablero de adivinar. (también se les dice Aché).

Yéka: dormir.

Yeki eiyé woló: deja que se vaya el pájaro.

Yekiñé: nombre de Abikú.

Yekún: pica pica.

Yekuté: jutía.

Yekú yeke: gente de dos caras.

Yekú yéke, (yeku yekun): fantasma, aparición que difícilmente se le ve la cara. Se dice de lo que no está claro, del que no actúa de frente.

Yekú yekú: Obatalá femenino, catolizada La Purísima.

Yekú yékú: Obatalá femenino, catolizada Santa Isabel.

Yelé: paloma.

Yeló: más.

Yemayá: Orisha. Divinidad del mar. Catolizada Nuestra Señora de Regla.

Yemayá Achabá: nombre del orisha en un "camino", avatar.

Yemayá Asésú: nombre del orisha en un "camino", avatar.

Yemayá Awóyó: nombre del orisha en un "camino", avatar.

Yemayá Gunlé: "el mar de la orilla" o "el mar que recorre la orilla". Avatar de Yemayá, la diosa del mar.

Y

Yemaya konlá: nombre del orisha en un "camino" o avatar.

Yemayá masadé onirá oní ke kégwá Yemayá oniró oní sá déo... Ota meta Yemayá ibiriko Yemayá masé odo. Yemayá masé odo: "La Santa Yemayá se contempla nadando en el río, y nadando y nadando va haciendo ondas en el río".

Yemayá Mayelé, (Mayolé): nombre del orisha en un "camino", o avatar.

Yemayá obírí adú adú: Yemayá es una mujer de piel negrísima.

Yemayá Ogunté: "La Yemayá que tiene serpiente" y come carnero.

Yemayá Okutí: nombre del orisha en un "camino", avatar.

Yemayá olodó: nombre del orisha en un "camino", avatar.

Yemayá Tinibó: un nombre de Yemayá, "que es el mar revuelto que se adora".

Yémbo: llama.

Yé mi: soy bueno, no he pecado.

¿Yé mí?: ¿Está claro? ¿Me entendió?

Yé mi orisá, bé bi yé: "que el orisha sea bondadoso, que me aumente el bien que tengo".

Yé mí: nombre de "hijo" de Yemayá.

Yémi yémi: nombre de "hijo" de Oshún.

Yému: Obatalá, catolizada la Purísima Concepción.

Yenbó: llama.

Yeni: cundiamor.

Yení yé: "sabe lo que hizo".

Yeni yeni: comelón, que come mucho.

Yenké: chicharrón de monte, (Terminalia, A. Rich).

Yenkemi: bejuco amarillo.

Yenkemi: bejuco angarilla.

Yenyao: apelativo de cariño que se le da a Yemayá.

Y

Yé ole kibi baya ole ole!: (Injuria). Ladrón vete a la ... de tu madre.

Yeré: nombre de "hijo" de Yemayá.

Yere yere: remar, (en su barca Yemayá).

Yetu yetu: elogio, alabanza. (Yere yere yetu yetu. Alabanza a Yemayá cuando viene en su barca remando).

Yeun, (yeu, un yéun): comer, comida.

Yewá: cementerio.

Yewá: oscuro, tiniebla.

Yewá: Orisha de la muerte, catolizada Nuestra Señora de los Desamparados. "Es virgen casta y muy severa". Madre de Changó, según algún "italero"; (se dice del que narra las historias sagradas cuando se consultan los oráculos en las ceremonias del asiento o iniciación); lo abandona en el monte y lo encuentra y cría Yemayá. Rara versión de la historia del orisha Changó.

Yewá afírímáko: Orisha del cementerio. Catolizada, Nuestra Señora de Montserrat.

Yeweña: madrina.

Yéyé: bueno, sabroso, cuantioso.

Yé yé: suave.

Yéye: ciruelas.

Yéyé: madre, mamá, se le dice a Oshún.

Yeyé: amarillo.

Yeyé kalukú yeyé euré euré yeyé kalukú yeyé omótá omotá kiabioko erú ban bío yán yán iroko yanyán: Madre ofreciéndole una chiva a Iroko para suavizarla y que le devuelva a su hija. De la leyenda, muy popular, de una madre que no tenía hijos y le pidió uno a la ceiba, —Iroko— ofreciéndole en cambio un sacrificio. No cumplió su promesa y el dios de la ceiba se comió a la niña, sin querer aceptar entonces sus regalos.

Y

Yéyé kari: nombre de Oshún.
Yéyéku: granada.
Yeyé moró, (yeyé moré): nombre de Oshún.
Yeyéo, (orí yeyéo): dulce, amable. Le gritan los fieles a Oshún, cuando "baja". (se manifiesta).
Yeyéo akete bí mó wále: "Yeyéo, Oshún, mamá, me engendró, estoy limpio".
Yéyé omó tí bere: Madre Santa tu hijo te ruega.
Yí: aquí.
Yí: (yin): tuyo.
Yiari: nombre de "hijo" de Changó.
Yika: los hombros.
Yikán: lado.
Yikán kinchébó: un palo sólo no hace el monte.
Yikán yikán: dos cosas iguales.
Yile: comer.
Yimá: viernes, día de la esperanza, le pertenece a Obá, a Yansán y a Yewá.
Yi male: "Tierra de un Changó que cuando baja da varias vueltas de carnero". Es decir, se las hace dar a su medium, o "caballo".
Yimi: Obatalá. Nombre de "hija" de Obatalá.
Yimí luí faé yé yimi: regalo que hace Obatalá.
Yimi yimi: rico, espléndido.
Yína: lejos.
Yini' nombre de "hijo" de Changó.
Yínle: hoyo grande, cueva o caverna.
Yiré: "gusto en la boca"; sabor.
Yiroko: árbol consagrado a Changó. Excelente para la fiebre. Muy amargas sus hojas. (Las ofrendas a Changó se le

Y

colocan debajo de este árbol, que no es el Iroko, —la ceiba—. Sus hojas machacadas sirven para hacer un "Yefá", polvo del Babalao.

Yiyéún: comida, golosina, de "hijo" de Changó.

Yi yi: de repente.

Yléli: nombre de "hijo" de Changó.

Yo: día.

Yó: satisfecho, contento.

Yo awó: lunes, "día de la adivinación"; de Eleguá, Ochosi, Osa-oko, etc.

Yobá: rey.

Yoba: tribu . "nación".

Yobá: jueves, día del reinado, le pertenece a Obatalá, a Olofín.

Yobá y Yebú: nación lucumí que linda con Dahomey y la tierra Oyó.

Yoba: el reinado.

Yoché: socio, compañero.

Yodí: hoy.

Yodí: dia.

Yodí kosí: hoy no puedo, hoy no se puede.

Yoénu: lavarse la boca.

Yó fún: vellos de la pelvis.

Yogo de ota: nación lucumí.

Yoireke: azúcar, caña.

Yokefá: sábado. Día de enamorar, le pertenece a Oshún.

Yoko: sentarse, sentado.

Yóko dake: siéntese y calle.

Yó koyé: tranquilo, quieto, no moverse.

Yokuro ni iché:. "descargar o disparar el trabajo"... (alude a un maleficio).

Yolé: "la lengua de la luz", (la llama de la vela).

Yoléé: quemar.

Yón: cortar.

Y

Yonkó: nombre de un Babalú Ayé San (Lázaro) que algunos viejos le dan a este Orisha. Le faltaba un pie.

Yonú: hedor, hediondo.

Yonyó: planta silvestre que se come y que nace en estercoleros y en los detritus del bagazo. Se emplea en caldo.

Yón yón: cortando.

Yo ogún: martes, día de guerra, le corresponde a Ogún.

Yo oko: cazuela.

Yo ose: Domingo, "día de ruegos y de peticiones, le corresponde a Olodumare, todo poderoso".

Yo oyá: asentar el santo, iniciarse.

Yori yori: alzarse, subirse sobre los talones. "Nos lo decían nuestros mayores cuando le alcanzábamos las pencas de guano al que techaba el bohío".

Yotó: quemado.

Yóun: ¿adónde? ¿dónde?

Yo yo: eso es, eso mismo, muy bien. Sí.

Yoyo ábo: frente del carnero.

Yoyo yofún: todos los que se están divirtiendo en la fiesta.

Yoyumo: todos los días.

Yuabamí: remo.

Yua yú: adelante.

Yúlo: más.

Yuméguó, (yuméwo): mirar de soslayo.

Yumí: mi pueblo.

Yumo: juntos.

Yuni: nombre de "hijo" de Changó.

Yúsu: viento sur.

OTROS LIBROS PUBLICADOS POR EDICIONES UNIVERSAL

COLECCIÓN DEL CHICHEREKÚ
(Obras de Lydia Cabrera)

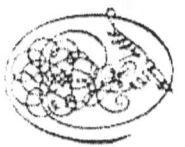

009-7	EL MONTE (Igbo Finda/Ewe Orisha/Vititi Nfinda)
010-0	AYAPÁ (CUENTOS DE JICOTEA) (cuentos negros)
395-9	ANAGÓ, VOCABULARIO LUCUMÍ (El Yoruba que se habla en Cuba.)
396-7	REGLA KIMBISA DEL SANTO CRISTO DEL BUEN VIAJE
397-5	OTÁN IYEBIYÉ (LAS PIEDRAS PRECIOSAS en la tradición afrocubana)
398-3	REGLAS DE CONGO. PALO MONTE-MAYOMBE
410-6	LA SOCIEDAD SECRETA ABAKUÁ
433-5	SUPERSTICIONES Y BUENOS CONSEJOS
434-3	LOS ANIMALES Y EL FOLKLORE DE CUBA
488-2	LA LENGUA SAGRADA DE LOS ÑÁÑIGOS (Vocabulario Abakuá)
537-0	KOEKO IYAWÓ: APRENDE NOVICIA (Pequeño tratado de Regla Lucumí)
554-0	CONSEJOS, PENSAMIENTOS Y NOTAS DE LYDIA E. PINBAN (Ed. de Isabel Castellanos)
571-0	CUENTOS NEGROS DE CUBA
573-7	LA LAGUNA SAGRADA DE SAN JOAQUÍN
708-3	VOCABULARIO CONGO (EL BANTÚ QUE SE HABLA EN CUBA) / CONGO-ESPAÑOL / ESPAÑOL-CONGO (Ed. de Isabel Castellanos)
733-4	PÁGINAS SUELTAS (Ed. de Isabel Castellanos
761-X	YEMAYÁ Y OCHÚN (Kariocha, Iyalorichas y Olorichas)
762-8	MEDICINA POPULAR DE CUBA (médicos de antaño, curanderos, santeros y paleros de hogaño. Hierbas y recetas)
763-6	CUENTOS PARA ADULTOS NIÑOS Y RETRASADOS MENTALES
778-4	ANAFORUANA (Ritual y símbolos de la iniciación en la sociedad secreta Abakuá. Con dibujos rituales de la propia autora)

4	REFRANES DE NEGROS VIEJOS
7	FRANCISCO Y FRANCISCA (chascarrillos de negros viejos)
8	POR QUÉ (cuentos negros)
9	ITINERARIOS DEL INSOMNIO (Trinidad de Cuba)
195	SIETE CARTAS DE GABRIELA MISTRAL A LYDIA CABRERA
92-3	ARERE MAREKÉN / CUENTO NEGRO, Lydia Cabrera / Ilustrado a todo color por Alexandra Exter

OBRAS SOBRE LYDIA CABRERA:

088-7	IDAPÓ (sincretismo en cuentos negros Lydia Cabrera), Hilda Perera
101-8	AYAPÁ Y OTRAS OTAN IYEBIYÉ DE LYDIA CABRERA, Josefina Inclán
191-3	HOMENAJE A LYDIA CABRERA (estudio sobre Lydia Cabrera y temas afroamericanos), Reinaldo Sánchez y José A. Madrigal, editores.
389-4	LOS CUENTOS NEGROS DE LYDIA CABRERA, Mariela Gutiérrez
432-7	EN TORNO A LYDIA CABRERA (colección de ensayos sobre Lydia Cabrera y temas afroamericanos), Edición de Isabel Castellanos y Josefina Inclán
444-0	MAGIA E HISTORIA EN LOS «CUENTOS NEGROS»,»*POR QUÉ*» Y «*AYAPÁ*» DE LYDIA CABRERA, Sara Soto
535-8	EL COSMOS DE LYDIA CABRERA: Dioses, animales y hombres, Mariela Gutiérrez

www.ingramcontent.com/pod-product-compliance
Lightning Source LLC
Chambersburg PA
CBHW031233290426
44109CB00012B/275

* 9 7 8 0 8 9 7 2 9 3 9 5 2 *